Stephen King
El resplandor del genio

ENSAYO|Berenice

TONY JIMÉNEZ

STEPHEN KING

El resplandor del genio

Berenice

Berenice

www.editorialberenice.com
@berenicelibros

© Tony Jiménez, 2025
© Editorial Almuzara, s.l., 2025

Primera edición en Berenice: junio, 2025

Berenice • Colección Ensayo
Director de Berenice: Javier Ortega
Maquetación: R. Joaquín Jiménez R.

info@almuzaralibros.com
Parque Logístico de Córdoba. Ctra. Palma del Río, km 4
C/8, Nave L2, nº 3. 14005, Córdoba

Impresión y encuadernación:
Black Print

ISBN: 978-84-11315-75-3
Depósito Legal: CO-906-2025

Impreso en España/*Printed in Spain*

Para Andrea, por ser y estar.
Para Lisey, por ser mi Lectora Ideal.
Para Stephen King, por todo.

Índice

INTRODUCCIÓN

ENAMORADO DE MAINE

Conocí a Stephen King (que a veces puede ser Steven y Steve, pero se pronuncia «Estiben» y no «Estifen», aunque en España nos hayamos acostumbrado a esta última forma, porque siempre hemos sido más de «Espiderman» que de «Espaiderman») mucho antes de saber quién es o, lo que es lo mismo, mucho antes de sumergirme en uno de sus libros y conocer las pesadillas que es capaz de crear con esa portentosa imaginación que posee. Conocí a Stephen King cuando apenas prestaba atención a los créditos de las películas, a pesar de que sí empecé a fijarme en ese curioso nombre que figuraba en varias de mis cintas favoritas de terror de la preadolescencia. ¿Quién era exactamente ese tal King que iba ligado a aquellos filmes tan entretenidos como aterradores que tanto me fascinaban? ¿Por qué esa historia del coche asesino, esa otra de la chica empapada de sangre y la del payaso devorador de niños lo tenían en común? No tardaría en averiguarlo.

Siempre he sido gran aficionado al género de terror, desde muy pequeño. Igual que en casa mis padres eran grandes lectores, también se enorgullecían de un amor intenso por el cine, sobre todo por el fantástico. Por delante de mis ojos desfilaban tanto producciones Disney como *Muñeco diabólico*, *Pesadilla en Elm Street*, *Viernes 13*, *Halloween*, *La noche de los muertos vivientes*, *Temblores*, *Candyman* y, por supuesto, *Christine*, *Carrie*, *El resplandor*, *Cementerio viviente*, *It (Eso)* y *Los chicos del maíz*. Cuando llegó a mis manos mi primer libro de Stephen King, yo creía que era un experto en él, ignorando que ahondar en el universo del autor es como hacerlo en el océano; quizás una tarea prácticamente inabarcable, aunque no imposible. ¡Qué orgullo el de la juventud! ¡Qué pecado más grande! Ni siquiera había tocado la punta de la punta del iceberg. Pero para todo hay un comienzo, y el mío acababa de llegar. Si soy puntilloso, el verdadero inicio, pues estaba a punto de adentrarme en la mitología literaria de uno de los escritores más importantes, populares e influyentes de toda la historia; en especial, si hablamos de dar miedo con sus letras.

Misery fue la primera obra de Stephen King que leí... Corrijo. *Misery* fue la primera obra de Stephen King que devoré. Tenía entre diez u once años; disculpa, lector, que no lo recuerde con exactitud, pero cuando uno va sumando primaveras, los detalles se van difuminando, resistiendo solo los que van más allá. Logré conocer al Steve más literario cuando se me puso a tiro un estupendo coleccionable de kiosco, hoy día carne del mercado de segunda mano, cuya particularidad más reconocible se centra en el lomo dorado de cada uno de sus títulos. A día de hoy me sigue pareciendo curioso que comenzara a leer al denominado Rey del Terror, o Maestro de Horror, con una novela que es y no es del género, pues la tensa y enfermiza historia entre la enfermera Annie Wilkes y el escritor Paul Sheldon tiene más de suspense que del terror sobrenatural que se puede encontrar en *El resplandor* y *El misterio de Salem's Lot*, dos de sus clásicos. Poco me importó. Acabé conquistado.

Recuerdo que me hizo cierta gracia comparar en mi mente *Misery*, el libro, y *Misery*, la película, conforme iba leyendo el primero. Entendí lo que me había pasado años perdiendo, disfrutándolo de cierta forma mediante las producciones que iban adaptando esas historias que pretendía conseguir a toda costa. No tardé mucho en ponerme a ello, pues el segundo título del coleccionable apareció a las pocas semanas, y luego otro, y después otro más... Eso dio lugar a que buscase las obras del Rey en librerías y bibliotecas, descubriendo incluso trabajos menos conocidos como *El ciclo del hombre lobo*, *Maleficio* y *Los ojos del dragón*, así como también recopilaciones de cuentos, cortos y largos, como *El umbral de la noche* y *Las cuatro estaciones*. El tal Steven de Maine no solo poseía un universo propio cinematográfico y televisivo, sino también una bibliografía tan extensa que dudaba que un solo coleccionable fuera capaz de abarcarla (no me equivocaba al respecto, ojo). Más que agotarme, la perspectiva me animó. ¿Cómo no hacerlo? Acababa de dar con un novelista de terror que me había hecho enamorarme de la literatura de terror, un género que hasta el momento disfrutaba, pero no a los niveles dispuestos por él. Y eso que ya por entonces era gran fan de H. P. Lovecraft, Shirley Jackson, Edgar Allan Poe, Bram Stoker, R. L. Stine y Richard Matheson, entre otros. Lo de King fue diferente. Pronto averigüé que me estaba transformando en un lector constante.

La figura del Lector Constante de Stephen King es la de ese lector que, más que leer, consume ávidamente todo lo que escribe; desde relatos breves hasta novelas kilométricas, pasando por guiones para el cine y la televisión, cómics e incluso ensayos y trabajos muy relacionados con ellos. Un lector constante (hay que distinguir cuándo se usan las mayúsculas iniciales y cuándo no) es el que podría recitar, sin pensárselo mucho y en orden cronológico, todo lo que el padre de *Carrie* ha publicado, lo cual no quiere decir que no sea crítico; fan, sí, pero no siervo ciego. El mencionado coleccionable me había puesto en el camino correcto, uno que no conocía del todo, aunque saboreaba de vez en cuando, sin saberlo, gracias a los proyectos televisivos y cinematográficos próximos al autor. A ello ayudaban una serie de panfletos de corta extensión incluidos en los ejemplares, textos que me ofrecían información adicional que yo ansiaba sobre el escritor. Pensé que sería genial que se ofreciera un tomo que reuniera toda esa interesante documentación.

Stephen King, autor, en el Festival Internacional de Cine de Toronto de 2024 (TIFF) por la película *The Life of Chuck*. Wikimedia commons

Me pasé años buscando ensayos dedicados al Rey en nuestro idioma, en nuestro país. Apenas encontré, y estoy siendo amable. Fuera de nuestras fronteras la oferta es brutal, con libros que desmenuzan al admirado Steve desde todas las perspectivas posibles, pasando tanto por su vida como por su obra, algo que él mismo ha hecho en alguna ocasión consigo mismo gracias a magníficos trabajos como *Danza macabra* y *Mientras escribo*. Aquí, en España, sin embargo, nos hemos tenido que conformar con volúmenes o bien centrados en las adaptaciones, dedicados a alguna de ellas en concreto (*El resplandor* de Stanley Kubrick es una mina de oro al respecto) o que se quedan cortos o actualizados en poco tiempo, lo cual es lógico si tenemos en cuenta lo prolífico que es King. ¿Cómo realizar un ensayo cien por cien completo? Convirtiéndolo en una enciclopedia de tomos de continua aparición o enfocando el texto en un tema muy, muy concreto. Lo primero ya lo hice en mis dos estudios previos. Quedaba lo segundo.

Stephen King o el resplandor del genio puede ser leído (y espero que disfrutado) por el lector más constante de entre todos los lectores constantes de Stephen King. Al fin y al cabo, como uno de ellos, entiendo el goce de adentrarse en cualquier publicación que trate acerca de nuestro querido Steve, además del completismo que ello conlleva en cierta medida. Puede ser visto como una especie de *Eso no estaba en mi libro de Stephen King*, al encontrar anécdotas, curiosidades y datos nunca antes descubiertos por ese seguidor que conoce hasta lo que desayuna el novelista. Sin embargo, lo que también se pretende con este libro es acercarse al lector que apenas conoce o, directamente, no sabe nada sobre el de Maine. No hay que confundir el presente título con una guía y tampoco con una serie de análisis de las novelas y relatos del autor. En realidad, en caso de haber un análisis, sería alrededor de la figura del propio escritor, dentro y fuera de su ámbito profesional y personal.

¿En qué consiste la marca King? ¿Cuáles son las claves de su escritura? ¿Qué referencias usa? ¿Qué legado deja? ¿Hasta dónde alcanza su imaginación? ¿Cuál ha sido el impacto de su trabajo en la cultura popular? ¿Por qué le interesan tanto ciertos temas como los poderes psíquicos, la infancia, la amistad, el miedo y los traumas, hasta el punto de que han protagonizado no pocos de las historias que ha ideado? ¿Qué quiere decir que muchos de los héroes de sus libros sean escritores? ¿Qué esconde el Rey? ¿Qué significa ser él? *Stephen King o el resplandor del genio* nace para resolver todas estas cuestiones y muchas más en la misma línea, sin dejar de lado las vivencias personales del de Maine, esenciales también para entenderle, y su aproximación a otras áreas como los cómics, los videojuegos, la música y la televisión. Aun así, lo que se pretende es un acercamiento más literario, minucioso, analítico y detallista de quién y qué es Stephen King, tratando de confeccionar así un volumen atemporal al que no le haga falta actualizarse, que pueda ser leído en cualquier momento, manteniendo su frescura relectura tras relectura, año tras año. Un poco lo que yo buscaba cuando engullía la información de los documentos que incluía el coleccionable de los lomos dorados.

Seguro que hay muchos lectores constantes que guardan deliciosas anécdotas y bonitos recuerdos, como el que yo mismo he compartido, sobre su primer contacto (literario o no) con Steve. Y seguro que también hay muchos otros que todavía no los tienen, quizás esperando a que alguien o algo, ya sea un coleccionable de kiosco o la recomendación de un librero, les haga obtenerlos, pasando así de ser lectores a lectores constantes. Es posible que tú seas uno de esos, lector. Ayudarte a ello con esta obra, será mi mejor recompensa. Si conoces poco al mejor escritor de terror del siglo XX (y de lo que llevamos de XXI), o no sabes absolutamente nada de él, pero estás ansioso por cambiar, deja que te guíe, permíteme acompañarte y comprobarás que no hace falta mucho para enamorarte de Maine.

Igual que me pasó a mí.

Tony Jiménez

CAPÍTULO I

UNA VIDA COMO STEPHEN KING

Un libro sobre el de Maine que no haga referencia a su vida personal y experiencias vitales vendría a ser como una pizza sin queso o un perrito caliente sin kétchup. Perdona las comparaciones alimenticias, lector, pero lo que quiero decir es que a pesar de que sea un ingrediente no esencial para llevar a cabo un proyecto de estas características, quedaría algo cojo, falto de sabor. Incluso para quien se acercara al libro de forma casual, sin saber demasiado de King, pues, y ahora estoy presuponiendo así que me vas a tener que disculpar por segunda vez en apenas unas pocas líneas, algo querría conocer acerca de sus vivencias personales, aunque fuera por simple y sana curiosidad.

Que sea preferible adentrarse en el aspecto más personal de nuestro querido Steve no quiere decir que sea fácil, muy al contrario. Si te soy sincero, reconozco que me encuentro ante la parte más complicada de la presente obra. ¿Porque es difícil de narrar? Al contrario. En realidad, la vida del Rey parece confeccionada por un escritor, valga la ironía. Si colocásemos un folio en blanco delante de un autor, y le dijéramos que lo llenase con los primeros tópicos que le llegasen a la mente sobre alguien como él, sin duda aparecerían muchos de los capítulos de la biografía de Steven, incluyendo los períodos de pobreza y el alcoholismo. Dejando esos apuntes aparte, cuando cualquiera se sumerge en quién es el creador de *El misterio de Salem's Lot*, resulta imposible no pensar en lo bien que quedaría el recorrido por su existencia en un libro o una película.

Así es. La vida de Stephen King es tentadoramente adaptable. Es fácil fijar cada episodio vivido como uno de los fragmentos de, por ejemplo, una novela en la que, con mayor o menor aproximación, se ficcionalice su recorrido personal (idea apuntada para un futuro proyecto). De tal forma es extraño que todavía no se haya llevado a cabo un biopic, aunque algún que otro proyecto hay al respecto, información que me guardo para más adelante, con el presente libro ya avanzado. Hasta tal punto llega el tema que solo con realizar un rápido vistazo a la bibliografía del escritor podemos atisbar retazos de su discurrir vital. Si ahondamos en las obras, lo obtendremos con una minuciosidad tan interesante como, a veces, inquietante.

El problema es que ha sido el propio Steven quien ha compuesto los mejores volúmenes sobre su propia vida: *Danza macabra* y *Mientras escribo*. No es este el espacio correcto para hablar de ellos, y menos extensamente, pero son ensayos en los que desgrana gran parte de su «yo» más personal, mientras habla del género de terror, en el primero, y al mismo tiempo que nos descubre el arte de la escritura, en el segundo. Por si fuera poco, navegando por las redes es sencillo dar con docenas y docenas de entrevistas en las que se calla más bien nada, abriéndose en canal sin reparo, sin olvidar los prólogos, introducciones, epílogos y notas del autor de sus trabajos, donde no solo se dedica a desgranarlos, sino también a compartir anécdotas y curiosidades íntimas; no somos pocos los lectores constantes que llevamos años solicitando una recopilación de estos textos.

Propuesto el reto, ¿cómo afrontarlo? ¿De qué manera lograrlo? Creo que el enfoque del presente volumen es perfecto para ello, a caballo entre el ensayo para quienes apenas saben nada de Stephen King y la obra de referencia para los seguidores que se acercan para descubrir ese dato que se les escapó en su momento. Es casi irremediable conocer sucesos de la vida del de Maine como que tiró *Carrie* a la basura antes de terminarla, el viaje que hizo al hotel Stanley que le inspiró *El resplandor*, todo lo concerniente a las adicciones que casi acaban con su carrera y de las que lo sacó su familia y el terrible atropello que sufrió a finales de los 90. Sin embargo, ¿sabías que tiene un hermano mayor? ¿Conocías los graves problemas de oído que tuvo de pequeño? ¿Te suena la anécdota del clavo y sus primeros escritos rechazados? ¿Sabes cómo conoció a Tabitha, el amor de su vida? ¿Qué cara pondrías si te digo que tienen tres hijos, dos de ellos escritores aclamados? ¿Y si añado que King formaba parte de un grupo de música en el que también se encontraba Matt Groening, el creador de *Los Simpson*?

En la introducción de este libro te prometí, lector, que ahondaríamos en diversas cuestiones alrededor del Rey. Una de ellas es la de quién es Stephen King. Así que ponte cómodo y acompáñame en una historia que bien podría haber escrito y convertido en una exitosa novela el protagonista de este manuscrito. O quizá ya lo haya hecho.

Con Stephen Edwin King todo es posible.

Stephen King tuvo un tío de nombre Clayton al que llamaba Clayt, y al que acabó definiendo con el tiempo como un auténtico vecino de Maine. A pesar de que al tío Clayt, cuya esposa era Ella, no lo nombra tanto como a otros familiares (el propio autor admitiría que le costaba recordar si le ligaba algún parentesco real con ambos), resulta que es el coprotagonista de uno de los momentos más trascendentales que ha vivido nunca, relacionado en este caso con su carrera como escritor, futura carrera como escritor si se echa la vista atrás hasta 1959-1960, época en la que contaba con doce años de edad e iba a zahoriar con el tío Clayt.

Clayton era un tío... peculiar. En realidad, no era muy diferente a como los lectores constantes de Steven le vemos a él. Un tipo algo excéntrico pero centrado, con varios asombrosos talentos, como el de rastrear abejas, y una fuente inagotable de historias extraordinarias que compartía con el pequeño Stevie, al que veía de vez en cuando, en épocas muy concretas, sobre todo en verano. Ya te dije, lector, que nuestro querido Steve es nuestro querido tío Clayton. Las similitudes no terminan ahí, como comprobarás ahora mismo, pues Clayt nunca perdió el sentido de la maravilla, como si personificara la frase «un adulto creativo es un niño que ha sobrevivido». Al igual que el tío Clayt, el niño interior del Rey ha sido bien alimentado durante toda su vida, sin posibilidad alguna de que muriera en algún momento. Al contrario, pues parece volverse más fuerte conforme pasan los años.

Un buen día, el tío Clayton y Ella, su esposa, fueron a visitar a la familia King. Mientras cenaban, la madre del futuro creador de *Cementerio de animales* se quejó varias veces de lo lentamente que llegaba el agua a los grifos de la casa y el retrete, temiendo que el pozo que la suministraba se secara una vez más. Lo hacía todos los veranos, en realidad, y durante un mes o mes y medio, la familia se veía obligada a usar un viejo tanque, lleno de agua de la fuente del pueblo que tenían que trasladar durante una operación nada sencilla. Tras la comida, Clayt se acercó a su sobrino para susurrarle que se preparara, pues iban a descubrir un nuevo pozo para su madre gracias a las depuradas técnicas de zahoriar que conocía. El joven se mostró escéptico, pero aceptó ¿Había una mejor manera de pasar el rato?

Dicho y hecho, tío y sobrino salieron a la búsqueda del ansiado manantial, no sin antes coger una buena rama de manzano que les indicara el camino correcto, pese a la incredulidad del crío. La odisea se hizo entretenida gracias a las historias del tío Clayt, relatos sobre béisbol, comercio de minas, nativos americanos, la propia familia e incluso fantasmas. De vez en cuando se paraba, con su varita de zahorí temblando, pero no le convencía del todo la zona. Sin embargo, no tardaron en toparse con el lugar perfecto. Fue entonces cuando Clayton le pasó la rama de manzano a su sobrino, y este sintió la «magia» que desprendía; quizá por sugestión, quizá porque de verdad poseía ciertas características sobrenaturales que la ciencia no entendía. Fuera como fuese, allí estaba.

El tío Clayt clavó una estaca en el punto señalado. Por supuesto, el pozo de la familia se acabó secando ese año, aunque al no tener dinero para excavar uno nuevo tuvieron que seguir con la mecánica del tanque de agua. Aun así, a principios de los 60, cuando contaron con cierto alivio económico, decidieron buscar la estaca, ya desaparecida. Steve recordaba el emplazamiento exacto, lo mostró y, efectivamente, dieron con bastante facilidad con un pozo que les proporcionaría abundante agua durante muchos, muchos años. Las líneas invisibles de poder que manejaba el tío Clayton habían funcionado y Steven aprendió algo.

Tras nueve años yendo de acá para allá, la familia King, compuesta por una madre trabajadora y sus dos hijos, David y Steve, se estableció en 1958 de forma definitiva en Durham, Maine. Cerca de la casa donde los dos niños terminarían de crecer, se hallaba la vivienda de su tía Ethelyn y su tío Oren, siendo lo más interesante del domicilio un desván que conectaba con toda una red de cobertizos que al joven Steven le encantaba explorar. El desván en sí era una especie de museo familiar donde encontró las pruebas de que su padre intentó ser escritor, pero también, y más importante, fue el lugar en el que su varita de zahorí interior giró con toda la fuerza que pudo.

Ocurrió entre 1959 y 1960. En una de sus investigaciones del desván repleto de tesoros, halló un cofre hasta arriba de novelas de bolsillo y alguna que otra antología. La mayoría eran historias muy relacionadas con el tono de la revista *Weird Tales*, donde el terror más efectista y crudo era el absoluto protagonista. Eso no quiere decir que no fueran títulos interesantes, sobre todo para un chico como Stevie, que llevaba creciendo bastante tiempo con ese tipo de publicaciones. Sin embargo, la joya de la corona era una recopilación de cuentos de H. P. Lovecraft, cuya portada le causó un gran impacto, aunque todavía más su contenido. El futuro Stephen King se sintió como en casa al sujetar aquel libro. Había llegado a su verdadero hogar. Acababa de hallar el camino correcto.

Su vara de zahorí dio con el pozo de agua que nunca se agotaría.

Howard Phillips Lovecraft, escritor estadounidense de terror y ciencia ficción, es una de las mayores influencias de Stephen King.
Wikimedia commons

INFANCIA

Stephen Edwin King no tendría que haber nacido. No lo digo yo, sino los médicos que señalaron a Nellie Ruth Pillsbury y Donald Edwin King que nunca tendrían hijos biológicos; de ahí que David Victor King, el hermano mayor de Steve, nacido en 1945, fuera adoptado por la pareja. Contra todo pronóstico, el futuro escritor llegó al mundo el 21 de septiembre de 1947, un bebé sano y muy bien recibido. Sin embargo, dos años después sería abandonado por su padre, quien, aunque parezca mentira, usó la excusa de ir a por tabaco. Como si la vida de Steven fuera una novela ya desde sus primeros pasos en el mundo, este cliché relacionado siempre con hombres que huyen de sus familias (y de las responsabilidades y afectos que conllevan) se dio en la familia King, dejándola rota y perdida. O eso parecía.

A pesar de que Stephen no volvió a saber, y mucho menos a ver, a su padre, más allá de la información que halló en el desván familiar mencionado anteriormente y algún que otro fugaz descubrimiento cuando ya era un autor reconocido (no le pasó desapercibida su muerte, por ejemplo), no le hizo demasiada falta para crecer y convertirse en el narrador constante, tenaz, trabajador y perseverante que acabaría dándose a conocer al planeta entero. Todo fue gracias a su madre, quien con toneladas de sentido del humor (algo extraño a veces, según el propio Steve), paciencia y horas de trabajo (llegó a encadenar tres empleos diferentes durante una época) demostró que no le hacía falta ningún hombre para caer de pie, aunque temblara de vez en cuando al aterrizar. En este sentido, King la define como una de las primeras mujeres liberadas de Estados Unidos, pero no por iniciativa propia.

Nellie Ruth Pillsbury consiguió que la situación no se desmoronara. Le costó sangre, sudor y lágrimas, por supuesto, convirtiéndose por el camino en un gran ejemplo para sus hijos, a los que apenas vio durante los siguientes años, ocupada como estaba de un trabajo en otro cuando no se encontraban en plena mudanza. Viajaron (a veces parecía eso, pues se quedaban en el lugar durante el tiempo que le duraba el nuevo empleo a la cabeza de familia) por diversas zonas de Estados Unidos, aunque se movían habitualmente por Nueva Inglaterra, donde se establecieron en Durham de forma definitiva en 1958, con un acuerdo familiar gracias al cual Ruth cuidaría a sus padres, en los últimos años que les quedaban de vida, a cambio de techo, comida y algo de ropa de vez en cuando. Su familia, que le había echado todas las manos posibles desde la marcha de Donald (incluso la familia de este, que sentía una enorme vergüenza por su comportamiento), tendría a alguien que se encargara de los abuelos y ella obtendría así la estabilidad que también les preocupaba a ellos.

Por el camino, esta madre coraje, a la que le hubiera encantado continuar con su pasión por el piano (se le daba bastante bien, según han comentado siempre sus hijos), trabajó de dependienta, planchando sábanas en una lavandería, como limpiadora, cocinando pasteles de madrugada en una panadería y como ama de casa, siendo este un resumen bastante breve de todos los empleos que aceptó Ruth Pillsbury para salir adelante. Incluso cuando murieron sus padres buscó una nueva forma de ganarse la vida: como cocinera, y a veces cuidadora, en la residencia Pineland para personas con problemas mentales. A pesar de apenas contar con tiempo para su vida personal, se las arreglaba para jugar con David y Stevie, mostrarles el rico mundo de la lectura y ponerse ella misma con alguna de las obras de su adorada Agatha Christie.

Lamentablemente, estos descomunales esfuerzos para salir adelante por parte de Ruth solo les conseguían a ella y a los niños la economía suficiente como para que el gobierno, al que solicitaron más de una ayuda, no los considerase en situación de pobreza extrema. Pero eran pobres, y mucho. Ya lo eran cuando Donald formaba parte de la familia. Stephen King nació en Portland, una zona que por entonces, como el resto del estado de Maine, era rural, pobre y poco poblada, en la que sus habitantes debían hacer auténticos esfuerzos sobrehumanos solo para tener un plato de comida en la mesa. La pobreza en el equipo formado por Ruth, David y Steve era tal que, en ocasiones, la primera no tenía dinero para contratar a una canguro con quien dejar a los otros dos, debiendo echarles largas y serias charlas sobre cuidarse entre ellos y no llevar a cabo ninguna gamberrada. Sin embargo, los críos son críos, y una vez los echaron de uno de los pisos que ocupaban temporalmente porque un vecino pilló a un David de seis años en el tejado, vigilado por un pequeño Steven que ignoraba si su hermano saldría de la situación sano y salvo o se estrellaría contra el suelo. Por fortuna, eso no ocurrió.

Incluso cuando se mudaron a Durham, los King siguieron siendo pobres. La situación mejoró poco a poco, pero fueron años duros que los pusieron a prueba a los tres, en especial a Ruth, la adulta de la familia. Su imaginación tuvo que ir como una locomotora para hacer olvidar a sus hijos la terrible racha por la que pasaban. A veces los juegos consistían en bailar alrededor de una fuente de gelatina o que los chicos le contasen cómo les había ido el día en forma de cuento. Y es que a pesar de que ambos crecieron con cómics, películas, series y novelas, fue Ruth Pillsbury quien más hizo por inculcarles el amor a la literatura. En algunas de las ocasiones en las que David y Stevie se quedaban solos, la mujer les instaba a que se leyeran libros entre ellos, lecturas por las que más tarde, al llegar a casa, preguntaría. No cabe ninguna duda de que hizo un gran trabajo al respecto.

Stephen King admite que no recuerda demasiado de una infancia que siempre ha considerado rara más allá de momentos y vivencias muy concretas. Una infancia repleta de penurias y en la que vio poco a su madre durante una larga temporada, aunque feliz, al fin y al cabo. Recuerda bastante bien que la primera película que vio fue *La mujer y el monstruo* (*Creature from the Black Lagoon*, 1954, Jack Arnold) en un autocine, la cual dejó un gran impacto en él. También recuerda que en su casa no tuvieron televisor hasta 1958, y lo primero que vio en ella fue un filme titulado *Robot Monster* (*Robot Monster*, 1953, Phil Tucker), un gran ejemplo de la serie B cinematográfica que ya lo estaba criando. Lo de los recuerdos es algo curioso, pues en algunas entrevistas y artículos, el autor señala 1956 como el año en el que tuvieron televisor por primera vez, y en otros documentos es 1958 el año que gana. Me quedaré con este último, pues coincide con la fecha de su establecimiento en Durham.

Hospital General de Maine en Portland,
lugar de nacimiento de Stephen King. Wikimedia commons

Sin embargo, Steven sí recuerda con todo detalle que la mayor parte de los primeros nueve meses que tendrían que haber sido su primer año de colegio la pasó en la cama, aquejado de varias dolencias como sarampión, problemas de garganta y amígdalas e incluso una grave infección de oído que lo llevó varias veces a un médico cuyas curas mediante pinchazos en el tímpano le dolieron tanto que lo persiguieron durante años. El joven King perdió tantas clases que, al final, tanto Ruth como los profesores estuvieron de acuerdo en que no tenía ningún sentido que continuara. Lo mejor era que se quedase en casa y que empezara el nuevo curso desde cero.

Nuestro pequeño Stevie aprovechó bien todo el tiempo que pasó en la cama. Leyó toneladas de cómics que pasaron a ser libros de relatos y novelas cortas a una velocidad increíble. Pronto, a los seis años con los que contaba entonces, comenzó a escribir sus propios cuentos, imitaciones de lo que leía, al principio. Copiaba en una libreta las publicaciones de *Combat Casey*, a las que luego fue añadiendo textos de su propia cosecha. No tardó en atreverse a enseñarle a su madre lo que hacía, consiguiendo su aprobación hasta que tuvo que admitir que eran copias de un cómic que leía con avidez. Pese al cambio de expresión de Ruth, lo que le dijo esta fue esencial para su futuro: «Escribe tú uno, Stevie». Y Stevie escribió. Y vaya si escribió.

El niño acogió la idea con tanto entusiasmo que se sintió abrumado. ¡Había tanto por contar! ¡Existían tantas puertas que abrir! Según el propio narrador, escribió su primera historia en la cama, enfermo, y el argumento se centraba en un dinosaurio que lo devora todo a su paso hasta que se topa con un niño que descubre que es alérgico al cuero, así que, con ayuda de su pandilla, le lanza botas y cazadoras para hacerlo tan pequeño que termina por desaparecer. Sin embargo, vuelvo a lo comentado antes, y como hay veces que las fechas parecen solaparse en los recuerdos del de Maine, pues la versión más oficial (o a la que es mejor acogerse según las fechas) señala que tras el consejo de su madre, el resultado fue un cuento sobre cuatro animales mágicos montados en un coche viejo conducido por un enorme conejo blanco que buscaba ayudar a cualquier crío que lo necesitara.

En cuanto lo acabó fue a enseñárselo a su madre, quien dejó inmediatamente lo que hacía para leerlo; que se riera justo cuando debía hacerlo le dio a Steve esperanzas de que lo había hecho bien. Cuando Ruth lo terminó quiso saber si era copiado. Su hijo le dijo que no. Ella le contestó que el cuento merecía ser publicado, lo cual el autor siempre ha considerado la crítica que más feliz le ha hecho. Se puso manos a la obra y terminó otros cuatro relatos con el conejo blanco y sus amigos como protagonistas. La mujer le pagó veinticinco centavos por cada uno para luego mandárselos a sus hermanas. Un dólar fue el primer pago que Stephen King recibió por escribir. No se lo concedió una editorial; tampoco un agente. Lo hizo Nellie Ruth Pillsbury. Su madre.

Fue el dinero que más satisfacción le provocó haber ganado con sus historias.

INSTITUTO

Resulta curioso cómo se pueden enfocar los siguientes años en la vida del Rey. Si los miramos desde fuera, desde cierta distancia, es fácil señalarlos como aquellos en los que de verdad comenzó a explotar su faceta de escritor, como comprobarás en las siguientes líneas, lector. Hablo de la época en la que King ya escribía a máquina (una Royal que le regaló su madre) y realizaba envíos a revistas e incluso editoriales, sin olvidar sus colaboraciones en periódicos escolares y el dinero extra que se sacaba con algunas publicaciones no muy bien vistas, sobre todo por los profesores. Sin embargo, para el propio Steven, fueron años que no significaron nada . Acabó diciendo de sí mismo que no era el primero de clase, pero tampoco el último. Mostraba un carácter introvertido y una clara dificultad para hacer amigos, en especial si se encontraban alejados de sus principales intereses, que eran el cine, las películas de terror y ciencia ficción de serie B, los cómics y, por supuesto, la literatura de género, entre otros.

A finales de los años 50, el agente literario y amante de la ciencia ficción Forrest J. Ackerman lanzó una revista, dedicada al género fantástico, titulada *Famous Monsters of Filmland*, a la que nuestro joven narrador se aficionó de inmediato. No fue la última vez que Stevie sabría de él, pues en 1960 le envió un cuento a una nueva publicación que confeccionó, llamada *Spacemen*. Forrest «Forry» Ackerman lo rechazó, aunque sí se quedó el considerado primer relato que Stephen King mandó a una revista. Aproximadamente veinte años después de aquello, durante una sesión de firmas en una librería, el ya en ese momento popular autor tuvo un surrealista encuentro con Ackerman, quien esperaba paciente en la fila de fans para que le firmase aquella pequeña obra que había atesorado todo ese tiempo.

Forrest Ackerman no fue el único que le dio una negativa al de Maine en aquellos años. La que consideró su primera idea original, original de verdad, para un cuento que llamó *Happy Stamps*, debido a que giraba alrededor de unos sellos que existían de verdad y que podían canjearse por regalos, fue desechada por la publicación *Alfred Hitchcock's Mystery Magazine*, la cual, como otras revistas a las que mandaba sus creaciones, le envió una nota estándar de devolución, aunque en este caso también se incluyó una recomendación más personal y escrita a mano sobre grapar los originales que se remitían. Poco a poco, conforme más insistía Stevie en publicar, más cartas recibía, pasando muchas de ellas de un trato impersonal y casi robótico a uno más cercano, incluyendo consejos y ánimos para que continuara escribiendo. La mejora resultaba evidente.

Me detengo un segundo, lector, porque voy a compartir una anécdota contigo acerca de la constancia que el Rey supo trabajar durante años, dato relacionado con su reacción hacia la negativa de *Alfred Hitchcock's Mystery Magazine* de publicar *Happy Stamps*. Hay que regresar brevemente al pasado, a cuando te contaba cómo la vara de zahorí de Steven vibró en el desván en el que halló las novelas y antologías de su padre. Como comenté, también descubrió (según donde se lea a veces fue antes y otras después de conseguir los libros mencionados) los intentos de Donald King de convertirse en escritor. Una vez le preguntó a su madre sobre el tema. La respuesta no pudo ser más certeza: «Tu padre era incapaz de ser constante. Por eso huyó del matrimonio».

Por fortuna, no heredó la constancia de su padre, sino la de su madre, lo cual ha demostrado con creces en numerosos aspectos de su vida, pero, en especial, a la hora de escribir. Cuando recibió la nota de rechazo de *Alfred Hitchcock's Mystery Magazine*, clavó un clavo en la pared, escribió «Happy Stamps» en ella y allí la enganchó. Alrededor de los catorce años, el clavo no aguantaba el peso de todas las cartas de devolución que había ido recibiendo. ¿Qué hizo Stephen King? Cambió el clavo por uno más largo y siguió escribiendo. Así de fácil. A los dieciséis años, como he indicado antes, los mensajes automáticos eran poco habituales; los alentadores mensajes a mano habían tomado la delantera. Uno que le hizo bastante ilusión fue el que recibió por parte de Algis Budrys, director de *Fantasy and Science Fiction*, tras enviarle el cuento *La noche del tigre*. En pocas palabras, Budrys le indicaba que el relato no estaba en la línea de la publicación, pero que era bueno y que tenía talento. También le invitaba a que le enviara más obras. Unas palabras que alegraron al adolescente que entonces era el que años después sería conocido como el maestro del terror.

Años después, ya con cierto nombre como escritor, Steven recuperó *La noche del tigre*, lo reescribió y se dio el capricho de volver a mandarlo. Esta vez sí se lo aceptaron, confirmando que cuando se han conseguido varios éxitos el consabido «no está en nuestra línea» puede ser muy, muy flexible. Por cierto, el cuento se centra en el enfrentamiento entre dos trabajadores de un circo durante una tormenta, y lo creó a partir de la inspiración proporcionada por un capítulo de *El fugitivo* (*The Fugitive*, Roy Huggins, 1963) en el que el doctor huido trabaja en un circo. No confundir con el relato *Hay tigres*, del que te hablaré más adelante, porque hay trabajos sobre el autor en los que mezclan el uno con el otro.

Sin embargo, el joven King no se dedicaba solo a la narrativa breve. Pronto descubrió que existían otras formas de practicar la escritura y conocerla más a fondo, algo que hizo gracias a David. El hermano mayor de Stevie se aburría tanto en el instituto que acabó por inventarse una revista titulada *El periodicucho de Dave* (*Dave's Rag*), que fusionaba las noticias familiares y las novedades que ofrecía la comunidad en la que residían; a veces tardaba quince días en salir y otras aparecía una vez al mes,

La película *The Pit and the Pendulum*, de 1961,
causó una gran impresión en un joven Stephen King. Wikimedia commons

según el material que tuviera entre manos el adolescente. Que Steve ayudara en la publicación logró darle un buen empujón, pasando de una tirada de entre cinco y diez ejemplares, que se vendían a los más cercanos, a una de entre cincuenta y sesenta. Eso, en un pueblo como Durham, de unos novecientos habitantes por entonces, era muy buena señal, además de que hizo muy conocidos y admirados a ambos entre los vecinos.

A pesar de que *El periodicucho de Dave* le dio no pocas alegrías, el crío que era Stephen se aburrió pronto por culpa del trabajoso proceso de imprenta que debían llevar a cabo de forma casera. En realidad, su segunda gran pasión tras la escritura, entre finales de los 50 y buena parte de los 60, fue el cine. Más en concreto, ir al cine, en ocasiones acompañado (su buen amigo Chris Chesley era el principal candidato) y en otras solo; a veces lo llevaban conocidos y familiares y otras hacía autostop, que solía ser la manera más habitual que usaba hasta que se sacó el carnet de conducir. Stevie veía de todo, aunque con lo que de verdad disfrutaba era con el cine de terror, el de ciencia ficción, con las historias de motoristas y pandilleros... Dentro del terror, una serie de títulos llamaron la atención tanto de Chris como de él: las adaptaciones de obras de Edgar Allan Poe realizadas por Roger Corman. Eran tantas que los dos amigos coincidieron en que se trataba de una especie de subgénero como podía serlo el wéstern. Pero hubo una que llevó al de Maine a tener una gran idea.

El péndulo de la muerte (*The Pit and the Pendulum*, Roger Corman, 1961), adaptación muy libre (como prácticamente todas las del Roger cineasta) de *El pozo y el péndulo* de Edgar Allan Poe, con guion de Richard Matheson (quédate con este nombre, lector, porque es de vital importancia para lo que significa Stephen King), causó un enorme impacto en el chico. De regreso a casa, tuvo el suficiente tiempo como para pensar en novelar la película, imprimiéndola él mismo de la misma manera que *El periodicucho de Dave*. ¡Boom! ¡La más grande de las ideas que nunca había tenido nadie! Dicho y hecho. En un par de días tenía listo el libro sobre *El péndulo de la muerte*, con portada incluida. ¡La profesionalidad al poder! Hizo una tirada de unos cuarenta ejemplares para vender cada uno a veinticinco centavos, llevándolos todos a clase para vendérselos a sus compañeros, los cuales se los quitaban de las manos conforme transcurría el día, superando sus humildes previsiones. ¿Demasiado bueno para ser verdad? Exacto. No tardaron en llamarle al despacho del director, donde recibió una bronca en la que se le señalaba que el centro educativo no era un mercado, y menos para vender porquerías como aquella. Tuvo que devolver el dinero, pero sacó varias valiosas lecciones de la experiencia. Al llegar las vacaciones de verano imprimió cuatro docenas de ejemplares de *The Invasion of the Star-Creatures*, un cuento original; solo le quedaron entre cuatro y cinco. También llevó a cabo una antología de relatos con su amigo Chris, por supuesto, navegando todos entre el terror y la ciencia ficción que tanto les hacían disfrutar en la pantalla grande.

Volviendo a las actividades periodistas de nuestro querido Steve, la popularidad de *El periodicucho de Dave* corrió como la pólvora, y en su segundo año en el instituto de Lisbon Falls le endosaron *The Drum*, la revista del centro, que le interesaba tan poco que durante el curso escolar 1963-1964 solo publicó un ejemplar. Tan aburrido estaba del tema que acabó montando una revista satírica llamada *El vómito del pueblo* (*The Village Vomit*), donde mezclaba cotilleos falsos sobre el profesorado con chistes, rumores y pullas en forma de motes reales que los alumnos dirigían a los docentes. De nuevo terminó en el despacho del director, esta vez disculpándose (con sinceridad) y ganando dos semanas de castigo. Este incidente hizo que el orientador del instituto hablase con John Gould, el director de *Weekly Enterprise*, el semanario de Lisbon, que poseía una vacante en la sección de deportes. A regañadientes, Steven aceptó. Cada vez le interesaba menos el trabajo periodístico, pero aprendió muchísimo con Gould, en especial a enfrentarse a la corrección de un texto.

Por supuesto, King consiguió publicar su primer relato antes de entrar en la universidad. Hablo de *In a Half-World of Terror*, aunque originalmente era *I Was a Teenage Grave Robber*, o lo que es lo mismo, *Yo fui un ladrón de tumbas adolescente*, título que tomó como inspiración el de películas como *Yo fui un hombre lobo adolescente* (*I Was a Teenage Werewolf*, Gene Fowler Jr., 1957), *Yo fui un Frankenstein adolescente* (*I Was a Teenage Frankenstein*, Herbert L. Strock, 1957) y *Yo fui un cavernícola adolescente* (*Teenage Caveman*, Roger Corman, 1958), muy sospechosas de ser de las favoritas del joven Stevie. Por si fuera poco, en el cuento no solo refleja las referencias a aquello que le apasiona, sino también ciertos toques autobiográficos que continuará añadiendo en sus trabajos, exhibiéndolos como parte de su estilo personal. Y es que durante un breve período de tiempo trabajó cavando tumbas a media jornada, lo que le proporcionó más de una idea para la historia en la que un científico loco contrata a un adolescente con el objetivo de que le consiga cadáveres para sus horrendos planes.

El cambio de título fue cosa del editor. La obra se publicó en *Comics Review*. No la cobró. Poco le importó al futuro Rey.

Cada vez se le abrían más puertas.

UNIVERSIDAD

Steven pasó de la Escuela Elemental de Durham (Durham Elementary School) al Instituto de Lisbon Falls (Lisbon High School) para luego acudir a la Universidad de Maine, en Orono, en 1966. No pasaba desapercibido en el campus debido a su aspecto, que le confería a veces la apariencia de un feroz leñador; enorme, mal vestido, con una poblada barba y un pelo largo que lo convertía a veces en blanco de bromas e insultos homofóbicos. A él nada de eso le importaba demasiado, y como si fuera una forma de confirmarlo, se mostraba siempre muy reivindicativo y listo para manifestarse, en especial contra el envío de tropas a Vietnam, una de las causas de que cambiase por completo su manera de ver la política. Sin ir más lejos, y como si inconscientemente (¿o no?) quisiera seguir los pasos del Stevie adolescente, participó en el periódico de la universidad con una sección llamada *El camión de la basura de King* (*King's Garbage Truck*), donde no se mordía la lengua con ningún tema. Tampoco lo hacía fuera de las considerables columnas que escribió, dejando una huella imborrable en muchos de sus profesores gracias a sus interesantes ideas y gran capacidad de debate.

En esta época, el escritor vivió diferentes momentos agridulces relacionados con sus dos tipos de empleos: los que le apasionaban como autor de novelas y relatos y los que le daban de comer. Eran estos últimos los que le daban más dolores de cabeza mientras no se pudiera ganar la vida el cien por cien del tiempo con los primeros, llegando a pensar a veces que estaba recorriendo el mismo camino que su madre, lo cual ocurrió, sobre todo, entre el último año de instituto y su entrada en el siguiente ciclo de estudios. King necesitaba un sueldo, pues Ruth, decidida a enviarlo a la universidad como a David, ganaba una miseria. El joven Steve incluso jugó con la idea de alistarse en el ejército para conseguir algo de dinero, poniendo de excusa que le daría material para sus historias. Su madre desechó la idea rápidamente, alegando que con su mala visión lo matarían enseguida, y muerto no iba a poder escribir nada. Tenía razón. De nuevo.

Con las cuentas en números rojos, en el mejor de los casos, el de Maine buscó trabajo, lográndolo en una fábrica textil, al mismo tiempo que pedía becas y préstamos. El ritmo que se vio obligado a llevar durante las últimas semanas de instituto fue un auténtico infierno, con turnos dobles, empaquetamiento de telas durante ocho horas, las clases, cenas consistentes en rápidos y fríos cuencos de cereales, veloces almuerzos y «reparadores» sueños de un par de horas en el Ford Galaxie del 60 heredado de David. Fue una etapa que le preparó para lo que le iba a llegar, para un sendero repleto de piedras y agujeros que no le iba a poner las cosas fáciles. Al menos sabía sacar algo bueno de este tipo de empleos mal pagados y agotadores, como ideas para futuros cuentos y novelas de las que te hablaré más adelante.

En lo referente a la literatura, al Rey le iba bastante bien, siempre que no se hablase del dinero que entraba con ella, claro. Varios de los relatos que escribió durante la universidad acabarían en la genial antología *El umbral de la noche*, considerada como uno de sus mejores libros. Las novelas también fluyeron, y con el tiempo no han sido pocos los compañeros de estudios y profesores que recuerdan lo prolífico que era, lo fácil que se le llenaba la cabeza de buenas ideas. Estamos en los años de *Rabia* y *El fugitivo*, obras que terminaría publicando, no sin esfuerzo y sin su nombre al principio, pero ya entraré en eso más tarde, claro. Por supuesto, también llegó *La Larga Marcha*, su primera novela.

Stephen Edwin King se licenció en Inglés (Filología Inglesa) en

1970. Mucho antes de eso ya había logrado vender varios cuentos, siendo el primero de ellos *El suelo de cristal* (*The Glass Floor*), que le compró la publicación *Starling Mystery Stories* por valor de unos treinta y cinco dólares. No era mucho, pero fue su primer cheque, siempre que no se tengan en cuenta las historias por las que le pagaba su madre o el best seller que supuso la novelización de *El péndulo de la muerte*. No cabe duda alguna de lo importante que fue la etapa universitaria para nuestro querido Steve, a todos los niveles, incluyo el personal. Al fin y al cabo, puede que mucho de lo más importante para él empezara con la literatura, aunque no todo acababa ahí. En la universidad también conoció al motor de su vida, a la persona que le insuflaría vida a todo lo que escribiría a partir de ese momento.

Steven conoció a Tabitha.

TABITHA

Tabitha Jane Spruce y Stephen Edwin King se conocieron a mediados de 1969, cuando el segundo logró una beca de colaboración en la universidad y se alojaba justo al lado del campus, en unas baratas habitaciones de alquiler. La primera vez que el escritor vio a la escritora (Tabitha también escribía, por entonces sobre todo poesía) quedó tremendamente impactado por su risa, escandalosa y sin complejos. Los tacos que soltaba tampoco le pasaron desapercibidos, más propios de los trabajadores de una fábrica (sabía bien de lo que hablaba al haber trabajado en una) que de una universitaria. Se casaron al año y medio, no mucho después de tener a su primera hija, Naomi Rachel King. Ninguno de los dos se ha arrepentido nunca de lo rápidas que fueron las cosas. Cuando llega, llega. Y a ambos les llegó. ¿Qué había que pensar?

No tardaron en descubrir que eran totalmente compatibles más allá de la pasión por las letras que los unía. Además, ambos comprendían la intención de las obras del otro, lo cual también ayudó bastante a su rápido y profundo enamoramiento. Pudieron conocerse de tal forma gracias al trabajo que llevaban a cabo en una biblioteca y al taller de poesía al que asistían durante 1969. A los tres años de casados ya tenían dos hijos. Naomi nació en 1970 y Joseph Hillström King en 1972. Owen Philip King esperó hasta 1977 para presentarse al mundo, con la carrera de su padre muchísimo más asentada que cuando aparecieron sus hermanos. No te preocupes, lector, porque de los tres te hablaré más adelante.

La carrera de Tabitha (de apellido King tras casarse) nunca ha sido tan prolífica como la de su marido (algo difícil, debo añadir), pero eso no significa que desapareciera en cuanto ambos se enamoraron, se prometieron y formaron una familia, como si solo él fuera quien tuviese talento. Durante años ha seguido escribiendo narrativa breve, poesía, no ficción y, por supuesto, novelas como *Survivor*, *Small World* (su primera publicación), *The Trap*, *Pearl* y *Voces del silencio*, su obra más conocida en nuestro país, realizada junto al guionista Michael McDowell, al que Stephen King describió como el mejor escritor de originales de bolsillo de Estados Unidos. Lamentablemente, antes de que pudiera completar *Voces del silencio*, falleció, terminándola Tabitha en solitario más tarde, a petición de la familia.

También dedicada al activismo y a las labores sociales y humanitarias, sobre todo en Maine, la Reina del maestro del terror es de una importancia fundamental tanto para su vida profesional como personal, al igual que lo fue Alma Reville para el maestro del suspense Alfred Hitchcock. Fue Tabitha quien rescató *Carrie* del cubo de basura. Es ella su primera, principal y más feroz correctora. Fue quien se plantó ante las adicciones que lo estaban destrozando para que volviera con su familia. Es ella la protagonista de *La historia de Lisey*, una obra tan personal que podría considerarse una especie de biografía del matrimonio de ambos. Fue ella quien lo ayudó a superar el terrible atropello que sufrió y que casi hizo que abandonara la escritura. Y es ella la Lectora Ideal, su Lectora Ideal, porque ella es la persona para quien escribe, a quien siempre quiere seducir.

Y a partir de ahora también es coprotagonista de esta historia.

ESCRITOR

En algunas de las muchas entrevistas que le han hecho durante años a Tabitha, al describir las primeras impresiones al conocer al que luego sería su marido se ha centrado en lo pobre que le parecía. Frases como «no tenía ni para comer» y «ni siquiera tenía para cambiarse de ropa» han sido bastante habituales, nunca pronunciadas con ánimo peyorativo, sino más bien con la intención de señalar la falta de estabilidad económica que sufría Steven. Una vez llegó a explicar que calzaba unas botas de agua recortadas porque no podía permitirse comprarse unos buenos zapatos. Desafortunadamente, esa escasez monetaria iba a perseguirle en su matrimonio, solo que ahora atacaría a otras personas: al resto de su familia. Había que hacer algo. Por suerte, contaba con la ayuda de su esposa, con quien formaría un excelente equipo para sobrevivir a la época más asfixiante de su vida.

Tras salir de la universidad, y al no conseguir ninguna plaza de profesor, Steve se vio obligado a regresar a los empleos mal pagados y sin ningún futuro a los que tanto se habían acostumbrado su madre y él mismo poco antes de acabar el instituto. Su primera parada fue una lavandería, mientras una serie de baratas buhardillas fueron a su vez las primeras viviendas que ocuparon los King como familia. El trabajo en la lavandería le dio unas cuantas ideas para futuros relatos, pero también no menos anécdotas desagradables, pues la mayor parte de lo que debía limpiar consistía en sábanas de moteles y hospitales y manteles de los restaurantes situados en las costas de Maine. Desde sangre hasta apestosas manchas de marisco, aunque el ingrediente principal eran los gusanos, que no dudaban en subírsele por los brazos a la mínima oportunidad. También llegó a trabajar en una gasolinera y como conserje. Tabitha lo hizo en un Dunkin' Donuts, habitualmente en el turno de noche.

Los únicos ingresos extra que, en palabras del propio Steven, los separaban de la asistencia social, eran los que entraban por los relatos que lograba vender, algunos de ellos escritos con anterioridad y otros finalizados en los pocos ratos libres que tenía entre el trabajo y la familia. Revistas como *Dude, Cavalier* y *Swank*, las llamadas «revistas para hombres», sacaron de más de un apuro a los King, sobre todo a la hora de comprar medicinas para la pequeña Naomi. Los cuentos del autor ya se vendían por algo más que unos pocos dólares; entre doscientos y quinientos fueron algunas de las cifras que la familia aprovechó para darse algún que otro capricho. A modo de broma, el Rey siempre ha comentado que resulta irónico que las tetas de las revistas pagaran el jarabe de su hija.

Obras cortas como *El Coco, Camiones, Materia gris, El último turno* (basada en su experiencia en la fábrica textil), *Campo de batalla* y *La trituradora* (basada en su tiempo en la lavandería), entre otras, sirvieron para completar los ingresos de los King. Sin embargo, solo eran parches, tanto en la economía familiar como en las esperanzas y sueños del de Maine, quien ansiaba poder dedicarse por completo a la escritura y que fuera el principal sustento con el que mantener a los suyos. A pesar de que sobrellevaba con humor aquella época, en especial gracias a Tabitha, tuvo momentos de profunda tristeza en los que se sentía frustrado porque, al final, sus estudios no habían servido más que para acabar repitiendo la vida de su madre.

Fueron tiempos complicados que marido y mujer llevaron con la mayor felicidad posible pese a los altibajos. El cariño ayudaba a olvidar los números rojos y el apoyo de Tabitha hacia la carrera de Steven era absoluto, sin el menor atisbo de duda hacia él, lo cual fue fundamental para que continuara escribiendo, sin perder la perspectiva de cumplir su objetivo. Cada vez que los ánimos del novelista caían, ahí estaba Tabby para sujetarlos, evitar que siguieran precipitándose y volverlos a poner en pie. El mismo Stephen King ha admitido durante años que de haber comentado su esposa en algún momento la inutilidad de escribir relatos de terror para «revistas para hombres», se habría venido abajo. Por fortuna, eso no ocurrió; ni entonces, ni después, ni nunca. Tabitha siempre ha creído en él. Y él en ella.

Que lo cogieran como profesor en la Academia Hampden tendría que haber sido una gran noticia. Lo fue, claro, porque los King contarían con más dinero para su ansiada estabilidad, aunque no con el suficiente para salir adelante. En realidad, se encontraban en una situación bastante grave. En 1973 vivían en Hermon, población situada a las afueras de Bangor, su nueva casa era una caravana, no tenían teléfono y tampoco dinero para arreglar el viejo Buick de Steven. Tabitha también se puso a escribir, dedicándose a las llamadas confesiones ficticias, aunque desistió muy pronto debido a que no disponía del tiempo necesario para que terminasen comprándole alguno de sus trabajos.

A pesar de que contaban con la red de seguridad que suponía el trabajo como profesor de nuestro querido Steve, su carrera como escritor estaba estancada. El terror, género al que más se dedicaba, parecía estar siendo sustituido en las revistas con las que colaboraba por otros con mucho más sexo de por medio. Sin embargo, el mayor problema que sufría era que le costaba escribir por primera vez en su vida. Las clases eran las culpables; le devoraban las horas y las energías, con las cuales no contaba cuando sí lograba arañar unos valiosos minutos al día. King se hallaba ante la época en la que de verdad daba por perdido su futuro como escritor. Entonces conoció a Carrie White.

Un artículo sobre telequinesis y una visita como conserje al vestuario de las chicas fueron los primeros ingredientes con los que el de Maine comenzó a preparar *Carrie*. Originalmente pensó en ella como una buena idea para un relato que enviarles a los de *Cavalier*; poco después le tentó la idea de mandarlo a *Playboy*, que pagaba más. Tras unos cuantos borradores, tuvo claro que para que el concepto funcionara tendría que convertirlo en una novela corta, pero ni le gustaba lo que tenía entre manos ni creía que fuera a venderse, así que la tiró a la basura. Tabby la rescató. El resto es historia... O una de la que te desvelaré más adelante los detalles, querido lector.

Carrie fue todo un éxito que se acrecentó gracias a la adaptación cinematográfica estrenada tan solo dos años después de la publicación del libro. Luego aparecieron *El misterio de Salem's Lot*, *El resplandor*, *El umbral de la noche*, *La danza de la muerte* (conocida más tarde como *Apocalipsis*), *La zona muerta*... Buena parte de los 70 sirvió para darle a conocer y que los productores se peleasen por los derechos de sus obras. Los 80 lo convirtieron en el maestro del terror, siendo la década que explica la razón de que uno de sus apodos sea «Rey», porque fueron años completamente suyos, tanto dentro como fuera de la literatura. Y los 90... Un momento, porque voy demasiado rápido. Antes de continuar con el tío Steve quiero presentarte a alguien.

Deja que te hable de Richard Manuel.

RICHARD MANUEL

¿Quién es John Swithen? ¿Quién es Beryl Evans? Y sobre todo...
¿Quién es Richard Bachman? ¿Por qué el título del presente capítulo de este libro hace mención a un tal Richard Manuel? ¿A qué
vienen todos estos nombres que han aparecido de repente en la
vida del de Maine? Del primero te hablaré enseguida; para saber
del segundo tendrás que esperar un poco más, hasta que nos
adentremos juntos en los parajes de cierta torre. Sin embargo,
podemos sumergirnos ya en el tercero, pues es el autor de *Rabia*,
La Larga Marcha, *Carretera maldita* y *El fugitivo*. Sé lo que estás
pensando, sobre todo si no eres un lector constante de los veteranos. ¿No son títulos de obras de nuestro querido Steve? He
mencionado alguno de ellos en anteriores páginas, es cierto.
Pero es que su verdadero dueño es Richard «Manuel» Bachman.
Y Stephen Edwin King. Todo esto tiene una fácil explicación.

John Swithen escribió *El quinto cuarto*, relato publicado originalmente en la revista *Cavalier*, en el año 1972. En 1993 formaría parte de la antología *Pesadillas y alucinaciones*, de Stephen
King. Sí, John Swithen fue el primer seudónimo que usó Steven
en el mundo literario, utilizándolo solo una vez, como si fuera
un juego, y olvidándolo con rapidez, aunque ha quedado como
una anécdota bastante curiosa. Al referirse a Swithen, el autor
siempre ha comentado que podría ser el seudónimo de Richard
Bachman o el propio George Stark. La historia se complica.

Entre 1977 y 1982, durante cinco años, Stephen King publicó
Rabia, *La Larga Marcha*, *Carretera maldita* y *El fugitivo* con el
seudónimo de Richard Bachman, esas novelas a las que fue dando

forma durante los últimos años de instituto y, sobre todo, su etapa universitaria, formándose entre ellas una especie de ciclo, de «saga», que se conocería como *The Bachman Books* (*Los libros de Bachman*), recopilándose las cuatro obras en un solo tomo con dicho título. En 1984 apareció *Maleficio*, la quinta obra de Bachman, cuando aún vivía. En 1996 y en 2007, ya fallecido, se publicaron *Posesión* y *Blaze*, respectivamente, extendiéndose así la leyenda del dúo King/Bachman. Pero ¿cómo surge todo este asunto? ¿Por qué el Rey se construyó un seudónimo con vida propia, más allá de un simple juego? ¿Cómo tardó tanto en ser descubierto?

El principal motivo del nacimiento de Richard Bachman fue que Stephen King escribía demasiado y demasiado rápido. Ya he comentado en páginas anteriores lo prolífico que siempre ha sido, y eso no cambió cuando empezó a encadenar éxito tras éxito con *Carrie*, *El misterio de Salem's Lot* y *El resplandor*; en realidad, fue a más, pues deseaba sacar al mercado algunos de sus primeros manuscritos que fueron rechazados antes de conocer el inicio del estrellato gracias a Carrie White. Con una buena legión de aficionados deseando leer cualquier novela o relato que publicara, resultaba más sencillo vender obras como *Rabia* y *La Larga Marcha*. Sin embargo, en aquella época los editores pensaban que un mismo autor no debía sacar más de un libro al año, por lo que había un problema. No tardaron en sugerirle que se creara un seudónimo. Incluso su buen amigo, Bill Thompson, el primer editor que tuvo, lo invitó a ello. A Steven le gustó la idea.

Bachman le permitiría el gusto de que esos primeros trabajos literarios, tan distintos a los que luego llegaron, vieran la luz. Pero también existía otra razón, más profunda y existencial, tras la aparición del bueno de Dick. King, por entonces muy inseguro con su carrera, deseaba comprobar si triunfaba con cada nueva historia por pura suerte o por verdadero talento. Incluso después del potente lanzamiento que supuso *El resplandor*, continuaba creyendo que, en cualquier momento, la burbuja explotaría, viéndose obligado a regresar a las clases, a los trabajos precarios y a la frustración de corregir cientos de exámenes mientras sus sueños se iban difuminando. Por fortuna, esa imagen que el escritor tenía de sí mismo ha desaparecido por completo, siendo innegable lo que ayudó Bachman a ello. Una vez dispuestas las causas, tocaba construir al «nuevo» autor, lo cual se hizo con sumo cuidado, pues se iba a convertir en uno de los secretos más atesorados y mejor guardados de la industria literaria estadounidense.

Antes de la vida completa de Dick Bachman llegó el nombre, por supuesto, a pesar de que King ya fantaseaba con algunos de los detalles que compondrían la falsa biografía (un criador de pollos de New Hampshire, un hombre cuyo rostro estaba afectado por un cáncer, lo que le dificultaba mostrarse en público, lo que el propio novelista definió como un feo hijo de puta). Richard Bachman fue Guy Pillsbury antes de ser Richard Bachman, es decir, se llamó exactamente igual que el abuelo materno del Rey. Con ese nombre movió *Getting It On*, la primera novela que intentaría publicar con el nuevo seudónimo, pero de inmediato se descubrió su identidad secreta, como si fuera un torpe superhéroe incapaz de esconderla. Enseguida retiró el manuscrito, cuyo título se transformó en *Rabia*, y le dio vueltas a otro alias. Un libro de Richard Stark (a su vez uno de los varios seudónimos del escritor de novelas de misterio Donald Edwin Westlake) y un disco del grupo de rock Bachman-Turner Overdrive le quitaron el problema de encima. Acababa de nacer Richard Bachman. El siguiente paso era darle una vida convincente.

Originario de Nueva York, sirvió cuatro años en la Guardia Costera y diez en la Marina Mercante, experiencias que usó más tarde para formarse como escritor. Terminó trasladándose a una pequeña granja en la zona rural de New Hampshire junto a su querida esposa Claudia Inez Bachman, con quien tuvo un hijo que falleció muy joven en un desafortunado accidente del que nunca dio demasiados detalles. Las noches de insomnio en la granja le sirvieron para completar diversos libros, entre los que se cuentan *Maleficio*, que dedicó a su mujer y en el que también se le podía ver en una fotografía en la primera edición. En 1982 se le descubrió un tumor cerebral que lo mató en 1985. Dicen que falleció de cáncer de seudónimo. En realidad, murió por un caso grave de desenmascaramiento. Un Steve tuvo mucho que ver. Otro Steve.

Casa de William Arnold, propiedad comprada por Stephen King en 1980.
Wikimedia commons

Steven P. Brown, el encargado de una librería de Washington D. C., empezó a tener bastantes sospechas de que tras Richard Bachman se escondía Stephen King, después de leer las cinco primeras novelas del primero. Su investigación lo llevó a la Biblioteca del Congreso para examinar los derechos de autor de los libros, descubriendo que todos, salvo el primero, estaban a nombre de un tal Kirby McCauley (el agente del de Maine en aquellos tiempos). *Rabia* estaba a nombre del propio King. Brown le escribió una carta para contarle lo que había descubierto, recibiendo más tarde una llamada del escritor para charlar sobre el tema. El tío Steve se vio obligado a ir confesándolo, casi por capítulos, a distintos diarios y periódicos, dando pocas entrevistas y fingiendo quitarle importancia a un tema que lo frustraba, pues le hubiera gustado que el «experimento Bachman» hubiera durado mucho más para comprobar quién se alzaría con la victoria: el talento o la suerte. ¿Qué piensas tú, lector?

La vida de Richard Bachman no acabó ahí. Su fallecimiento (casi presagiado por las pistas que daba su verdadera identidad desde *Rabia*, incluyendo agradecimientos y guiños a otras de sus obras) dio lugar a *La mitad oscura*, el que, para mi gusto, es uno de los mejores libros de Stephen King, donde un escritor se enfrenta, literalmente, al seudónimo que ha intentado enterrar. Además, a mediados de los 90, la viuda de Bachman halló una caja con algunos de sus manuscritos no publicados e inacabados de donde salieron trabajos como *Posesión*, que Steven publicó junto a *Desesperación*, y *Blaze*, novela que también escribió antes de *Carrie*.

Pero ¿de dónde viene lo de Richard Manuel? Si estoy hablando de Richard Bachman, ¿no? Antes hablaba de que la primera edición de *Maleficio* (una novela puramente kingniana narrada por Bachman) contiene una imagen del que se suponía su autor. Teniendo en cuenta que este no existía, ¿de quién es entonces la fotografía? Nada más y nada menos que de Richard Manuel, el agente de seguros del ya mencionado Kirby McCauley. También constructor y habitante de Roseville, Minnesota, Manuel supo guardar el secreto a pesar de que algunos amigos y conocidos le hablaban de un escritor de New Hampshire que se parecía a él. Se le «contrató» por lo alejado que se encontraba de Nueva York, lo cual ayudaba a que pasara desapercibido. Y funcionó. Esa parte funcionó a las mil maravillas.

Lamentablemente, escribir no era la única adicción que tenía la otra mitad de Richard Bachman durante aquella época.

ADICCIONES

Según recuerda el propio Stephen King, su primera borrachera tuvo lugar en 1966, cuando tenía casi diecinueve años. Fue durante el viaje de fin de estudios a Washington, poco antes de entrar en la universidad. Los alumnos y los profesores que los acompañaban pasaron la primera noche en Nueva York, donde el joven escritor y varios atrevidos compañeros compraron whisky barato con el que no acabaron demasiado bien, sobre todo él. A la mañana siguiente apenas si podía mantenerse en pie, mucho menos acudir a las actividades programadas para esa jornada. A pesar de la mala experiencia, el futuro maestro del terror vuelve a estar borracho cuando prosiguen el camino a Washington; en una de las paradas compra una botella de Four Roses y esa misma noche vuelve a sentir los estragos del alcohol. Sería una malsana afición que no pararía hasta bien entrados los 80 y casi alcanzados los 90, empeorada hasta el extremo por las drogas.

Su paso por la universidad no solo estuvo marcado por las interesantes ideas que presentaba, las reivindicaciones de las que se hacía eco o el extraño aspecto que presentaba a veces para el escenario en el que se movía. Por ejemplo, algunos compañeros señalaron lo habitual que era hallar bajo su cama no pocas botellas vacías de cerveza. No extraña que durante los primeros doce años de matrimonio con Tabitha, levantara una y otra vez diferentes barreras que acababan con la afirmación de que simplemente le gustaba beber. Sin más. También estaba la excusa de que al ser escritor la sensibilidad afloraba con facilidad, una sensibilidad que debía controlar con la bebida. Excusa tras excusa. El de Maine incluso llegó a estar borracho mientras pronunciaba el panegírico en honor a su madre. Aun así, continuó erigiendo defensas para protegerse de algo que, en su interior, sabía que ya era un problema. En vez de resolverlo, terminó por empeorar.

Durante los momentos más duros previos a la publicación de *Carrie*, cuando la frustración lo atacaba sin piedad, cuando apenas tenía tiempo para su sueño de ser escritor a tiempo completo, entre exámenes y familia, solía acercarse a su bar habitual para fumar y beber con el poco dinero que le quedaba. A Tabitha la volvía loca que quemase el dinero de esa forma, en especial porque no les sobraba. Las pocas situaciones de tensión que vivieron los King, con ambos como protagonistas, surgieron así, por las adicciones que empezaban a aflorar en el novelista. El éxito que le dieron los primeros libros no las alejaron, sino todo lo contrario, cuando tendría que haber sido al revés: una vez se triunfa, esa frustración desaparece. Steven demostró que la teoría y la práctica no siempre se llevan bien, bebiendo en ocasiones hasta seis latas de cerveza antes de cenar y llenando, él solo, bolsas y bolsas de basura con los restos de todo lo que ingería. Y eso antes de que llegasen las drogas.

De nuevo fue él mismo quien admitió, años después, que entre 1978 y 1986 consumió cocaína de forma compulsiva. Era su manera de abordar la escritura compulsiva, los éxitos literarios y la demanda cada vez mayor de sus obras por parte de editores, agentes y lectores. Con el alcohol podía esperar, parar incluso de vez en cuando, pero la cocaína era diferente: resultaba imposible detenerse. Aunque las drogas nunca le faltaban, con el alcohol no ocurría lo mismo. Cuando acontecía tal desastre, todo le venía bien para aliviar la adicción: desde loción para el afeitado hasta jarabe para la tos, pasando incluso por enjuague bucal. A veces con que fuera algo para frotarse las encías le venía bien.

En 1985 el alcohol y las drogas eran un verdadero problema para el tío Steve. Desde fuera resultaba evidente, pero él creía que seguía funcionando con normalidad. Al pensar en dejarlo, el miedo lo atenazaba, un poderoso pavor a no saber funcionar sin lo que tomaba, como si hubiera olvidado cómo era la vida antes de la cocaína y las interminables cervezas y botellas de whisky. Por fortuna, fue Tabitha (de nuevo Tabby, una vez más) quien tomó las riendas de la situación ante un Stephen agotado, ojeroso, confuso y con un sentimiento continuo de encontrarse a punto de ser desahuciado de la vida. La familia King llevó a cabo una intervención en toda regla donde la escritora le mostró los restos de las adicciones que halló en su despacho. A continuación le dio a elegir: rehabilitación o marcharse de casa. No deseaba estar en primera fila en aquel atroz espectáculo donde su marido se suicidaba poco a poco.

El autor regateó. Hizo promesas. Se mostró encantador. Sin embargo, como buen alcohólico, sabía que nada de eso conducía a un buen lugar, por lo que, a pesar del terror que sentía al creer que sin las adicciones no podría seguir trabajando, y mucho menos con la calidad que sus lectores aseguraban que tenía, eligió su matrimonio y la maravillosa promesa de ver crecer a sus tres hijos. Sin prisa, pero sin pausa, volvió a encontrar el camino, tanto en lo personal como en lo profesional. Recuperó el ritmo y se reintegró en su familia. El café y el té se convirtieron en las nuevas bebidas. Sus adicciones regresaron, las originales, aquellas que sepultaron la cerveza y la cocaína: Tabby, Naomi, Joe y Owen. Y la escritura, por supuesto. Las únicas que valían la pena. Las que le salvaron la vida.

Se abría un horizonte lleno de posibilidades.

MADURANDO

A pesar de que numerosos expertos, especialistas y lectores constantes suelen señalar la década de los 80 como la de mayor fertilidad creativa y calidad literaria en la carrera de Stephen King, eso no es así del todo. Los 90 no tienen nada que envidiar a los años que los precedieron, y resulta fácil confirmarlo si se tienen en cuenta la gran cantidad de títulos, publicados entonces, que hoy son ya clásicos de la carrera del autor. *La tienda, Dolores Claiborne* y *La milla verde*, entre otros, sirven para demostrar que el éxito del Rey nunca ha dejado de crecer, un éxito bien merecido, porque no solo hablo de sus ventas, sino también del talento maduro que exhiben. El escritor encaró una especie de nueva etapa sin que esa fuera la intención, como tampoco lo era la de cumplir una de las misiones más complicadas de su trayectoria: agradar a los críticos.

El rápido ascenso del narrador en las listas de los más vendidos tras el lanzamiento de *Carrie*, puso en alarma a los analistas literarios más duros c implacables. Las siguientes obras hicieron que sacaran las antorchas; las adaptaciones que se estrenaban las encendieron. Esos jueces de la alta edición no tardaron en señalar al novelista como un mero divulgador de la peor literatura popular. Al fin y al cabo, si lo que hacía gustaba a mucha gente, no debía ser tan bueno, ¿verdad? Por si fuera poco, King empezó a ser conocido como el maestro del terror, apelativo recibido por el género fantástico que más trataba, un género denostado por los llamados críticos profesionales, quienes lo veían, en el mejor de los casos, a la altura de los pobres cómics dirigidos a niños o a adultos con problemas de madurez. En pocas palabras, nuestro querido Steve no era muy apreciado en esos círculos. ¿Y qué hizo? Absolutamente nada.

Conocedor de que no hay artista que no sea tan querido como odiado, al que no se le saquen tantas virtudes como defectos, él siguió a lo suyo. Algunas puñaladas le dolían más que otras, sobre todo cuando surgieron rumores y cuchicheos próximos a dañar su reputación y que poco (o nada) tenían que ver con el análisis de sus trabajos. A veces se decía que había más de un escritor tras el nombre de Stephen King, pues resultaba bastante imposible creer que fuera tan prolífico; las acusaciones de plagio lo alcanzaron pronto, todas sin ninguna base; y las negativas apreciaciones hacia su talento aumentaban con cada nueva publicación. Para esos supuestos profesionales, Steven escondía que apenas sabía escribir un buen párrafo tras oleadas de vampiros, muertos vivientes, psicópatas y demás conceptos que para ellos formaban parte de la baja literatura que encandilaba a las masas con la misma facilidad que la peor televisión. El autor no era un escritor serio, así de claro.

Sin embargo, algo cambió en los 90. Como te comentaba antes, lector, sin que el tío Steve hiciera nada a propósito. Tanto él como sus lectores constantes conocían el trasfondo de sus libros, y cómo era capaz de usar hoteles encantados y cementerios de mascotas para hablarnos de la fragmentación de la familia y de la muerte con la mayor de las profundidades. No tenía nada que demostrar, pero, sin querer, lo hizo. Cuando comenzó a alejarse del terror, esos críticos serios levantaron la cabeza. ¿Cómo era capaz el mismo tipo de crear *El misterio de Salem's Lot* y *Dolores Claiborne*? Mientras que consideraban que la primera era una novela perfecta para venderse de saldo en cualquier rastrillo, veían a la segunda como una obra capaz de ganar premios, premios importantes, además. De pronto, Stephen King sí era un autor serio. Uno de los suyos.

En realidad, el Rey no maduró, al menos no como aseguraban esos expertos. Su talento crecía, y lo demostraba con trabajos con una prosa más intensa y capaces de enganchar todavía más, incluso al lector constante más fiel. No maduró porque otros temas le interesaban más. El terror continuó ahí, en forma de títulos como *Pesadillas y alucinaciones*, *Desesperación* y *Un saco de huesos*. Pero, «de repente» (ahora explico las comillas), King se acercó a formar parte del grupito selecto de escritores serios capaces de agradar hasta al más inflexible de los críticos, aunque algunos quedaron, precisamente porque no abandonó del todo el territorio de lo fantástico. Que siguiera siendo un creador de literatura popular no gustó a otros muchos, quienes estimaron que no se dejarían engañar nunca por aquel señor amante de las escenas sangrientas con poca chicha literaria. Las adaptaciones que se continuaban realizando de las novelas y relatos no ayudaron al respecto, a pesar de que muchas de ellas se basaban, cada vez más, en esas historias consideradas serias, como *Rita Hayworth y la redención de Shawshank* y *La milla verde*.

Los críticos que en los 80 detestaban a Steven y lo abrazaron en los 90, se equivocaban en mucho de lo que pensaban. Esas comillas del «de repente» anterior también lo ejemplifican, pues él ya escribía relatos próximos al drama, al suspense y a parajes lejanos a lo sobrenatural mucho antes de que llegase esta década «seria». Cuentos como *El último peldaño de la escalera* y *La mujer de la habitación*, ambos incluidos en la antología *El umbral de la noche*, absorbida casi por completo por el más puro terror, lo demuestran. ¿No me crees, lector? Acércate a *Las cuatro estaciones*, esa recopilación de cuatro novelas cortas que ya presagiaba esta etapa que muchos creían nueva en un escritor que pasó de ser el maestro del terror a algo más. Quienes nunca se mostraron interesados en el género, y de esta forma tampoco en su literatura, se acercaron a él. A muchos les era difícil creer que fuera el mismo narrador. Muchos descubrieron a Stephen King durante esos años.

Más allá de esos detalles, su vida continuó más o menos igual, sin demasiados cambios personales. El horizonte le sonreía tras haberse librado de las adicciones, los premios seguían llegando, las ventas subían, las adaptaciones no cesaban... Aprovechó su poderío económico para realizar diversas actividades benéficas y filantrópicas, en especial en su querida Maine, como restaurar bibliotecas y llevar a cabo numerosas y regulares donaciones a campos de béisbol y radios locales. Los 90 nos ayudaron a conocerle más dentro y fuera de su hogar, incluyendo, por supuesto, al resto de la familia King. ¿Cuál era el límite para el autor? ¿Existía uno? Parecía que no. Todo marchaba bien.

Hasta que se cruzó con Bryan Smith.

EL ACCIDENTE

Era junio de 1999 cuando Stephen King fue atropellado por la camioneta Dodge de Bryan Smith mientras daba un paseo por el arcén de una de tantas carreteras de Maine. El conductor no iba atento a la calzada porque estaba demasiado ocupado tratando de evitar que su perro, un rottweiler llamado Bullet (Bala), abriera una nevera que llevaba con algo de carne. El resultado fue que el vehículo de Smith, quien acumulaba por entonces una docena de infracciones automovilísticas, invadió el arcén, arrollando por completo al escritor como si fuera un muñeco. La zona tampoco ayudó, ofreciendo una mala visibilidad tanto al agresor involuntario como a la víctima, quien aguantó consciente el suficiente tiempo como para cruzar un par de palabras con el primero. Una semana después le transmiten ciertos detalles sobre este (su partida a toda prisa del camping donde se instalaba se debió a un repentino impulso por comprar chocolatinas) que, unidos a su aspecto, le llevan a tener un pensamiento entre divertido y macabro: «Casi me mata un personaje de una de mis novelas». Muy King.

Steven salió vivo de tan terrible experiencia, a pesar de una rehabilitación larga, dolorosa y que estuvo cerca de empujarlo a abandonar la escritura. Sin embargo, como él mismo ha acabado transmitiendo con el tiempo mediante distintas entrevistas, la realidad fue que vio a la muerte bastante de cerca, más de lo que nunca se admitió. Que el golpe hubiese sido de otra manera por unos centímetros o se hubiera tardado un poco más en socorrerle, habría provocado que la historia la acabase contando Tabitha en vez de él mismo. Podría decirse que la literatura contuvo la respiración durante varios días e incluso semanas mientras el autor salía de la zona de peligro y se estabilizaba. Fue todo un shock para sus seguidores, especialmente para los más fieles lectores constantes, quienes no dejaron de enviarle cariño, fuerza y ánimos en una época en la que Internet no era lo que es hoy, por lo que tuvieron que usar otros medios para ello.

¿Recuerdas, lector, cuando te conté, páginas atrás, el momento en el que el de Maine no vio nada claro su futuro ganándose la vida creando pesadillas? Fue cuando tenía que ser profesor y padre al mismo tiempo, poco antes de que Carrie White se convirtiera en una figura bien desarrollada en su imaginación. Ese instante se vio ampliamente superado al encarar el novelista las agotadoras secuelas del atropello. Cuatro costillas rotas, la columna astillada en ocho puntos, la rodilla derecha casi partida por la mitad, fractura de cadera, una seria amenaza de perder una pierna... Todo esto es un simple, rápido y poco minucioso resumen de lo que le hizo la camioneta de Bryan Smith, quien terminó condenado solo a seis meses de prisión que no tuvo que cumplir, aunque sí una temporada de libertad condicional. También le retiraron el carnet de conducir durante un año. Nada más.

El libro con el que estaba el Rey en el período del accidente era *Mientras escribo*, esa fantástica mezcla de autobiografía y manual para escribir, en el que acabó incluyendo un emotivo, detallado y terrorífico capítulo protagonizado por su espeluznante encuentro con el despiste de Bryan Smith. Tras numerosas operaciones y sesiones de rehabilitación y fisioterapia, King pensó que estaría listo para retomar el manuscrito. Se equivocó. Los dolores eran terribles, convirtiéndose en una tortura ponerse a escribir frente a una mesa, aunque fuese en una silla de ruedas. Un susurro en su cabeza comenzó a crecer hasta transformarse en una voz que, a punto de gritar, le aseguraba que llegaba el momento de dejarlo. ¿Por qué no? Ya había alcanzado varias metas. Su éxito era innegable. Podía descansar. Y empezó a hacer caso a la voz. Era lo lógico.

Sin embargo, Tabitha lo salvó. Al igual que sabía cuándo escribía demasiado y debía tomarse un descanso, también conocía bien las circunstancias en las que la escritura estaba ahí para ir más allá de distraerle o hacerle ganar dinero. Las letras habían salvado a su marido en más de una ocasión, y era el turno de que volvieran a hacerlo, aunque no sin su ayuda. Un día que Steven le confesó que quería escribir, Tabby no se opuso; en vez de eso preparó el rinconcito perfecto, reconociendo que acababa de llegar la hora en la que la literatura de su esposo regresara. La intuición de la escritora dio en el clavo, pues tras una sesión de casi dos horas de sudor y pinchazos en la cadera, King escribió. Y aunque lo que hizo no le gustó demasiado, tuvo claro que a partir de entonces solo podía ir a mejor. Tuvo razón.

Permíteme una anécdota antes de finalizar este capítulo y dirigirnos al siguiente, lector. Mediante su abogado, el de Maine adquirió la camioneta de Bryan Smith para evitar que se especulara con ella y alguien la comprara por el morbo de ser el vehículo que casi termina con su vida. A pesar de que el propio autor fantaseaba con destrozarla en persona, se deshicieron de ella en un depósito de chatarra. Aquello sirvió, en parte, para poner punto final a uno de los episodios más espantosos en la vida de nuestro tío Steve. Una manera de exorcizar ese demonio, a medio camino entre Smith y Dodge, que a punto estuvo de extinguir incluso su mayor pasión, su talento y su imaginación. Afortunadamente, no fue así.

Y era cierto que las cosas solo podían ir a mejor.

EL REY

Stephen King encaró el comienzo del nuevo siglo como Hércules tras completar los doce trabajos. Lo abandonó su padre siendo niño, apenas veía a su madre al estar ocupada con varios trabajos, creció en una familia pobre, siguió sufriendo precariedad económica tanto en el instituto como en la universidad, durante sus primeros años como escritor acumuló no pocos rechazos, cuando formó su propia familia empezó a costarle encontrar tiempo para escribir, estuvo a punto de repetir el ciclo de su madre, esta falleció de cáncer sin poder vivir de primera mano su éxito, con la fama y la popularidad llegaron las adicciones que casi lo destruyen todo, la crítica seria lo golpeó sin cesar, vio muy de cerca a la muerte tras un espeluznante atropello... El de Maine parecía invencible y el siglo XXI no iba a cambiar eso.

Totalmente repuesto del accidente, Steven continuó con su vida, cosechando nuevos éxitos tanto en lo personal como en lo profesional. En este aspecto, siguió escribiendo y publicando sin parar, recuperando el ritmo casi perdido durante su convalecencia. Finalizó la saga de *La Torre Oscura* casi de golpe, encaró secuelas como *Doctor Sueño*, se atrevió a realizar trilogías como la del detective retirado Bill Hodges, continuó recopilando muchos de sus cuentos y novelas cortas, colaboró cada vez más con otros autores entre los que se cuentan sus hijos Joe y Owen, se sumergió en otros géneros como la ciencia ficción y el thriller, creó su obra más personal titulada *La historia de Lisey* y, por supuesto, no dejó de ignorar a los críticos más petulantes que insistían en la falta de talento de sus trabajos. A pesar de que muchos de ellos se alejaban del terror, el novelista comprobaba que no perdía lectores, ganándolos incluso en algunos casos, para especial alegría de los editores que se asustaban cada vez que abandonaba el género por el que era más conocido. En realidad, hacía tiempo que sus seguidores habían aceptado que era un escritor todoterreno, con un estilo muy marcado, fuera cual fuese el tipo de libro que les hiciera llegar.

El inicio del siglo XXI supuso un antes y un después en la relación de las obras del tío Steve con el cine y la televisión. Las adaptaciones entraron en una extraña deriva de la que productores, guionistas y directores no sabían salir. ¿Los lectores constantes querían más miniseries, nuevas películas para la gran pantalla o preferían los telefilmes que tanto habían triunfado en los 90? Afortunadamente, todo se arregló poco a poco, alternándose los proyectos para uno y otro formato, con títulos que volvieron a llevar a King a los titulares de infinidad de publicaciones sobre el género fantástico en el séptimo arte. Daba la sensación de que, tras una época de sequía, los filmes y series basadas en las creaciones del autor vivían una nueva juventud, muy bien aprovechada por cineastas alimentados con el material surgido de la mente del escritor.

El nuevo siglo abrió la puerta a nuevas maneras de publicar un libro, como el formato digital, en el que el creador del Overlook fue casi un pionero gracias a historias como *The Plant* y *Montado en la bala*. La experimentación literaria, de la que ya había hecho gala con anterioridad, no acabó ahí, continuando en forma de ensayos de diversa índole como *Guns*, donde se centra en la problemática de las armas en Estados Unidos. Este volumen es solo la punta del iceberg de un King cada vez más reivindicativo para con una nación que adora como el que más, pero de la que no teme exhibir sus costuras, avergonzándose de muchas de ellas. Abiertamente demócrata, en las elecciones de 2008 respaldó a Barack Obama, llegó a escribir en 2012 un artículo en *The Daily Beast* a favor de que personajes ricos como él pagaran más impuestos, en 2022 expresó su apoyo a Ucrania tras la invasión rusa y son bien conocidos sus innumerables mensajes en redes sociales contra Donald Trump. También en 2022 testificó en contra del intento de fusión de Penguin Random House y Simon & Schuster, dos de las más grandes editoriales del país, otorgando un testimonio que la justicia consideró bastante relevante al provenir de uno de sus autores más populares y superventas.

En el año 2003, empezó a escribir una columna en la revista cultural *Entertainment Weekly*, con el título *The Pop of King* (aludiendo así a The King of Pop, el Rey del Pop, el título que recibía Michael Jackson), donde compartía su punto de vista sobre cualquier tema de la cultura popular, algo que le iba como anillo al dedo. El mismo año el Premio Nacional del Libro, prestigioso galardón estadounidense que se concede a la destacada contribución de una personalidad a la literatura del país; fue una elección cargada de controversia para algunos (los círculos más académicos se volvieron locos) y totalmente justa para muchos más. Por si fuera poco, en el 2015 lo invitaron a la mismísima Casa Blanca, donde Barack Obama en persona le concedió la Medalla Nacional de las Artes, uno de los mayores honores que puede recibir un artista en Estados Unidos. Por supuesto, también fueron años en los que el de Maine continuó ganando premios igual de insignes, pero centrados en la literatura fantástica, como el Bram Stoker y el Locus, sin olvidar la larga lista de nominaciones al respecto.

Las redes sociales no solo han servido para revelar (todavía más) el carácter reivindicativo y activista del escritor, sino también su día a día, que poco ha cambiado en los últimos años, mostrándose como una celebridad humilde y cercana. Igual utiliza las plataformas digitales para leer algunos capítulos del libro que acabe de lanzar como para apoyar a sus hijos, Owen y Joe, en sus respectivas carreras literarias, presentar a sus nietos en sociedad, mostrarnos los bonitos momentos que pasa con

Tabitha y bromear con los perros y gatos que pueblan su casa, siendo especialmente popular Molly, la llamada Cosa del Mal (*The Thing of Evil*), una adorable corgi que protagoniza algunas de las fotografías más divertidas en las que ha intervenido nunca nuestro querido Steve. Poco importan las montañas de dinero, los numerosos premios, las innumerables adaptaciones cinematográficas y ser uno de los autores más importantes del género fantástico de la historia. Stephen King sigue siendo el tipo que acude a comprarse un refresco y un perrito caliente a un puesto cualquiera de la feria de su pueblo, vistiendo unos vaqueros viejos, una gorra de béisbol y una camiseta gastada.

Podría despedir este capítulo con alguna reflexión más o menos sesuda acerca del antes y el después que supone la llegada del novelista a la literatura de terror. Podría insistir en lo importante que es mantener los pies en la tierra y cómo eso lo ha ayudado a ser tan querido y respetado más allá de sus fantásticas obras. Podría volver a señalar cómo ha demostrado durante décadas que el trabajo duro y la constancia superan incluso al talento que se posea a la hora de escribir. Sin embargo, voy a compartir contigo, lector, un extracto de *Mientras escribo* en el que el propio Steven se define a la perfección a sí mismo, en lo personal y en lo profesional, regalándonos, al mismo tiempo, una de sus profundas perlas sobre lo que significa escribir... y vivir.

«Escribir no es cuestión de ganar dinero, hacerse famoso, ligar mucho ni hacer amistades. En último término, se trata de enriquecer las vidas de las personas que leen lo que haces, y al mismo tiempo enriquecer la tuya. Es levantarse, recuperarse y superar lo malo. Ser feliz, vaya. Ser feliz».

Y por eso siempre será el Rey.

CAPÍTULO II

REINADO LITERARIO

Mientras escribo estas líneas, Stephen King cuenta con un número de entre ochenta y cinco y noventa obras escritas, terminadas y publicadas. No doy una cifra exacta porque a menudo se juega bastante con ellas a la hora de ofrecerlas a los interesados, pues hay quienes cuentan aparte *La danza de la muerte* y *Apocalipsis*, mientras que otros suelen añadir a las antologías aquellas novelas cortas y colaboraciones que primero han aparecido en solitario, ya sea en medios tradicionales o en formato electrónico. Y no me olvido de los proyectos más peculiares a los que se ha enfrentado el autor, como cierto libro para niños lanzado con seudónimo del que hablaré más adelante. Sin embargo, confieso que no es ese el motivo principal, porque resulta bastante probable (o de una seguridad irrefutable, mejor dicho) que mientras te sumerges en este ensayo, cualquiera que sea, la cantidad haya aumentado.

¿Recuerdas lo que te comentaba, lector, en la introducción del presente volumen? Acerca de lo complicado que es abarcar toda la bibliografía del Rey en un solo tomo, al mismo tiempo que se procura que no se desactualice demasiado deprisa. Al final se llega a la conclusión de que o se crea toda una enciclopedia o se cambia el enfoque, como vas descubriendo con el título que tienes en las manos. Culpa de eso (una culpa tan bien recibida como gloriosa) la tienen el propio novelista y su infinita capacidad creativa. Dicho de otro modo, Steven es uno de los escritores más prolíficos de la historia. Los hay que lo son más, pero se hallan, sobre todo, en el área de las narraciones cortas y los bolsilibros (que no libros de bolsillo), ese tipo de publicaciones que los propios autores podían llegar a finalizar en cuestión de días, trabajos que fueron muy populares en los años 70 y 80 en España, con esos juntaletras que se ocultaban tras numerosos seudónimos norteamericanos y británicos.

El de Maine no es ajeno a la novela breve. Ni a las dobles identidades. Tampoco a acabar un libro en pocos días. Evidentemente, no suele ser lo habitual en su bibliografía, y de ahí esa distinción en cuanto a la fertilidad literaria que despliega en comparación a la de los compañeros de letras señalados. Lo de King no es normal, dicho sin ambages. De ahí que sea tan difícil trasladar toda su obra en un ensayo y esperar que sea suficiente o bastante. Eso no significa que vaya a rehuir la tarea de hablarte de ella, lector, porque ha llegado el momento de adentrarnos juntos en ese espacio del universo de nuestro querido Steve que convierte a un lector en un lector constante. Toca repasar los trabajos literarios del padre del Overlook, aunque lo voy a hacer de una manera un tanto diferente, porque te recuerdo que esto no va de analizarlos, sino de descubrirte su mundo y, a la vez, encontrar lo que no tienes en otros volúmenes.

Los especialistas en el autor suelen dividir su biografía literaria en etapas siguiendo una serie de patrones clasificados y argumentados previamente. A veces son tres, correspondiente la primera a los años 70 y 80, la segunda a los 90 y la tercera a partir de entonces; en otras ocasiones son dos, una dedicada a la llamada etapa clásica y otra a la considerada como etapa moderna. Aun así, no vamos a pasarnos por todas y cada una de las obras, lector, sino por una selección medida minuciosamente de aquellas con mayor trasfondo e importancia en la carrera de Steven, teniendo también en cuenta detalles como sus orígenes, las anécdotas que reúnen e incluso cuáles son más apropiadas para comenzar a leerle y cuáles son más indicadas para los veteranos lectores constantes. Tampoco he añadido aquellas inéditas, tanto aquí como en su país de origen, ni las que ha dejado a medias, aunque sí que hallarás unas pocas menciones a alguna que otra. Disculpa de antemano que haya escogido por ti, aunque espero que sepas perdonarme cuando veas el resultado final. Ojalá sea así.

¿Significa esto que he dejado abandonadas en la cuneta un buen montón de libros del Rey? En absoluto. Todos, y cuando digo «todos» me refiero incluso a aquellos de los que solo contamos con unos pocos detalles en el momento de redactar este manuscrito, disfrutan de su momento en el presente ensayo. Puede que no sea en este apartado, pero sí más adelante, por ejemplo, cuando toque averiguar en qué consiste la marca del novelista. Sin embargo, a esa historia todavía no hemos llegado y no conviene adelantarse. Disfruta del viaje conmigo, lector. Si acabamos de averiguar quién es nuestro querido Steve, ahora toca responder a otra pregunta esencial en nuestra odisea.

¿Qué hace Stephen King?

Escribir. Y muy bien. Como un maestro, diría yo.

Te invito a comprobarlo.

NOVELAS

CARRIE
(*CARRIE*, 1974)

Se podría decir que Carrie White salvó a la familia King como agradecimiento. Tabitha King la salvó a ella, recuperando su historia de la basura para asegurarle a su marido que tenía posibilidades. Esas posibilidades consistieron en sacar a los King de la pobreza para darles una vida decente antes de comenzar a convertir a Steven en el maestro del terror. Carrie White abrió puertas sin tocarlas, tal cual puede hacer en la novela, y eso sin caerle simpática a su padre literario. Poco importó, pues cada uno hizo su parte; Stephen escribió, Tabby creyó y *Carrie* funcionó. Contado así parece sencillo, ¿verdad? Sin embargo, no lo fue. Construir *Carrie* fue todo un duro y hasta doloroso proceso, como subir una empinada cuesta con patines rotos, patines para el hilo, para ser más exacto. El de Maine estaba en punto decisivo de su carrera cuando luchaba contra sí mismo para continuar componiendo el libro o dejarlo. Y sabemos que llegó a abandonarlo, lector. Se trataba de algo más que de la economía familiar. Estaba en juego el futuro de la carrera del Rey.

Cuando el novelista comenzó a darle vueltas a la idea que se transformaría en *Carrie*, sus intentos por vivir de la literatura no prosperaban. El terror era sustituido en las revistas a las que mandaba relatos por cuentos sexualmente explícitos. Por si fuera poco, las clases que daba como profesor, y que le proporcionaban un sueldo seguro y más o menos estable, le impedían escribir todo lo que deseaba e incluso le quitaban las ganas algunos días en los que llegaba agotado tras una dura y densa jornada. Fue la época en la que estuvo más cerca de dar por perdido su sueño. Se imaginaba a sí mismo con varios años más, dedicándose a desempolvar sus pocos manuscritos inacabados, entre borrachera y borrachera, para anhelar tiempos mejores, siempre prometiéndose que nunca era tarde y que aún podía lograrlo, por supuesto en su tiempo libre, al finalizar las clases. Entonces, varios focos dieron lugar a un incendio que terminaría siendo su primera novela publicada.

Uno de ellos apareció al recordar su breve etapa trabajando como conserje en un instituto. Al visitar las duchas del vestuario de chicas, se fijó en las cajas de metal que contenían tampones para la menstruación, así como en las cortinas de los cubículos, las cuales les permitían algo de intimidad. Al pensar en los detalles, la escena de Carrie White teniendo la regla delante de sus compañeras, sin saber qué le ocurría, surgió de repente. Las otras estudiantes humillaban a la joven protagonista. ¿Cómo hubiera respondido esta? La mente del autor volvió a recuperar recuerdos. ¿No leyó una vez un artículo que planteaba la teoría de que algunos casos de fantasmas y poltergeist fueran fenómenos de telequinesia? En especial, si había adolescentes de por medio, y más si eran niñas que pasaban a la edad adulta.

Las dos ideas encajaron a la perfección para el tío Steve. Su suma daba para la base de un buen cuento. Seguramente para la revista *Cavalier*, aunque le tentaba enviarlo a *Playboy*, pues suponía, si se lo publicaban, más dinero. Aun así, King solo encontraba problemas para conseguir un texto de calidad. El argumento no lo emocionaba, la protagonista no le caía bien y no se sentía cómodo en un terreno (Planeta Hembra, lo llamó, no de forma peyorativa, claro) que no manejaba con soltura (escribir siempre de lo que se conoce y, si no, documentación). La única manera de sacar verdadero partido a todo el concepto era convertir la obra en una novela corta que ni le gustaba ni creía que se pudiera vender. No estaba para perder el tiempo, y menos en su situación profesional, así que tiró a la basura lo que tenía escrito (¿se estaba boicoteando?). La noche siguiente, al regresar del trabajo, el borrador del relato se hallaba en poder de Tabitha, quien lo había limpiado antes de leerlo. Su marido le expresó las dudas que lo acosaban. Ella insistió en que lo acabara, ofreciéndole su ayuda para visitar con acierto Planeta Hembra.

Mientras Tabby le ofrecía detalles que empezaron a arreglar la historia de aquella chica torturada por sus compañeras, Stephen continuó navegando en su memoria, abarcando las costas de su época en el instituto, en la que las dos chicas más solitarias e impopulares de la clase le sirvieron como base para el personaje de Carrie White. De Sondra, como llamó a una (no era su verdadero nombre), tomó varios detalles, pero el más impactante fue el enorme y espeluznante crucifijo que presidía el salón de la caravana en la que vivía con su madre, la cual le inculcó unos valores cristianos algo extremos. De Dodie Franklin cogió el cruel trato que le daban las otras chicas por su ropa estropeada, vieja y barata, una crueldad que fue mudando en odio, muy a su pesar, incluso cuando trató de cambiar su vestimenta. Al comenzar a escribir *Carrie*, ninguna de las dos mujeres vivía; Sondra murió de una mala caída tras un ataque epiléptico; Dodie se suicidó tras una depresión posparto. Ambas ayudaron al maestro del terror a comprender mejor a Carrie White.

Con *Carrie* finalizada, entró en escena Bill Thompson, editor, amigo y el hombre que descubrió a Stephen King, aportando su granito de arena (más bien una playa entera) para convertirle en el monarca de las pesadillas con millones de lectores a sus pies. En realidad, el primer manuscrito que nuestro querido Steve le envío a William no fue el protagonizado por la adolescente telequinética, sino *Getting It On*, la novela que más tarde sería conocida como *Rabia*. Al editor le gustó mucho, pero le propuso algunos cambios para poder publicarlo (por entonces se comunicaban mediante cartas, al carecer los King de teléfono). Al final, rechazó publicar *Getting It On* porque no logró pasar los requisitos mínimos del consejo editorial de Doubleday. Aun así, el escritor acabó dedicándole *Rabia* a Bill Thompson como WGT.

Cuando el de Maine mandó *Carrie* a Thompson habían perdido el contacto. Una vez despachado el texto, el novelista se olvidó de él, volviendo a su vida normal (profesor, marido, padre, escritor de relatos). Un buen día, encontrándose en el trabajo, le llamaron para que acudiera a secretaría, pues tenía una llamada de Tabitha. Era la época en la que no tenían teléfono en casa, al cortar la línea en algunas ocasiones al no poder pagarla. Eso significaba que su esposa se vio obligada a utilizar el teléfono de los vecinos, lo que manifestaba a su vez que tuvo que vestir a los niños, así que o existía una emergencia con estos o se trataba de una gran noticia sobre *Carrie*. Fue lo segundo. Tabby le leyó un telegrama de Bill Thompson: «Bingo. *Carrie* es oficialmente un libro Doubleday. 2.500 dólares de derechos de autor. Llama para obtener más detalles gloriosos. Felicidades. Esto es solo el principio. Un abrazo».

El dinero fue para los King como un vaso de agua helada para un sediento en el desierto. El dinero y el empujón de ánimo para el cabeza de familia, provocado por la publicación, al fin, de su primera novela. Sin embargo, era una cifra modesta, incluso para la época, y el autor, siempre con los pies en la tierra, pensaba que la posibilidad de ganar más era hacerse demasiadas ilusiones. Aun así, los 2.500 dólares les dieron para algunos caprichos, un coche con garantía, pasar de la caravana a una planta baja en Bangor y, sí, un teléfono que funcionaba permanentemente. A él llamó Bill Thompson, desde Doubleday, un día que Steven se hallaba solo en casa. El editor le preguntó si estaba sentado, a lo que contestó que no; le aconsejó que lo hiciera. Le comunicó que los derechos para la edición de bolsillo (en rústica) de *Carrie* se habían vendido por 400.000 dólares. A él le correspondían 100.000 por contrato. Le acababa de tocar la lotería.

Carrie es la historia de Carrie White, una adolescente introvertida, marginada en el instituto, acosada por sus compañeras y maltratada por su madre, una fanática religiosa. Tras un terrible episodio en las duchas de las chicas, al descubrir su primera menstruación, la joven empieza a ser consciente de que posee unas poderosas habilidades telequinéticas que explotarán cuando las humillaciones alcancen un nuevo nivel de crueldad. En el primer borrador, el que recibió Bill Thompson, *Carrie* se transformaba en una figura gigantesca, con cuernos, a la que le salen rayos de los dedos que usa para derribar aviones. El editor recomendó unos cambios que Stephen aceptó con gusto. Pero no todo fue bueno, pues Nellie Ruth Pillsbury, su madre, falleció de cáncer durante el proceso de publicación de la obra. Según el propio novelista, logró leerla, gracias a una galerada encuadernada, antes de fallecer, con algo de ayuda de la tía Ethelyn. Momentos duros que agriaron los que debían ser dulces. Por cierto, lector, *Carrie* está dedicada a la mujer que la salvó: «Para Tabby, que me metió en esto y luego me ayudó a salir», escribió su esposo. Qué gran verdad.

EL MISTERIO DE SALEM´S LOT
(*SALEM´S LOT*, 1975)

A Stephen King le encantan las novelas de situación, las que nacen con el planteamiento de una situación potente, con fuerza, y a ser posible expuesta mediante una pregunta en condicional. Una noche, durante una época en la que daba un curso sobre fantasía y ciencia ficción, revoloteaba en su cabeza una de las muchas relecturas del clásico *Drácula*. Entre la broma y la seria curiosidad le surgió una pregunta: ¿Y si el aterrador conde apareciera en la Norteamérica de entonces, de los años 70? Tabitha tuvo claro que en cuanto aterrizara en Nueva York sería atropellado por un taxi (con el tiempo, el propio escritor admitiría que, en realidad, lo dijo él mismo, continuando con la sorna alrededor de tan estrambótica escena). A pesar de que la discusión parecía estar cerrada, la idea volvió a Steven, añadiéndose algunas capas, como, por ejemplo, un entorno rural, añadido por su esposa. ¿Y si apareciera en un pequeño y tranquilo pueblo? ¿Y si los vampiros invadieran una apacible comunidad de Nueva Inglaterra? No había vuelta atrás: *Second Coming* estaba en marcha.

Sí, lector. *Second Coming*. Ese fue el primer título que obtuvo *El misterio de Salem's Lot*, algo así como *Segunda venida*. Mientras *Carrie* se preparaba para ser publicada y que nuestro querido Steve diera su más importante paso para convertirse en el maestro del terror, *Second Coming* comenzaba a ser escrita. A Tabby le dio la impresión de que el título podría dar lugar a interpretaciones algo sexuales, así que pasó a ser *Jerusalem's Lot* antes de que también diera su opinión para que terminase como *Salem's Lot* en el original. ¿El motivo? La editorial pensó que así sonaría como un libro menos religioso. De confusión en confusión, en España se transformó en *El misterio de Salem's Lot* tras un *La hora del vampiro* que dejaba bastante poco espacio a la imaginación, y mucho menos al secreto que contiene la historia. Por si fuera poco, también guarda cierto sabor autobiográfico, pues el de Maine usó una vívida pesadilla que sufrió con ocho años. En ella, observaba el cuerpo de un ahorcado balanceándose del brazo de un cadalso situado en una colina, un cadáver que llevaba un cartel que rezaba el nombre de Robert Burns. Sin embargo, al girar a causa del viento, el joven Stevie descubrió que el rostro del fallecido, el cual abrió los ojos en ese instante, era el suyo. Esa misma secuencia, que lo despertaba entre gritos, la usó para el personaje de Bean Mears, protagonista de *El misterio de Salem's*. También escritor, por cierto.

Y es que la segunda novela publicada del Rey ya porta su marca al cien por cien. Una insignificante población de Nueva Inglaterra repleta de secretos, un escritor como protagonista, un reparto coral, una extensión considerable (en especial si se compara con la de *Carrie*, su anterior obra), el escenario como parte fundamental de la narración y su trasfondo (ahí está la casa Marsten como un personaje más, como una especie de faro de maldad que el autor usa para reflexionar sobre el mal), una entidad sobrenatural, un niño con una valentía y madurez superiores a las de muchos adultos... Sin dejar de lado el concepto de pueblo pequeño, infierno grande. Podría decirse que fue *El misterio de Salem's Lot* el primer trabajo al que luego seguirían otros con características similares que harían tremendamente reconocible y familiar el estilo King. A la vez, Stephen vuelve aquí a subrayar su firme creencia de que la originalidad se halla en el punto de vista que se le dé a una historia concreta, atendiendo a que todo está ya contado. *El misterio de Salem's Lot* es su versión de *Drácula*, sin más. Posee pasajes que recuerdan mucho al clásico e incluso en ellos se encuentra una particular banda de cazadores de vampiros muy cercana a la del profesor Van Helsing.

Bill Thompson fue el editor de *El misterio de Salem's Lot*. Parte del material eliminado de la primera versión fue recuperado en una edición especial con fotografías y los relatos *Los misterios del gusano* y *Un trago de despedida*, la precuela y la «secuela», respectivamente; también cambió la muerte de uno de los personajes principales, que iba a producirse a causa de unas ratas de manera bastante gráfica. El propio Thompson le comentó al novelista que tras la publicación de *El misterio de Salem's Lot*, la gente empezaría a encasillarle como escritor de terror, lo cual no solo no le importó, sino que, al contrario, le encantó. ¿Cómo no hacerlo con un libro tan similar a *Drácula*? Aunque no fue su única inspiración, a pesar de ser la principal y más importante. Se considera *Peyton Place*, de Grace Metalious (*Return to Peyton*

Place, No Adam in Eden), otra de ellas. Teniendo en cuenta que con el tiempo nació la idea de Peyton Place como alusión a cualquier pequeño pueblo que guarda secretos escandalosos, resultó de lo más acertado por parte de Stephen King.

El Hotel Stanley en Estes Park, Colorado, sirvió de inspiración para la novela *El resplandor* de 1977. Wikimedia commons

EL RESPLANDOR
(*The Shining*, 1977)

Tras saborear las mieles del éxito con *Carrie* y *El misterio de Salem's Lot*, Stephen King ansiaba un cambio de rumbo. ¿Cómo tomarlo exactamente? El instinto le gritó que se alejara de lo que conocía para adentrarse en territorios desconocidos. El cuerpo le pedía un cambio de ritmo, salir de su zona de confort. Eso significaba dejar de lado, al menos momentáneamente, los pequeños pueblos de Nueva Inglaterra para dirigirse... Ni él lo sabía. Ni él podía decidirse. Así que, de alguna manera, sería el destino quien lo hiciera. Colocó un mapa de Estados Unidos encima de la mesa de la cocina, señaló un punto al azar y ese fue Boulder, Colorado, el lugar al que el narrador y su familia irían de «vacaciones». Una vez allí, Tabitha y Steven se tomaron unas vacaciones de las supuestas vacaciones, acabando en el hotel Stanley, un lujoso parador poseedor de un amplio historial de apariciones fantasmales, sucesos inquietantes y acontecimientos sobrenaturales. El recinto perfecto para un escritor de terror, ¿verdad? Pues así fue, porque el hotel Stanley se convertiría en el hotel Overlook, la columna vertebral de una de sus mejores y más populares obras: *El resplandor.*

Debido a que cuando llegaron era temporada baja (en realidad, los trabajadores estaban a punto de cerrar), el matrimonio halló un establecimiento prácticamente vacío. Se alojaron en la habitación 217, cenaron solos en el enorme comedor y esa misma noche, cuando Tabby se fue a dormir, nuestro querido Steve se dedicó a pasearse por los vacíos pasillos del Stanley, una experiencia espeluznante, aunque no hubiera espectros de por medio (las leyendas urbanas insisten en que sí los hubo, topándose el autor con alguna que otra actividad paranormal que le sirvió más tarde para finiquitar *El resplandor* con buen tino; nunca se ha confirmado). Esa misma noche, el de Maine tuvo una horrible pesadilla en la que su hijo pequeño era perseguido por una manguera contra incendios. Tras despertarse, empapado en sudor, se calmó. Al terminar de hacerlo, tenía el armazón de *El resplandor.* Lo fusionó con una idea para una novela que había comenzado a escribir pocos años antes, pero que no fructificó. El manuscrito se titulaba por entonces *Darkshine,* centrado en un niño con poderes psíquicos que era capaz de crear realidades y emplazamientos gracias a esas sorprendentes habilidades.

Sin saberlo (lo descubrió mucho más tarde), el Rey plasmó en *El resplandor* no solo su propia versión del clásico cuento de terror de la habitual casa encantada, sino también muchas de sus fobias y miedos más personales. El temor a maltratar a sus hijos, por ejemplo, y el pánico a transformarse en un alcohólico al que sus pequeños vieran como una especie de aterrador monstruo, algo poseído por otra cosa, sin control sobre sí mismo. En cuanto a niveles literarios, el libro guarda mucho de *La maldición de Hill House*, de Shirley Jackson (*La lotería*, *Siempre hemos vivido en el castillo*), y de *La máscara de la muerte roja* y *La caída de la casa Usher*, ambos cuentos de Edgar Allan Poe (*El cuervo*, *El corazón delator*). El título original (*The Shining*) se debe a la canción *Instant Karma!* (también conocida como *Instant Karma! We all shine on*), de John Lennon. Las ediciones españolas también han jugado con el título, pues las primeras llevaban un *Insólito esplendor* bien grande en portada. ¿Alguien se acuerda aún de ellas?

El resplandor se centra en la familia Torrance y su estancia en el hotel Overlook, el cual ostenta una crónica bastante oscura. La tarea de Jack Torrance, esposo de Wendy y padre de Danny, además de un escritor frustrado, exalcohólico y con problemas de ira, es la de cuidar el lugar mientras está vacío. Sin embargo, el Overlook parece estar vivo y hambriento de las habilidades psíquicas que muestra el menor de los Torrance, por lo que tratara de hacerse con él, ya sea con los fantasmas que esconde o con el propio Jack, utilizando sus debilidades para ello. Cuando el tío Steve se acercó a Bill Thompson con los primeros apuntes de *El resplandor*, el editor trató de disuadirle para que no se pusiera con otra novela de terror en la línea de *El misterio de Salem's Lot*, con el objetivo de que no se le encasillara como un autor de tal género. De nuevo, King le explicó que sería un cumplido para él. Thompson aceptó a regañadientes, poniéndose a reeditar el texto, el cual recortó mucho, en especial toda una subtrama centrada en los espíritus de los mafiosos fallecidos en el Overlook. También cayeron ante la tijera *Antes de la obra* y *Después de la obra*, el prólogo y el epílogo del trabajo original del novelista. Ambos fueron publicados al completo en una edición especial de 2017, aunque se rescató una versión abreviada del prólogo mucho antes, en una guía televisiva para promocionar la adaptación a la pequeña pantalla del libro. En la actualidad, toda una pieza de coleccionista.

EL UMBRAL DE LA NOCHE
(*NIGHT SHIFT*, 1978)

Stephen King quedó encasillado durante muchísimo tiempo como un maestro del terror, como un escritor que solo se manejaba en este género fantástico. Poco a poco, con el transcurso de los años y tras numerosas historias en las que el drama, la ciencia ficción y el thriller fueron sustituyendo a los fantasmas y monstruos, esa marca se fue difuminando, aunque no demasiado; lógico, pues la llevó bastante. Sin embargo, sí que hay otra que continúa bien visible y que parece incluso confundir a aquellos lectores no demasiado familiarizados con su bibliografía. Me refiero a la que lo señala como un autor de libros que bien podrían valer para hacer pesas. Extensos volúmenes que en algunas ocasiones tiene que «dividir» en varios para abarcar todo lo que guarda en su imaginación (sí, estoy hablando de *La Torre Oscura*). Las pruebas están ahí. No hay que irse lejos. *El ciclo del hombre lobo*, una novela corta ilustrada espectacularmente por Berni(e) Wrightson (*La Cosa del Pantano, Frankenstein*), comenzó como un proyecto de calendario a cuyos dibujos el tío Steve pensaba añadirles un pequeño texto, sin más. Lleva pegado al alma lo de dilatarse, aunque nunca lo hace sin razón.

Sin embargo, a veces da la impresión de que solo los lectores constantes conocen (conocemos) su lado más breve, su calidad como relatista, que poco tiene que envidiar a su personalidad novelesca. El de Maine es magnífico en las distancias cortas a la hora de narrar en pocas páginas e incluso en solo unas cuantas líneas. Es posible que sean textos donde sus más característicos puntos fuertes no se perciban (desarrollo de personajes, descripción de escenarios, diálogos), pero sí guardan otros igual de potentes. Las obras que incluye *El umbral de la noche*, su primera antología, lo demuestran, recordando el autor a propios y extraños que sus inicios se dieron con los relatos que enviaba a revistas y otros tipos de publicaciones, hasta que los ingresos empezaron a llegar con cuentagotas. Precisamente, esos cuentos (más algún que otro inédito en ese momento), sobre todo los enviados a *Ubris*, *Cavalier* y *Penthouse*, las llamadas «revistas para hombres», son los que construyen *El umbral de la noche*, su recopilación más aclamada. Con ella, Steven subraya que es el maestro del terror justo, al mismo tiempo que adelanta lo que será la década de los 80 con respecto al género en todas las vertientes de la cultura popular, en especial en el cine y la literatura. ¿O fue al revés? ¿Los 80 bebieron de obras como *El umbral de la noche*, en concreto, y del Rey, en general? ¿Qué fue antes, el huevo o la gallina?

Los cuentos de *El umbral de la noche* están entre los favoritos de los lectores constantes. Historias como *El último turno*, *La trituradora*, *El Coco*, *Materia gris*, *Campo de batalla*, *A veces vuelven* y *Los niños del maíz* dejan bastante claro que el terror es con lo que disfruta el tío Steve, un terror similar al que lo acompañaba en su juventud, próximo a publicaciones como *Historias de la cripta* y derivadas ; *Los misterios del gusano* y *Un trago de despedida* ya anuncian la creación del Kingverso, conectándose a *El misterio de Salem's Lot*; *Marejada nocturna* es el prólogo perfecto para *Apocalipsis*; con *Soy la puerta*, *La primavera de fresa* y *Basta S. A.* demuestra que también se sabe manejar con soltura en la ciencia ficción, el suspense y el thriller; *El último peldaño de la escalera* y *La mujer de la habitación* abren ligeramente la puerta para que escudriñemos el interior del King más dramático, más íntimo y costumbrista, claros antecedentes de antologías como *Las cuatro estaciones, Corazones en la Atlántida* y buena parte de *Todo es eventual: 14 relatos oscuros.* Yendo más allá, es el mismo Stephen que la crítica especializada tomará en serio en los 90 con trabajos como *El juego de Gerald, Dolores Claiborne* y *La milla verde.*

El éxito de *El umbral de la noche* fue tan grande que no son pocos los lectores constantes que confiesan que empezaron a leer a nuestro querido Steve con sus cuentos, atesorándolos a más conforme han ido pasando los años, convirtiéndose el volumen en un imprescindible de la literatura de terror. Por supuesto, el escritor no se quedó ahí en cuanto a recopilar textos breves, como bien indican *Las cuatro después de medianoche, Después del anochecer, Todo oscuro, sin estrellas, El bazar de los malos sueños, La sangre manda* y *Si te gusta la oscuridad,* navegando entre el relato y la novela corta. En alguna ocasión ha tratado de perseguir el impacto que tuvo *El umbral de la noche* acercándose a su tono con *Skeleton Crew* y *Pesadillas y alucinaciones,* y aunque lo ha rozado, no ha sido lo mismo, al menos, no del todo. *El umbral de la noche* ayudó a convertir a Stephen King en el maestro del terror justo durante sus primeros pasos. No parece casualidad que sea su cuarto libro publicado tras *Carrie, El misterio de Salem's Lot* y *El resplandor.* Fue un movimiento lógico con una considerable repercusión.

LA DANZA DE LA MUERTE / APOCALIPSIS
(*THE STAND,* 1978)

Si te cuento, lector, que hubo un día en el que Stephen King no podía publicar cualquier manuscrito tal y como él deseaba, ¿te lo creerías? ¿Me tacharías de mentiroso? ¿Será verdad que el autor cuya lista de la compra se hubiera convertido en un superventas tuvo momentos complicados con el mundo editorial? Pues es cierto. Su cuarta novela en ver la luz fue la protagonista de uno de esos instantes, recibiendo casi cuatrocientas páginas de recortes.

El escritor no quedó muy contento con lo que hizo Doubleday, sumándose este desencuentro con la editorial a otros relacionados con temas económicos que acabaron empujándole a abandonarla. Se podría decir que *La danza de la muerte* fue su propia danza de la muerte con ella. Pero ¿no estoy hablando de *Apocalipsis*? Este es su título más conocido, con el que se ha popularizado, pero en su primera edición (la recortada, sí) apareció como *La danza de la muerte*. Ambos se alejan del original *The Stand*, que vendría a traducirse literalmente como *La batalla* o *El desafío*, si se ciñe al significado del libro, la clásica y eterna lucha entre el bien y el mal.

En la novela *La danza de la muerte* y en su versión extendida *Apocalipsis* hay una explosión nuclear. Wikimedia commons

Steven comenzó a gestar *Apocalipsis* en 1975, con la intención de crear una extraordinaria epopeya al más puro estilo *El Señor de los Anillos* (las referencias son continuas), aunque ambientada en Estados Unidos. Durante el duro proceso de creación de su texto más extenso hasta el momento, sufrió incluso una dolencia muy poco habitual en él: el bloqueo del escritor. Llegó al alcanzar un punto de la historia en el que no sabía cómo proseguir, sin olvidar la enorme cantidad de personajes que contenía. Por fortuna, las propias piezas de la novela lograron que saliera del atolladero, llevando a buen puerto el enfrentamiento entre las fuerzas de Randall Flagg (uno de los villanos más queridos del Kingverso, que luego repetiría en otras obras con un aspecto algo... distinto) y las de Madre Abigail, con Las Vegas como el Mordor particular del de Maine y su característico cinismo a la hora de reflexionar sobre la raza humana. Después de crear un virus mortal que arrasa todo el planeta... ¿El hombre puede cambiar? ¿O estará atrapado por toda la eternidad en una rueda construida con sus errores? Por medio, las bondades y las maldades, las virtudes y defectos de la sociedad estadounidense. La gran novela americana del Rey se termina transformando en la gran novela antiamericana. Muy acorde a su estilo.

Sin embargo, no solo de hobbits y señores oscuros vive *Apocalipsis*. La canción *(Don't Fear) the Reaper*, de Blue Öyster Cult, fue una de las principales referencias para el tío Steve. También el caso de Patricia «Patty» Hearst y el libro *La tierra permanece*, de George R. Stewart (*Storm*, *Sheep Rock*), con el que guarda no pocas similitudes, al menos en un primer vistazo. Vivir en Boulder, Colorado, durante una temporada le sirvió mucho, así como algunos documentales y noticias acerca de la guerra biológica, además de fortuitos incidentes relacionados con derrames químicos. A pesar de la calidad del manuscrito, Doubleday obligó a Stephen a recortarlo hasta dar con *La danza de la muerte* (¿quizá pecó de ambicioso?). En 1990, con la fama del narrador a plena potencia, se volvió a publicar como *The Stand: The Complete & Uncut Edition*, que se tradujo directamente como *Apocalipsis*. Se recuperó toda la historia original, aprovechando King para cambiar los años 80 en los que transcurre *La danza de la muerte* a los 90, actualizando multitud de referencias a la cultura popular. ¿Es *Apocalipsis* la obra definitiva de nuestro querido Steve? Muchos dirían que sí. Algunos de sus otros trabajos no estarían de acuerdo. La decisión final es tuya, lector.

LA ZONA MUERTA
(*THE DEAD ZONE*, 1979)

¿Y si un buen hombre llevara a cabo un acto atroz? A pesar de que este tipo de preguntas se ajustan más a otras novelas de situación como *El misterio de Salem's Lot* y *La chica que amaba a Tom Gordon*, también sirve en este caso para presentar el primer número uno en tapa dura de Stephen King, un libro que, en su época, confirmó el éxito que estaba logrando. *La zona muerta* es una novela de argumento, tan trabajada que el propio autor admitió durante años que le gustaba muchísimo, hasta el punto de ser la única de esta clase de obras que de verdad le encantaba (desde entonces la historia ha cambiado, claro, y con razón). Además, lector, te encuentras ante un texto que guarda dos tramas unidas por un mismo personaje, el protagonista, John Smith, un profesor de vida tan monótona y mundana como su propio nombre. Sin embargo, tras pasar varios años en coma después de un terrible accidente, descubre que posee unas extrañas habilidades psíquicas (o talentos inusuales) con las que puede visionar el pasado y el futuro de las personas a las que toca. ¿Un don o una maldición? Quizás un poco de ambas.

La zona muerta se aleja del terror puro de *El resplandor* y la mayoría de relatos de *El umbral de la noche*, incluso del tono catastrofista y de pesadilla de *Apocalipsis*. El escritor juega a dos bandas con el thriller político y el thriller fantástico, añadiendo, aquí sí, matices de su género predilecto; en ambos casos, el lector constante se halla frente a un thriller sobrenatural con Smith como héroe a su pesar, confrontando las maldades de dos monstruos muy humanos: un asesino en serie y Greg Stillson, un político cruel, sádico, agresivo, con pocos escrúpulos y capaz de destruir el mundo entero, si es que son ciertos los flashes mentales del profesor. En realidad, lo único sobrenatural en todo el manuscrito es esto, el «superpoder» de Smith, relacionado con cierta zona muerta del cerebro. Más allá de eso, ni vampiros, ni hoteles con vida propia, ni hombres oscuros, ni fantasmas, ni demonios, ni... Al respecto, *La zona muerta* se acerca más a *Carrie* que a otros trabajos de la bibliografía del de Maine de aquella época, lo que consiguió que no pocos lectores y críticos se aproximaran a su universo al abandonar el terror momentáneamente, aunque con algo de trampa. Por si fuera poco, también aprovechó para presentar el pueblo ficticio de Castle Rock, una de sus localizaciones inventadas más populares, incluyendo a varios de sus habitantes que, poco a poco, se harían muy familiares entre sus seguidores.

El libro presenta un escenario interesante en el recorrido de por entonces del Rey. Esa distancia con el terror de sus anteriores títulos ya de por sí sola es digna de mención, pero también exhibe su interés en el thriller y el suspense que poco a poco irá explotando gracias a obras como *Fin de guardia*, *El visitante* y *Después*, o la más cercana temporalmente *La mitad oscura*, donde el thriller sobrenatural y/o fantástico, con tintes de terror, aparece de nuevo. En lo personal, admito que prefiero el juego del gato y el ratón de Smith con el asesino en serie que el que mantiene luego el propio Johnny con Stillson. Aunque entiendo que este último es el objetivo principal de *La zona muerta*, sobre todo por su trasfondo, no deja de resultarme demasiado breve toda la parte anterior en contraposición al thriller político con el desagradable Greg de por medio.

LA TORRE OSCURA: LA HIERBA DEL DIABLO / EL PISTOLERO
(*THE DARK TOWER: THE GUNSLINGER*, 1982)

«El hombre de negro huía a través del desierto, y el pistolero iba en pos de él». Según el propio Stephen King, esa es la mejor línea que ha escrito nunca, de la que más orgulloso está. Se trata del comienzo del primer volumen de *La Torre Oscura*, pero también del inicio de la saga estrella del de Maine, de su obra más ambiciosa y extensa (si consideramos que sus ocho tomos conforman una única historia) y de una maravillosa aventura repleta de terror, fantasía, amistad, acción y momentos para el recuerdo junto a una serie de personajes, fáciles de amar, que nos llevan de viaje desde el Mundo Medio hasta la mismísima Torre Oscura que da título a los diferentes libros que construyen esta odisea. *La Torre Oscura* es lo más parecido que tiene el autor a *El Señor de los Anillos*, con perdón de *Apocalipsis*. Y todo empieza aquí, en una casilla de salida que resultó extraña incluso para los incondicionales del narrador ya a principios de los 80. Después de todo, ¿quién hubiera pensado que el tío Steve estaría interesado en el *weird western*? Él mismo lo tenía bastante claro y mucho antes de la aparición de *La hierba del diablo* o *El pistolero*.

La escritura de la primera entrega le llevó al Rey nada más y nada menos que doce años, ya que la comenzó en 1970, a partir de la inspiración recibida por el poema *Childe Roland a la Torre Oscura llegó* o *El joven Roland a la Torre Oscura llegó* de Robert Browning (*Paracelsus, The Ring and the Book*), autor en el que King ahondó durante su etapa universitaria, lo que provocó que la maquinaria alrededor de *La Torre Oscura* se pusiera en marcha. Los cinco capítulos que componen *La hierba del diablo* (o *El pistolero*, traducción literal del título original) aparecieron por separado y en orden, como una especie de libro por entregas, en la revista *The Magazine of Fantasy and Science Fiction*, donde el terror, la fantasía y la ciencia ficción, como su propio nombre indica, eran los géneros protagonistas. Steven había estado jugando con la idea de crear una novela romántica que reprodujera el poso dejado por el poema de Browning, pero no en el sentido exacto del trabajo de este. Todo se quedó en un simple intento hasta que el narrador se puso manos a la obra, y gracias a unas curiosas resmas de un verde brillante bastante alejado del blanco habitual, una noche de marzo de 1970, mediante su vieja Underwood, consiguió iniciar la larga travesía de Roland Deschain, el último pistolero. La mezcla de géneros y tonos en *El pistolero*, que continuará presente tras su publicación en el resto de volúmenes, no puede ser más curiosa; desde la ya mencionada *El Señor de los Anillos* hasta las leyendas artúricas, pasando por la ciencia ficción más extraña y el wéstern en filmes como *El bueno, el feo y el malo* (*Il buono, il brutto, il cattivo*, Sergio Leone, 1966). El escritor buscaba las mismas sensaciones que otorgan las obras de J. R. R. Tolkien (*El Silmarillion, El hobbit*) y Sergio Leone (*Por un puñado de dólares, La muerte tenía un precio*), esa épica de tamaño apocalíptico en la que se sumergirían quienes se acercasen para disfrutarla.

El primer libro de *La Torre Oscura* se centra en Roland Deschain. El conocido como el último pistolero persigue al Hombre de Negro, uno de sus muchos objetivos para alcanzar su destino final: la Torre Oscura. El también llamado Roland de Gilead viaja por un mundo alternativo al nuestro, lleno de retazos de épocas pasadas y a medio camino entre el Viejo Oeste y la Edad Media más fantasiosa con toques tecnológicos en ciertos aspectos. Esta fusión provocó que ni siquiera los lectores constantes más fieles recibieran demasiado bien la novela cuando se publicó; incluso hoy, *El pistolero* sigue siendo una de las obras más infravaloradas e incomprendidas del autor. Quizá con algo de razón, pues parece que lance de golpe al universo de Roland a cualquiera que se aproxime, sin más, un universo con sus propios reinos, unas normas marcadas, un lenguaje muy particular y conceptos que cuesta aceptar de buenas a primeras (Ka, Ka-tet). Por decirlo de una forma bastante fina, siempre ha sido considerado como uno de los trabajos más raros de nuestro querido Steve, apreciándose como una de sus novelas de culto, también dentro de la propia saga, compuesta por siete tomos más: *La llegada de los tres* (o *La invocación*), *Las tierras baldías*, *Mago y cristal*, *Lobos del Calla*, *Canción de Susannah*, *La Torre Oscura* y *El viento por la cerradura* (esta última está situada, en realidad, entre las entregas cuatro y cinco, aunque fuera publicada mucho después). A todos estos habría que añadirles una serie de historias conectadas al Mundo Medio de muy diferentes maneras. *Apocalipsis*, *El talismán*, *La niebla*, *Crouch End*, *Los ojos del dragón*, *Insomnia*, *Corazones en la Atlántida*, *La caja de botones de Gwendy* y sus secuelas, *Charlie the Choo-Choo...*

La escritura total de toda la saga principal de *La Torre Oscura* le llevó a King unos veinte años. Aproximadamente, tres años después del terrible atropelló que sufrió, mientras firmaba ejemplares de *Buick 8: Un coche perverso* en una librería, un lector se le acercó para asegurarle que se alegraba de que siguiera vivo. Le contó que estaba con un buen amigo suyo cuando se enteró del horrible incidente. Justo en ese momento, temieron ambos por su vida... y porque nunca terminase *La Torre Oscura*. Esta anécdota provocó que Stephen reflexionara sobre el futuro de Roland, su ka-tet, el Hombre de Negro y la propia torre. Tomó una importante decisión que lo empujó a terminar, casi de golpe, entre los años 2003 y 2004 los volúmenes que quedaban (también aprovechó para reeditar con algunos cambios *La hierba del diablo*, cuyo título se transformó en *El pistolero*). Pasase lo que pasase, la odisea del último pistolero estaría finalizada, una de las más grandes epopeyas que la literatura fantástica ha vivido nunca. ¿Guarda un buen o un mal clímax? Opiniones hay para todos los gustos. ¿Cuál es la correcta? Siempre la de uno mismo, lector. Quizás esa sea una de las mejores lecciones que se pueden sacar de *La Torre Oscura*.

CEMENTERIO DE ANIMALES
(*PET SEMATARY*, 1983)

La familia Creed se muda de la gran ciudad de Chicago al pueblecito de Ludlow. Se encuentra compuesta por Louis, Rachel, Ellie, Gage y Winston «Church» Churchill. Marido, mujer, hija, hijo pequeño y gato. Una unidad familiar corriente, normal, bien avenida y feliz, muy feliz. La espectacular casa que los aguarda en su nuevo hogar está situada a un lado de una larga carretera cruzada habitualmente por enormes camiones que la convierten en una vía peligrosa, como les advierte su vecino, Jud Crandall, quien vive desde hace años en la comunidad de Maine, junto a su esposa, Norma. Es él quien les muestra el cementerio de animales que existe cercano a sus terrenos, un área del bosque en el que las mascotas son enterradas, muchas de ellas víctimas de los gigantescos vehículos que van de un lado a otro de la población. Church acaba siendo una de ellas, para desgracia de Louis, que no desea que Ellie, de quien era el felino, aprenda demasiado rápido lo que es la muerte. Sin embargo, Jud guarda un secreto sobre un cementerio distinto, uno del que vuelve todo lo que se entierra en él, aunque nunca siendo lo mismo , ya sea un gato o... una persona.

Cuando a Stephen King le preguntan cuál considera que es la obra más aterradora que ha escrito, contesta sin vacilaciones que *Cementerio de animales*. Teniendo en cuenta que se trata de una novela que llegó a inquietarle a él mismo hasta el punto de guardarla en un cajón, una vez terminada, con la intención de no publicarla nunca, su respuesta no debería extrañarle a nadie. *Cementerio de animales* espantó a nuestro querido Steve. Lo angustió en términos de sus propios sentimientos personales, provocándole un profundo terror tanto emocional como psicológico. Millones de lectores constantes coinciden en que es su historia más espeluznante, por encima incluso de *El resplandor, El misterio de Salem's Lot* y, sí, *It (Eso)*. Millones de lectores constantes tienen *Cementerio de animales* como su libro favorito del Rey. Pero ¿a qué viene tanto cariño hacia este trabajo literario del autor? ¿Por qué ese horror que siente el artista hacia él? En pocas palabras, porque él es Louis Creed. O, mejor dicho, estuvo a punto de serlo.

A finales de la década de los 70, a Steven lo invitaron a pasar un año en la Universidad de Maine como escritor residente. Tabitha y él alquilaron una casa en Orrington, a unos kilómetros del campus. La maravillosa vivienda tenía un problema: la carretera que había enfrente. Era muy transitada, en especial por pesados camiones cisterna procedentes de una planta química situada al final de la vía. El dueño de una tienda próxima avisó a los King de que tuvieran cuidado con la zona, pues la carretera se llevaba a muchos animales, cuyos cuerpos yacían en un cementerio de mascotas construido al final de un sendero que se internaba en el bosque, más allá del campo vecino. Como si fuera un profético aviso, Smucky, el gato de Naomi King, no tardó en ser atropellado, siendo enterrado en el cementerio de animales, donde la niña le confeccionó su propia lápida. Esa misma noche, el cabeza de familia la descubrió teniendo un tremendo berrinche por la muerte del minino, que consideraba una decisión injusta por parte de Dios. Días más tarde, no mucho después de la muerte de Smucky, el pequeño Owen King persiguió una cometa en dirección a la peligrosa carretera. Stephen corrió hacia él como si volara a la vez que oía cómo se acercaba uno de los abominables camiones cisterna. Nunca ha sabido discernir si logró tirarlo al suelo o el propio crío se tropezó, pero el horripilante «y si...» surgido de tal experiencia se transformó en una realidad al crear *Cementerio de animales*. Solo liberó tan maldito manuscrito de su encierro convencido por Tabitha para finalizar la deuda con la editorial Doubleday, a quienes debía un último texto antes de cerrar sus cuentas con ellos. Tabby rescató *Cementerio de animales* como hizo con *Carrie*, alegando que era muy bueno. Horrible y problemático, aunque demasiado bueno para no ser leído. Como de costumbre, tenía razón.

La gran mayoría de detalles y experiencias del tío Steve en el domicilio de Orrington se añadieron al libro, incluyendo guiños a Smucky, ciertas frases y el título original que es *Pet Sematary* en vez de *Pet Cemetery*; así se anunciaba, en un cartel en un árbol, la presencia del cementerio de animales real, algo así como *Semeterio de mascotas*, tal y como lo escribiría un niño pequeño, con faltas de ortografía. También completó la obra con bastantes homenajes y referencias, además de todo un trasfondo, a dos títulos imprescindibles de la literatura fantástica: *La pata de mono* y *El Wendigo*. La primera es un cuento de W. W. Jacobs (*Odd Craft, Ship's Company*) que evoluciona el mito del clásico genio que concede deseos contraproducentes, aquí con la muerte como secundaria de lujo y, de nuevo, el concepto «cuidado con lo que deseas» o el similar «si quieres hacer sufrir a alguien, dale lo que quiere». La segunda es una novela corta de Algernon Blackwood (*John Silence, Los sauces*), donde la inmensidad de la naturaleza, el folk horror (terror rural) y la figura del espíritu temido por los nativos americanos (una criatura relacionada también con el folclore canadiense, el canibalismo y los primeros colonos) que le da nombre, son de suma importancia. Precisamente, Bill Thompson le comentó al de Maine, tras leer *Cementerio de animales*, que lo que había hecho con Drácula al confeccionar *El misterio de Salem's Lot* era lo mismo que llevó a cabo con *Cementerio de animales* a partir de *La pata de mono*: dar su propia versión de la historia. Al modo Stephen King.

IT (ESO)
(*It*, 1986)

Siete años tardó Stephen King en escribir (concepción incluida) una de sus obras más extensas, populares y apreciadas por los lectores, para muchos de ellos, la mejor que ha escrito nunca. La comenzó en 1978, con una pequeña idea surgida de una de esas situaciones de las que solo él puede sacar un manuscrito como *It (Eso).* Por entonces, vivía en Boulder, Colorado, con su familia, por supuesto. Un día, volvían de comer de una pizzería cuando el coche familiar se estropeó en mitad de una calle céntrica y concurrida. Tras un buen rato en apuros, dos tipos del concesionario local se aproximaron, engancharon el vehículo a una grúa y se lo llevaron. Dos días después, llamaron al autor para que lo recogiera. A pesar de que Steven pensó en llamar a un taxi para el viaje de cinco kilómetros, decidió que el paseo le iría bien, así que se puso en marcha. Cuando alcanzó la carretera ya era de noche. Se encontraba completamente solo al divisar un pintoresco y encorvado puente de madera el cual cruzó. Sus botas de vaquero provocaban un sonido de reloj hueco sobre las tablas.

De repente, una poderosa imagen le golpeó. Recordó el cuento noruego *Los tres cabritos Gruff,* en el que tres cabritas pasan por un puente bajo el que duerme un troll que pretende comérselas. El maestro del terror reflexionó acerca de lo que haría si un troll apareciera preguntando por quien taconeaba en su puente. Le atropellaron las ganas de escribir sobre un troll de verdad bajo un puente de verdad, a la vez que pensaba en la frase de la escritora Marianne Moore (*The Pangolin and Other Verse, A Face*): «Sapos reales en jardines imaginarios». Sin embargo, al narrador le salió algo así como «trolls reales en jardines imaginarios». Al recoger el automóvil, se olvidó del troll y del puente, pero volvió a ambas ideas, de vez en cuando, durante los siguientes dos años; el puente quizá podía no ser un puente, sino un punto de paso, un símbolo, y eso lo asustó, creyendo que se encontraba por encima de sus posibilidades. Aunque... ¿Y si el puente era Bangor, la ciudad donde vivió, con su extraño canal dividiéndola en dos? ¿Y si el troll vivía en las alcantarillas y túneles bajo la urbe? ¿Y si el troll era... otra cosa? Recordó también el tiempo que pasó en Stratford, Connecticut, siendo crío. Recordó la biblioteca municipal, y que la sección de adultos y niños se hallaba conectada por un corto pasillo. La arquitectura de la primera era victoriana; la de la segunda era más moderna, de los años 50. El pasillo también podía ser un puente, un símbolo, por el que cada niño debe arriesgarse a pasar para convertirse en adulto. Dio con un tema, y se puso nervioso. Las historias parecían entrelazadas, y en 1981 se dio cuenta de que o escribía de una vez por todas sobre el troll bajo el puente o lo dejaba partir. Terminó escribiendo. Terminó creando *It (Eso)*.

Cosplay de *Pennywise*, criatura maligna que se transforma en los miedos más profundos de sus víctimas y principal antagonista en la novela *It* de 1986. Wikimedia commons

La novela se mueve entre dos períodos temporales: en los años 50 y en los años 80. Los protagonistas son siete jóvenes que forman el llamado Club de los Perdedores, título dado por el carácter marginal de todos y cada uno de ellos. Son Bill, Beverly, Richie, Ben, Mike, Eddie y Stan, y tratan de sobrevivir en la pequeña ciudad de Derry, donde las desapariciones de niños son habituales cada cierto tiempo y los adultos parecen ignorar, consciente o inconscientemente, el mal que anida en las entrañas de la comunidad. Por aquí el troll tiene un nombre y una apariencia, o muchas, en realidad. A veces, se hace llamar Pennywise, el payaso bailarín, con sus globos que flotan, una bonita nariz roja, una actitud agradable y varias hileras de dientes afilados como navajas de afeitar. Porque el troll de Derry se alimenta de niños, y eso es lo que ha hecho con Georgie, el hermano pequeño de Bill. La historia nos narra el enfrentamiento del Club de los Perdedores contra Eso, la entidad capaz de percibir y usar los miedos de los demás, cambiando de forma a voluntad para cazar. Y puede que lograran derrotarlo una vez, siendo niños, pero ¿podrán conseguirlo de nuevo siendo adultos, en los 80, ¿cuando la imaginación ha desaparecido y los miedos, a pesar del éxito del que disfrutan, son mayores que nunca? Solo lo que hallen en Derry tiene la respuesta.

It (Eso) es considerada la obra definitiva de King por múltiples motivos, aunque uno de ellos, quizás el principal, es que contiene todos los temas comunes en su bibliografía, todas sus obsesiones, gustos, pasiones y lugares a los que vuelve continuamente. Desde un escritor como protagonista hasta el valor de la amistad, pasando por una ciudad ficticia llena de horrores y secretos, el paso de la infancia a la adultez, el mal que el ser humano comete contra sus semejantes, el poder de la imaginación, la magia que guardan los pequeños y pierden los mayores, el terror y el miedo más como escenario y/o grandes secundarios que como un género que sobrevuela el texto y, por supuesto, el monstruo de monstruos: Eso. Puede que Pennywise sea su transformación más popular gracias a la miniserie y las películas (vuelves a estar, lector, ante un libro que ha trascendido lo literario debido a lo audiovisual, influyendo a la cultura popular como los filmes de *Carrie* y *El resplandor*, por ejemplo), pero Eso es mucho más que un personaje que poco tiene de John Wayne Gacy, el asesino en serie real, y más de Bozo, el famoso payaso estadounidense. Eso es todos los miedos en uno. Eso es el terror. Eso es lo que se esconde debajo de la cama. Eso es lo que se oculta en el armario. Eso es lo conocido. Eso es lo desconocido. Eso es el trauma. De ahí que los personajes lo conozcan como Eso. Sin forma, sin apariencia definida, sin identidad. Puro miedo. Puro terror. Pura nada y puro todo. Eso. Imposible que esta novela llevase otro título. El troll debía ocupar la posición que se merecía desde que nuestro querido Steve pensó en él al cruzar un desvencijado puente de madera.

MISERY
(*MISERY*, 1987)

Misery no tendría que haber sido *Misery*. *Misery* no tendría que haber sido publicada por Stephen King. Extraños comentarios, ¿verdad, lector? No tanto si uno conoce la historia tras una de las mejores obras del novelista. Para empezar, *Misery* iba a ser uno de los trabajos que se publicarían con el seudónimo de Richard Bachman, pero teniendo en cuenta que todo el «montaje» fue descubierto tras el lanzamiento de *Maleficio* en el año 1984, esos planes cambiaron. A día de hoy, aún hay expertos que insisten en que *Misery* es un manuscrito más próximo al universo de Richard «Manuel» Bachman que al del maestro del terror. Sin embargo, si se analiza bien el juego del gato y el ratón entre la enfermera psicópata Annie Wilkes y el escritor Paul Sheldon, es fácil observar que la marca King impregna todas y cada una de sus páginas. Todavía más si se recuerdan las anécdotas que llevaron a la creación del libro, muy ligadas a la personalidad del propio autor, en especial a cierto miedo por la pasión desbordada de sus fans y a sus adicciones, que continuaban vivas durante su redacción.

Pero decía que *Misery* no tendría que haber sido *Misery*. Y ni te mentía ni te miento, lector. Lo reitero. Insisto en ello. ¿Por qué? Porque la idea original para *Misery* era muy diferente. Al principio, era un relato titulado *La edición de Annie Wilkes*, que seguía la trama principal de la novela, salvo por el detalle de que Annie usaría a la cerdita Misery para encuadernar *El regreso de Misery*, el libro que Paul Sheldon se veía obligado a escribir. En el impactante final descubrimos que Annie ha usado la piel del autor para realizar la encuadernación de su ejemplar de *El regreso de Misery*, que guarda como oro en paño en una especie de santuario a Misery Chastain. Lo que vemos es la edición de Annie Wilkes que da título al cuento. Al Rey le gustaba mucho, aunque solo como narración corta. Esa idea le desagradaba para una extensión mayor, así que empezó a realizar algunos cambios tanto en el argumento central como en el personaje de Annie Wilkes, sobre todo porque Paul Sheldon se le fue de las manos y demostró mayor apego por su vida de lo que el de Maine había creído originalmente. Por si fuera poco, el de Maine usó todo el tiempo ganado por Sheldon para explicar un par de conceptos acerca del poder de la escritura, siendo así *Misery* el primer trabajo largo en el que lo hacía con tanta profundidad, superando a lo visto, por ejemplo, en *El resplandor*. Misery estaba lista y Annie Wilkes le ayudó a abandonar las adicciones que por entonces lo dominaban. Si Paul Sheldon era el escritor mascota de la enfermera asesina, ¿acaso no lo era él del alcohol y las drogas? Si Sheldon sobrevivió, él no iba a ser menos, en especial con una familia apoyándole en todo momento. Al final, resulta irónico que Annie Wilkes, que casi acaba con un escritor, fuera parte de la solución del problema del tío Steve. El poder de la literatura.

Misery narra cómo Paul Sheldon, célebre escritor de libros románticos de sensuales portadas, cae en las manos de Annie

Wilkes, su fan número uno, como ella misma se denomina. Annie Wilkes, enfermera y con más de un esqueleto en su armario, pretende algo más que curar a Paul del accidente de coche que lo ha llevado a sus manos. Cuando la aparentemente inofensiva lectora se entera de que su ídolo pretende finalizar la saga de novelas de Misery Chastain, matándola en el proceso, se enfurece de tal manera que le obliga a continuarla. Si Paul quiere vivir, debe resucitar a Misery. Si Paul quiere sobrevivir, debe seguir escribiendo para Annie. Y un poco así se sintió el propio Steven al notar la fría recepción de *Los ojos del dragón*, donde se aleja del terror y el suspense para adentrarse en la fantasía más pura, aproximándose bastante a *La Torre Oscura*, por cierto. Ni sus lectores constantes más acérrimos aceptaron este cambio, viéndose a sí mismo como un Paul Sheldon atado a la cama y obligado por sus Annie Wilkes a escribir lo que deseaban una y otra y otra vez. También admite que con *Misery* vuelve a expresar ciertas inquietudes existenciales en una obra literaria. En una época en la que las adicciones aún lo castigaban, las personificó en Annie Wilkes, la fan número uno definitiva. Esas adicciones lo eran, forzándolo a escribir hasta las últimas consecuencias. Él se limitaba a quedarse encamado, sin ofrecer resistencia. Hasta que se hartó. Annie Wilkes era su problema con las drogas. Nunca quiso irse, así que él le exigió que lo hiciera. Y lo logró, aunque no sin ayuda.

Siempre listo para engordar sus manuscritos con detalles autobiográficos, los de *Misery* no terminan ahí. Hace años, un fanático (nunca mejor dicho) de King se coló en su casa cuando solo estaba Tabitha. Al hombre no se le ocurrió una idea mejor que gritar que portaba una bomba que usaría para morir junto a su escritor favorito (un poco menos sutil que Annie Wilkes... o más, según se mire). A pesar del susto que se llevó Tabby, no había explosivo alguno, el extraño fue detenido y el creador de *El resplandor* guardó tan alarmante suceso para *Misery*, sin saberlo entonces, claro. Los incidentes con admiradores un tanto especiales prosiguieron, porque poco después del estreno de la película basada en *Misery*, Anne Hiltner, una autora independiente, lo acusó de haberse colado en su hogar para robarle varios originales escritos por ella y su hermano. Incluso afirmó que se había fijado en ella para crear a Annie Wilkes y usurpar su identidad con fines lucrativos. Con un relato así, sí que se asemeja a la enfermera favorita de Stephen King, sí.

LA MITAD OSCURA
(*The Dark Half*, 1989)

Stephen King se despidió de los 80 con uno de sus libros más potentes, una novela que encandiló a crítica y a público, dándole a la primera un adelanto de lo que serían los 90 en relación al respeto que iba a lograr arrancarle. Después de todo, *La mitad oscura* guarda muchas tinieblas, es una historia inquietante y, a ratos, tan pesimista y carente de esperanza como *Cementerio de animales* (véase el final, con esa puerta abierta a un funesto destino para uno de los personajes, una mala fortuna confirmada en otra de las obras del autor, enclavada en Castle Rock), pero... no es de terror. Aunque se puede considerar *La mitad oscura* como un thriller de terror, un thriller fantástico, una magistral mezcla de suspense y literatura de género, no es *El misterio de Salem's Lot* o *El resplandor*. Aquí, nuestro querido Steve aumenta lo que exhibe en *La zona muerta*, gran precursora de esta, distintos recursos para ocasionar miedo en el lector, para ponerle los pelos de punta y conseguir que mire hacia atrás mientras pasa las páginas, quizá convencido de que se topará con el sádico George Stark. Existe un componente sobrenatural, sí. Sin embargo, aquí no hay fantasmas, muertos vivientes y mucho menos vampiros.

El relato de Thad Beaumont y George Stark es el mismo que el de Stephen King y Richard Bachman. Frustrado por su anonimato perdido, el de Maine construye con ese sentimiento lo que mejor sabe: un libro. Vuelca esa irritación en *La mitad oscura*, incluyendo una tensa conversación con el culpable de la muerte de su querido Richard Manuel. Stark, el seudónimo de Beaumont, protagonista de la obra, también es asesinado y recibe un entierro, un buen entierro. Steven vuelve a demostrar que está por encima de cualquier vicisitud, con un talento capaz de transformar cualquier anécdota, cualquier episodio vital con el más mínimo interés, en un trabajo literario de cierto nivel. En este caso, además, de bastante nivel. Por fortuna para unos cuantos, Bachman no regresó, como sí hace Stark en *La mitad oscura*, un George Stark que, como su «hermano» Dick, recibe su nombre del escritor Donald E. Westlake (*Un gemelo singular, A quemarropa*). En realidad, como en el caso de Bachman, lo toma de Richard Stark, uno de los seudónimos que Westlake usaba para sus manuscritos más duros y violentos. El maestro del terror no lo hizo a las bravas, sino que llamó personalmente a su compañero de letras para pedirle permiso para crear a George Stark a partir de su Richard Stark, ambos con muchos puntos en común.

Si para muchos *Christine* es la versión para hombres de *Carrie*, para otros tantos *La mitad oscura* comparte bastantes características con *Misery*. Si en esta, Annie Wilkes es la que intenta (por las malas) que Paul Sheldon vuelva a escribir las novelas que de verdad le dan éxito y dinero, en *La mitad oscura* es George Stark el que trata de hacer lo mismo con Thad Beaumont, su «mitad original», después de vengarse de quienes lo mataron, por supuesto, aquellos que lo tomaron como un simple seudónimo sin vida. Paul Sheldon no posee ningún gemelo perverso, pero se podría decir que Annie siempre se ve en como una especie de Misery Chastain alternativa. Tanto Beaumont como Sheldon están hartos de escribir lo que escriben, libros que odian pero que, irónicamente, son los que les dan fama y fortuna; el protagonista de *Misery* desea dejar los panfletos románticos y el de *La mitad oscura,* la agresividad y el sadismo de los textos que firma como Stark. Algo curioso en el caso de Thad: él disfruta cuando se transforma en su alter ego. Entre guiños y referencias al Kingverso (ahí tenemos los enclaves de Castle Rock y Ludlow, por ejemplo), el Rey no desaprovecha el interesante trasfondo en el que puede investigar sobre el poder de la creatividad, los mecanismos de la escritura, la mente del escritor y la libertad que otorga el seudónimo, uno que, en su caso, da la sensación de que echa mucho de menos.

<p style="text-align:center">

DOLORES CLAIBORNE
(*DOLORES CLAIBORNE*, 1992)

A principios de los 90, la bibliografía de Stephen King tomó un rumbo distinto al que llevaba o, al menos, eso dio a entender en apariencia para aquellos que no habían estado atentos a ellas desde que se publicó *Carrie*. El autor comenzó a ser considerado más que el maestro de un género muy concreto, el terror, con una base de seguidores muy limitada, aunque extremadamente fiel. De maestro del terror a maestro de las letras, en general, gracias a títulos como *La tienda*, *El juego de Gerald*, *Insomnia* y *La milla verde*. En realidad, esta forma de contar historias, entre el intimismo más real y el drama fantástico, sin que lo sobrenatural apenas ocupe una sola casilla de protagonismo (o solo media, en algunos casos), no le era ajena, ni a él ni a los verdaderos lectores constantes: desde las novelas cortas de *Las cuatro estaciones* hasta *La mitad oscura*, pasando por *La zona muerta*, *Maleficio* y *Misery*. Entonces, ¿qué ocurrió? La crítica especializada empezó a verlo como un escritor serio con obras que iban más allá de vampiros, coches asesinos, payasos monstruosos y hombres lobo. *Dolores Claiborne* fue esencial para ello.

El libro nos presenta a la mujer que le da nombre: Dolores Claiborne. Natural de la isla de Little Tall, en Maine, es arrestada por la muerte de la adinerada Vera Donovan, para la que llevaba trabajando los últimos años. Dolores asegura que es inocente, pero eso no significa que vaya a salir libre con tanta facilidad. El interrogatorio se convierte en un paseo por sus recuerdos, a veces agradables y en ocasiones dolorosos, una buena oportunidad para sacar los esqueletos del armario y exorcizar algunos demonios relacionados con su difunto y maltratador marido. Al mismo tiempo, narra la vida con sus tres hijos y la amistad que construyó con Vera, cruel con todos salvo con ella, con la que se entendía bastante bien. Y así confecciona Steven el texto como un monólogo, como una declaración por parte de Dolores, no solo de lo ocurrido con Vera, sino también de todo lo sucedido años atrás, incluso de su propia existencia y de lo que significa ser mujer en un mundo hecho por y para los hombres.

No hay una pizca de fantasía en *Dolores Claiborne*, salvo que contemos su ligera conexión con *El juego de Gerald* (publicada poco antes) y algunos detalles cuya naturaleza sobrenatural el propio novelista deja en el aire a propósito. *Dolores Claiborne* (renombrada *Eclipse total* en algunas ediciones, debido a la adaptación cinematográfica) podría pasar por el manuscrito de otro autor si solo conocemos al Rey por sus pesadillas escritas o si retrocedemos hasta los años 90 y leemos la sinopsis. No parece una de sus creaciones, pero en cuanto nos adentramos en sus páginas, es fácil descubrir que sí lo es, y mucho más que otras con el terror de fondo. De este modo, no resulta extraño que *Dolores Claiborne* sea considerada como una de sus mejores obras, una de las más importantes en su carrera y la mujer que le otorga el título una de sus mejores hijas literarias. Fue una de las novelas más vendidas de 1992, es perfecta para quienes no aguantan el género fantástico y quieren leer al de Maine, y los críticos se inclinaron ante ella. Poco le importó a King, por cierto.

La silla eléctrica es un elemento importante en la historia de *La milla verde*, novela publicada por King en 1996. Wikimedia commons

EL PASILLO DE LA MUERTE / LA MILLA VERDE
(THE GREEN MILE, 1996)

Resulta imposible comprender la etapa de los 90 de Stephen King sin mencionar *El pasillo de la muerte*, o *La milla verde* según la edición de la que se hable. En realidad, cuando fue publicada en España en seis volúmenes (como se hizo originalmente), al más puro estilo de Charles Dickens (*Cuento de Navidad*, *Grandes esperanzas*), se tituló *El pasillo de la muerte*. Más tarde, se editaron los seis tomos en uno solo, adquiriendo la traducción literal de *La milla verde*, que se mantuvo en la adaptación cinematográfica que llegó después. Cada uno de los libros de bolsillo que componen *El pasillo de la muerte* lleva su propio título: *Las gemelas asesinadas*, *Un ratón en el pasillo*, *Las manos de Coffey*, *Una ejecución espeluznante*, *Viaje nocturno* y *La hora final de Coffey*. El formato que poseen las obras por separado ayudó al toque Dickens que se buscaba: novelas de bolsillo que componen una historia serializada. El autor inglés era muy dado a lanzar así muchos de sus textos, por separado o por fragmentos en revistas, uniéndolos más tarde en una publicación mayor. A Steven le atrajo esta manera de editar *La milla verde*, pues se le propuso ir escribiendo al igual que se publicaría, es decir, por entregas, una cada vez, nada de terminar el manuscrito y luego dividirlo. Siempre abierto a experimentar, también se lo tomó como un reto que le obligaría a finalizar el trabajo una vez comenzado, además de que así se impediría a los lectores pasar hasta la última página y destruir el suspense con el que podrían disfrutar capítulo a capítulo. Para un escritor de brújula como él, el desafío parecía aún mayor contando con tales particularidades.

Se podría ver *La milla verde* como un enorme flashback, como una historia pasada en primera persona o como una fusión de ambas ideas. Paul Edgecombe, residente de un asilo de ancianos, desea confesarse con su amiga Elaine, así que empieza a hablarle de cómo era él cuando trabaja como funcionario de prisiones en el bloque de los condenados a muerte en la prisión de Cold Mountain, un bloque que no era conocido como la última milla o la milla final, sino como la milla verde, debido al peculiar color del linóleo del suelo. Todo cambió en aquella particular milla al llegar John Coffey, un gigantesco hombre negro acusado de violar y asesinar a dos niñas. Según Paul, John tendría que haber sido otro condenado a muerte más, pero él y sus compañeros pronto comprobaron que era bastante especial. ¿Un milagro andante? ¿Un auténtico discípulo de Dios? ¿Un error de la naturaleza? ¿Alguien bueno que cometió un error? ¿O alguien malo capaz de realizar actos bondadosos? ¿La reencarnación de Jesucristo (J. C.)?

Mejor no ser duros con el Rey por regresar al estereotipo del «negro mágico» con John Coffey, que a ratos parece la versión con esteroides de Dick Hallorann. Nada me desagradaría más que ser tan puntilloso como esos críticos que señalaron este detalle ante la imposibilidad de echar abajo una obra tan redonda. Nada de terror, aunque sí mucho drama fantástico. No pocos lectores constantes recomiendan comprar pañuelos antes de iniciar la lectura de *La milla verde*, perfecta, además, para quienes se acercan al Kingverso sin conocerle demasiado. El racismo, el amor, Dios, la maldad, la fe, la culpa, la justicia, el perdón, la vejez, la amistad, la bondad y la capacidad de hallar esta en cualquier esquina (sí, incluso en un corredor de la muerte entre los peores criminales) son los temas principales de una de las mejores novelas de nuestro querido Steve, una que va directa al corazón. Se publicó justo después de *Insomnia* y *El retrato de Rose Madder*, las cuales no tuvieron una mala acogida, pero sí muy tibia en comparación a manuscritos anteriores, provocando que algunas voces auguraran el fin de los éxitos del narrador. *La milla verde* arregló eso, tanto a nivel de ventas como de opinión.

BUICK 8: UN COCHE PERVERSO
(*FROM A BUICK 8*, 2002)

No todas las obras de Stephen King llegan a lo más alto. Puede que sí, más o menos, en términos de ventas (ahí entra la marca del autor, sello seguro de calidad para millones de lectores desde hace décadas), pero no en concepto de popularidad, reconocimiento, crítica y cariño de sus seguidores. Ni pueden hacerlo ni tampoco creo que sea obligatorio y/o necesario que lo hagan. Al fin y al cabo, creo que no hace falta recordar que estamos ante un escritor tan prolífico que posee una bibliografía bastante extensa donde cabe de todo, en el más amplio sentido de la palabra y las referencias al respecto. No todos sus libros son *El resplandor*, *Cementerio de animales*, *La tienda* o *22/11/63*. Hay algunos que son considerados de culto como *Desesperación* y *El cazador de sueños*, mientras otros se quedan rezagados, aguardando a que quienes los aman los mencionen de vez en cuando, si tienen suerte. *Los ojos del dragón*, *El ciclo del hombre lobo*, *Posesión* y *Blaze* entrarían en este último grupo. Y, sí, también *Buick 8: Un coche perverso*, considerado por no pocos especialistas en el universo del novelista como uno de sus trabajos más flojos, a pesar de contener material para ser uno de los grandes.

Un *Plymouth Fury* de 1958 es el principal antagonista en la novela *Christine* de 1983. Wikimedia commons

Comenta el de Maine, en las notas finales de la novela, que algunas de las ideas para sus creaciones parecen caídas del cielo, salvo en este caso, donde fue él quien, de forma cómica, cayó encima de la idea. Tras pasar el invierno de 1999 con Tabitha en Florida, el matrimonio regresó a Maine, tomando ella un vuelo y eligiendo Steven volver en coche, debido a su poco gusto por los aviones. Durante una de sus paradas para repostar, se detuvo en una gasolinera en laque todavía había un empleado que llenaba el depósito del vehículo, dándole un poco de agradable conversación, ya de paso. Después, fue al lavabo situado en la parte trasera del establecimiento y, al terminar, se aproximó a un arroyo en pleno deshielo. Al querer observar el agua más de cerca, se resbaló por la pendiente por culpa de una de las manchas de nieve que aún quedaban, logrando evitar una mala caída gracias a unos restos de chatarra a los que consiguió sujetarse. Tras recuperar la compostura, las preguntas se agolparon en la mente del Rey: ¿Cuánto tiempo pasaría hasta que el trabajador de la gasolinera se diera cuenta de que no estaba? ¿Cuánto tiempo pasaría su automóvil ahí abandonado? ¿Hallarían su cuerpo arrastrado por la corriente? ¿Acabarían sabiendo todo lo sucedido? Retomó su recorrido con el culo mojado y una idea excelente que evolucionó en la de un hombre misterioso (no exactamente humano) con un abrigo negro que abandona su viejo Buick de los 50 junto a una pequeña gasolinera de una zona rural de Pensilvania. El extraño transporte del no menos extraño desconocido cae en manos de unos agentes de policía del estado, quienes lo guardan y descubren ciertos detalles espeluznantes al respecto. Transcurren veinte años, y los defensores del orden le cuentan el relato del Buick al hijo de un colega fallecido en acto de servicio.

Un nombre apareció con frecuencia las semanas previas a la publicación del libro: *Christine*. ¿Una nueva novela de terror de King con un coche como protagonista? ¿Cómo no iba a surgir la figura del poseído Plymouth Fury del 58? Sin embargo, más allá de ese detalle, poco tienen que ver ambas obras entre sí; prácticamente en nada, en realidad. *Buick 8: Un coche perverso* trata acerca de cómo transmitimos nuestros conocimientos y secretos, pero también es una historia de fantasmas de las que se cuentan alrededor de una fogata, con las sombras danzando en el rostro del narrador y el bosque a su espalda. Habla de las preguntas sin respuestas, de cómo el mundo está repleto de misterios que nunca se resuelven, por más que se les den vueltas y vueltas hasta que la locura abre la puerta. Y es uno de esos trabajos que obligaron a nuestro querido Steve a documentarse a fondo, en este caso sobre el oeste de Pensilvania y su policía estatal. Atento, lector, a esta macabra curiosidad, porque justo antes de ponerse a corregir e investigar, sufrió el terrible atropello que casi le costó la vida. Repito con más detalle: justo antes de corregir e investigar para un manuscrito en el que los atropellos (en especial el de cierto personaje en las primeras páginas) y accidentes de tráfico guardan una vital importancia. Eso sí que es aterrador.

LA HISTORIA DE LISEY
(*LISEY´S STORY*, 2006)

Corría el año 2003, cuatro años después (mes arriba, mes abajo) de que Stephen King sufriera el terrible atropello que casi le cuesta la vida, cuando padeció una terrible neumonía, agravada por las secuelas del aterrador episodio. Tuvo que ser hospitalizado y sometido a una veloz cirugía. Al regresar a casa, descubrió que Tabitha había limpiado su estudio, vaciándolo por completo, como si nadie lo hubiera pisado nunca. El autor pensó que así se vería tras su muerte, sintiéndose como un fantasma que observaba, en directo, las estancias que dejaba abandonadas a su paso. Así nació *La historia de Lisey*, en la que la protagonista, Lisey Landon/Lisey Debusher, viuda del afamado novelista Scott Landon, navega por sus manuscritos y recuerdos tratando de encontrar sentido a su propia vida y a quién fue su esposo, mientras se enfrenta a un psicópata que quiere todo lo que tenga de él. Realidad e imaginación se enfrentan cuando la mujer redescubre que hay lugares que curan y dañan al mismo tiempo, sitios donde la locura y la creatividad se abrazan. Espacios como Boo'ya Moon.

La historia de Lisey es una de las obras favoritas del de Maine. Su favorita, según la entrevista que se le haga. No es para menos, con el marcado carácter autobiográfico que guarda en sus dos vertientes principales. El matrimonio de Scott y Lisey, repleto de romanticismo y cotidianidad, es un evidente reflejo del de Tabitha y Steven (el libro está dedicado a Tabby, por supuesto); el escritor no esconde que la gran cantidad de anécdotas, confidencias e intimidades que comparten los protagonistas del texto están basadas, muchas de ellas, en las que crean él y su esposa día a día. Por otro lado, toda la trama de Scott y su inventiva, el proceso creativo y el poder sanador de la escritura (¿y la lectura?), incluyendo algunos apuntes acerca del oficio de escribir, señalan con descaro al propio Rey. Por si fuera poco, de todos sus trabajos, *La historia de Lisey* es el que mejor muestra las dos dimensiones que, según él, dividen la personalidad del artista; de un lado, el poder creativo; del otro, la obsesión, la soledad y la locura.

A pesar de que se trata de una novela que navega por océanos totalmente kingnianos, solo los muy lectores constantes parecen disfrutarla al cien por cien. Siendo más meticuloso al respecto, es obligatorio indicar que no es una lectura apropiada para quienes se aproximan de primeras a la imaginación del tío Steve; conviene conocerla un poco, como mínimo. Y no es un manuscrito fácil, poseedor de un universo propio lleno de términos privados de Scott y Lisey (Boo'ya Moon, Incunks, Babyluv) que fueron un auténtico calvario para los traductores. A la vez, es considerado por críticos especializados y expertos en King como uno de sus mejores libros, ganó el Premio Bram Stoker de 2006 en la categoría de mejor novela y fue nominado al

Premio Mundial de Fantasía (World Fantasy Award). Un primer extracto del manuscrito, titulado *Lisey y el loco*, fue publicado en la antología *McSweeney's Enchanted Chamber of Astonishing Stories*. Stephen le profesa tal cariño que llegó a confesar en una entrevista que no quería leer las críticas hacia ella, pues sabía que habría lectores que no serían buenos con *La historia de Lisey* y no soportaría odiar a alguien que fuera malo con uno de sus grandes amores, en este caso uno que ha comparado con una balada country de las que rasgan el corazón y embellecen el alma.

DUMA KEY
(*DUMA KEY*, 2008)

Si eres nuevo en el universo de Stephen King, lector, es muy probable que ni siquiera te suene este libro. Si, en cambio, ya has visitado las cercanías de Maine o, directamente, eres un lector constante de los que conocen al dedillo cada rincón de Nueva Inglaterra, quizá te preguntes qué hace aquí *Duma Key*, cuando no han aparecido otros títulos más populares del autor. ¿Por qué esta obra merece estar en este ensayo y no otras? Mi intención está relacionada con su alcance y reconocimiento. Hubiera sido demasiado fácil hablarte de esas historias que se cuelan sin esfuerzo en las listas de lo mejor del Rey de la mayoría de aficionados, selecciones en las que es raro hallar este manuscrito, uno de los más diferentes del escritor. Ese carácter de novela de culto invita a descubrir y redescubrir *Duma Key*, incidiendo en unas virtudes que deberían haberle concedido ya muchísimo más valor en la bibliografía de Steven.

Para sorpresa de ningún lector constante, *Duma Key* nace a partir de varias anécdotas y vivencias personales del novelista. En 1998 hubo una gran tormenta de hielo en Maine que provocó, entre otros numerosos desastres, la creación de carámbanos gigantes en los árboles. Mientras el maestro del terror daba un paseo con su perro, una de estas gélidas formaciones cayó muy cerca del animal, provocando en el narrador un buen susto y un largo enfado que duró hasta que llegó a casa. Allí le preguntó a Tabitha qué hacían aún en el glacial en el que se había transformado Maine. Dicho y hecho, se dirigieron a la costa oeste de Florida, donde primero vivieron de alquiler y, más tarde, compraron una casa para pasar los inviernos. Diez años después, nuestro querido Steve presentaba *Duma Key* en Nueva York, admitiendo que le daba miedo salir de Maine, que prefería escribir sobre lo que conocía y que eso de viajar en sus obras fuera del hogar, aunque fuese dentro de Estados Unidos, lo llenaba de inseguridades. Confesó que muchas de ellas estaban relacionadas con el miedo a equivocarse en el proceso de documentación, lo cual ocurrió, porque más de un lector de Florida dio con pequeños fallos en referencias y fechas que solo podían dominar los verdaderos habitantes de la zona.

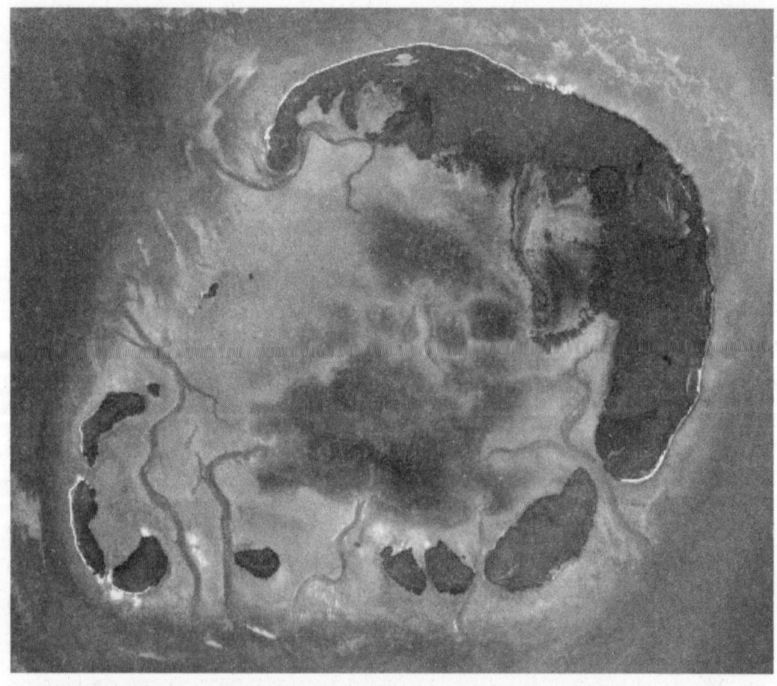

La historia de *Duma Key* (2008) se desarrolla en una isla ficticia, en la costa de Florida. Wikimedia commons

Otro de los sucesos que invitaron al autor a construir *Duma Key* tuvo lugar cuando paseaba por los alrededores de la casa de invierno. En una cuneta en la carretera se topó con una señal que decía «Peligro: Niños». Enseguida se imaginó a dos niñas muertas con las manos colgando como muñecas de papel. Fue una potente fotografía que le hizo pensar, que lo llevó a empezar. También resulta imposible negar los parecidos entre Edgar Freemantle, protagonista del libro, y el mismo Stephen King, en especial por las secuelas que padece el primero tras un terrible accidente de circulación, sin olvidar que el personaje vive frustrado desde entonces, siempre de mal humor y con continuos ataques de ira por haber perdido la vida con la que era tan feliz. Intentando aliviar el dolor, físico y mental, decide alquilar una casa en Duma Key, una isla próxima a la costa oeste de Florida, para tomarse unas largas vacaciones. Allí descubre una nueva afición, la pintura, que parece dársele muy bien. Interesantes personajes secundarios, un misterio que retrocede en el tiempo, algo de mitología griega y una inquietante presencia completan el cuadro, nunca mejor dicho. ¿Qué habría ocurrido si el tío Steve se hubiese visto obligado a abandonar la escritura tras el atropello? Quizá *Duma Key* contesta en más de una página a esa incómoda cuestión.

22/11/63

(*11/22/63*, 2011)

A veces da la sensación de que Steven quiere demostrar a esos agoreros y críticos, más destructivos que constructivos, que esa tonta manía que tienen de situar su mejor momento en los 80 es rotundamente falso. Da la sensación, no es algo que haya comentado él ni que aparezca grabado en piedra. Solo la da. Ni siquiera es una impresión exclusiva de ciertos momentos, aunque es verdad que hay obras en las que aumenta la creencia de que ha puesto toda la carne en el asador para impresionan a propios y extraños. El autor da un golpe en la mesa y crea una novela que va más allá del notable e incluso del sobresaliente, revelándose como el libro del año incluso para sus más acérrimos detractores. King ha tenido muchas de esas fuera de su década más clásica, pero el foco lo pongo ahora en una que podría considerarse una excepción en su bibliografía, al menos en varios aspectos.

22/11/63 nació como una de esas historias del Rey que acaban antes de empezar, que deja a un lado durante un tiempo (décadas, en este caso) y recupera más tarde, como ocurrió con *La cúpula*. *22/11/63* nació como *Split Track* (¿algo así como *Pista Dividida*? ¿*Pista Fragmentada*?) en 1971, mientras impartía clases en Maine. Un día, en la sala de profesores, tuvo lugar una conversación sobre el asesinato de Kennedy, encendiéndose la bombilla de nuestro querido Steve a la hora de realizarse preguntas. La de esta vez fue algo así como «¿qué hubiera pasado si Kennedy hubiera vivido?». A partir de ese «¿y si...?», el novelista empezó a desarrollar *Split Track*, aunque no iba a contener ningún aspecto fantástico, sino que pretendía ser una novela histórica. Sin embargo, no tardó mucho en abandonar el proyecto por varios motivos, siendo uno de ellos que el propio escritor no se veía con la suficiente madurez profesional como para encarar un manuscrito de tal calibre. Otra de las razones fue la falta de tiempo que tenía debido a su empleo, y la última y definitiva que pensaba que el triste final del que fue presidente de los Estados Unidos se hallaba aún demasiado reciente. Parece que King tomó la decisión correcta.

La idea nunca se alejó del creador de *Misery*. Si se presta atención a algunas de sus miles de entrevistas concedidas durante años, es fácil descubrir más de una mención al tomo de Kennedy, como se le llegó a llamar a veces. Quizás el momento de mayor descaro, una especie de anuncio de lo que estaba por venir, se dio en el primer volumen de la adaptación a cómic de *La Torre Oscura* como saga. Ahí, en un artículo titulado *Una carta abierta de Stephen King*, situado, según la edición, antes o después de la historia en viñetas, nos habla de un tipo que descubre un restaurante que conecta con el año 1958, año en el que decide quedarse para aguardar el momento oportuno para detener a Lee Harvey Oswald, el asesino de JFK. No cuento más, ya que da unas pinceladas bastante premonitorias acerca de por dónde irá finalmente el libro, y no estoy para destriparte ninguna sorpresa, lector, la sepas o no.

La novela *22/11/63* debe su nombre a la fecha del asesinato de John Fitzgerald Kennedy en Dallas, el 22 de noviembre de 1963.
Wikimedia commons

Lo cierto es que cuando el tío Steve se decidió a construir *22/11/63*, le llevó muchísimo trabajo, admitiendo que ha sido de las novelas para las que más ha tenido que sudar, en especial a la hora de documentarse, alcanzando cotas que rozan la obsesión (el precio de un corte de pelo , anuncios de televisión, resultados deportivos de la época). Y es que, como él mismo ha confesado más de una vez, no es muy dado a investigar salvo cuando resulta estrictamente necesario (uno de los motivos por los que suele escribir sobre aquello que conoce), lo que le ha dado algún que otro disgusto cuando le han pillado uno o dos gazapos. Esta ocasión debía ser diferente, así que se puso a ello con todas sus fuerzas, acudiendo con Russ Dorr, su investigador, a localizaciones reales en Dallas, la ciudad donde fue asesinado Kennedy. Más tarde, durante la promoción de la obra, también explicó que era la primera de tales características que había escrito, y que dudaba que se embarcara en el futuro en una tarea similar. También le llevó un gran esfuerzo la enorme cantidad de personajes reales incluidos (sin ir más lejos, trasladó con la mayor precisión que pudo la relación entre Marina y Lee Harvey).

Por supuesto, la teoría de la conspiración sobrevuela toda la narración. Sin desvelarte nada, lector, habría que situar al interesante personaje de Al como una especie de representación del propio Stephen King a la hora de documentarse sobre el asesinato de Kennedy y todo lo que lo rodeó, quedando solo una conjetura en pie al finalizar el volumen, la misma en la que cree el novelista. El Rey no se quedó ahí, sino que quiso llegar más lejos y comprobar las consecuencias reales de la supervivencia de Kennedy, consultando a Doris Kearns Goodwin, asistente del presidente Lyndon B. Johnson. Pero me estoy centrando en la parte más histórica, aunque la ciencia ficción esté muy presente, y *22/11/63* es más que eso. Hay lectores para los que esa trama, que sería la principal, es la secundaria, porque para ellos lo importante es la historia de amor entre Jake y Sadie.

A estas alturas de la bibliografía de Steven, ya se ha comprobado, confirmado y subrayado que es capaz de meternos el peor de los miedos en el cuerpo, al mismo tiempo que es un romántico empedernido. *La zona muerta*, *Cementerio de animales*, *It (Eso)* y, sobre todo, *La historia de Lisey* son algunos de los ejemplos que te he ofrecido hasta el momento, lector. *22/11/63* es otro, y de los más potentes, porque su trama secundaria es tan importante como la principal, sin olvidarnos de varias subtramas que funcionan a veces como pequeñas «misiones» que el protagonista debe cumplir. En pocas palabras, el libro presenta tantos frentes que no es fácil quedarse con uno, justificando así su extensión y obsequiando a todo al que se acerca a él con varios relatos donde escoger. A gusto del consumidor, por así decirlo.

22/11/63 se convirtió de inmediato en uno de los mejores trabajos del de Maine. Pocos fueron quienes no se rindieron ante él, muy pocos, en realidad, y extraños los casos en los que así sucedió. La novela fue nominada a varios premios, *The New York Times* lo colocó como uno de los libros del 2011, ganó varios galardones, se alabó el giro al uso de la idea de los viajes en el tiempo por parte del escritor, y la magnífica portada de su primera edición, que parece formada por periódicos, es una de las más reconocibles de entre todas las de sus creaciones. El asesinato de John Fitzgerald Kennedy no solo abrió una profunda herida en la sociedad estadounidense, sino que también cambió el mundo entero, de una forma o de otra. King no se olvida de eso, marcando la historia con ese sentimiento de principio a fin, transformándola en ciertas partes en una especie de carta de amor a una época que pisoteó el terrible acontecimiento.

DOCTOR SUEÑO
(*Doctor Sleep*, 2013)

Fue a finales del año 2009, durante la gira promocional de *La cúpula*, cuando el de Maine sorprendió a propios y extraños con un anuncio nada habitual en él. Reveló que tenía una idea bastante firme para la secuela de una de sus mejores y más populares novelas: *El resplandor*. El público no se lo podía creer, entre otras razones, por la importancia de ese libro en particular en la bibliografía de Steven y por lo poco dado que es este a las segun-

King leyendo un fragmento de su novela *Doctor Sueño*
en la Base Aérea de Ramstein, 2013. Wikimedia commons

das partes. No es que odie las continuaciones, pero teniendo en cuenta su dilatada carrera y la gran cantidad de títulos que posee, resulta un tanto curioso que la gran mayoría de ellos (por no decir prácticamente todos) no obtenga una nueva entrega que expanda su historia. Siempre es por deseo expreso del autor, por supuesto, pues su público, formado por millones de lectores constantes, ha estado abierto a la idea de prolongaciones de *It (Eso)*, *Cementerio de animales* y *Christine*, por nombrar solo algunas de sus obras más abiertas a ello. Sin embargo, también hay que tener en cuenta un detalle esencial: *Doctor Sueño* no es una secuela al uso.

Durante el descubrimiento de más aclaraciones, King dejó algunos detalles que indicaban que la trama discurriría por caminos alejados (no tanto, al final) del hotel Overlook. Anunció a un Danny Torrance ya maduro y capaz de ayudar a morir con dignidad a pacientes terminales de un hospicio gracias a sus habilidades sobrenaturales (su resplandor). Nada de hoteles malditos. Nada de fantasmas. Nada de la familia Torrance encerrada a causa de una brutal nevada. Las reglas habían cambiado. Y para confirmar que decía la verdad, no mucho después, publicó una encuesta en su página web oficial para que los visitantes votaran por el siguiente libro que debía escribir. Las opciones fueron *Doctor Sueño* y *La Torre Oscura: El viento por la cerradura*; ganó la primera, aunque se lanzó antes la segunda en el año 2012. Cuando la continuación de *El resplandor* llegó a las librerías, los lectores se toparon con Dan en vez de Danny, con sus problemas con el alcohol, con la maldición de ira y whisky de su padre, con los vampiros energéticos del Nudo Verdadero, con la joven e inteligente Abra Stone y con muchísimos guiños a la primera visita de Danny al Overlook, el lugar embrujado que lo seguía persiguiendo, dentro y fuera de sus traumas. Las críticas fueron excelentes y los lectores acabaron por darle el respaldo que merece tras el impacto inicial, tanto por el cambio de rumbo como por el de género; hay terror en *Doctor Sueño*, pero más fantasía oscura.

¿Se podría hablar entonces de una secuela de *El resplandor*? No, no con exactitud. No es una continuación directa tal y como se entiende de manera habitual, por lo que en algunos círculos es considerada un *spin-off* o extensión del material original. Stephen, fiel a construir sueños y pesadillas a partir de acontecimientos reales, dejó escapar en varias entrevistas que *Doctor Sueño* no era una excepción al respecto. Parte de la historia está basada en Oscar, que fue adoptado como gato de terapia en el año 2005 en una residencia de ancianos de Providence, Rhode Island, en Estados Unidos. Sin embargo, se hizo famoso en 2007 al predecir la muerte de algunos pacientes, eligiendo dormir la siesta junto a ellos horas antes de que fallecieran. Los artículos al respecto no se hicieron esperar e incluso se escribió un libro sobre él: *Making Rounds with Oscar: The Extraordinary Gift of an Ordinary Cat* (a España llegó como *De guardia con Oscar*). En cuanto el maestro del terror conoció la existencia de tan sobrenatural felino, supo que quería hacer algo con el tema. La conexión con el adulto Danny Torrance apareció con naturalidad. Por su parte, el magnífico Oscar lamentablemente falleció en el año 2022. Que sirva *Doctor Sueño* para recordarlo.

MR. MERCEDES
(*Mr. Mercedes*, 2014)

Hay que reconocer que este «experimento» le salió bastante bien a Stephen King, e incluso me quedo corto al señalarlo así; no es que los anteriores cambios de género le salieran mal, todo lo contrario, pero existían voces que ponían en duda que fuera capaz de afrontar una novela policíaca a la vieja usanza con garantías de éxito. Sin embargo, sí que triunfó, abriéndose el escritor un sendero que desde entonces ha recorrido no pocas veces. Las comillas ante la palabra «experimento» no son una casualidad, pues hablamos de un autor para el que el suspense y el thriller son campos familiares, aunque no los tratase en el pasado con el mismo protagonismo que les da en *Mr. Mercedes*. Las críticas fueron excelentes, los lectores recibieron la historia con los brazos abiertos y las dos siguientes entregas, *Quien pierde paga* y *Fin de guardia*, aparecieron en 2015 y 2016, formando lo que se conoce como la trilogía de Bill Hodges. A pesar de que ya las tenía planificadas, en cierta forma, todo indica que algo habría cambiado si los resultados con el primer libro no hubiesen sido tan positivos.

Fue en 2012 cuando el de Maine dio pistas acerca de *Mr. Mercedes*. Durante una charla, detalló que estaba enfrascado en un manuscrito en el que un asesino en serie acosa, persigue y se burla de un policía retirado. Su intención inicial era que fuese un texto corto, quizás un relato, un cuento largo o, como mucho, una novela corta. Como sucede en ocasiones en su mente, la idea creció hasta transformarse en una de sus obras más populares de los últimos años, una particular batalla entre el bien y el mal, personificado el primero en la figura del cansado y huraño Bill Hodges y el segundo en la del psicótico y sádico Brady Hartsfield. El juego del gato y el ratón que construye el Rey alrededor de ambos absorbe al lector, en especial cuando los dos personajes pasan de un lado a otro casi sin que nos demos cuenta. Por si fuera poco, al publicarse *Mr. Mercedes*, una enorme cantidad de especialistas en King coincidieron en que su inicio era uno de los más potentes de su bibliografía. Según el propio novelista, para ello se inspiró en un incidente en el que una mujer estrelló su coche contra un McDonald's.

Por supuesto, ¿qué sería de una trama de nuestro querido Steve sin sus buenas dosis de secundarios excelentemente construidos y desarrollados? Podría mencionar a unos cuantos de *Mr. Mercedes*, pero si hago alusión a ellos es por uno, por una más bien: Holly Gibney. Afirma Stephen en multitud de entrevistas que se enamoró de ella casi al instante, queriendo saber más y más sobre esa hija literaria a la que insufló vida y que le robó el libro y el corazón. La vemos crecer y madurar en *Quien pierde paga* y *Fin de guardia*, tomar las riendas de su vida personal y profesional, mientras evoluciona su amistad con Bill y Jerome. Si la tercera entrega de la trilogía cierra el capítulo de Hodges y Hartsfield, no lo hace con Holly. Agradecidos estamos quienes la adoramos, el primero de ellos, su propio creador.

EL VISITANTE
(*THE OUTSIDER*, 2018)

Teniendo en cuenta la progresión argumental de la trilogía de Bill Hodges, con el paso del tiempo parece inevitable la existencia de *El visitante*, obra que muchos consideran una especie de epílogo del arco mencionado. Pone el foco en Holly Gibney, secundaria de lujo, aunque a ratos protagonista (¿coprotagonista?), con numerosas referencias y menciones a sus investigaciones con Hodges, como si Steven quisiera atar todos los cabos necesarios para dejar bien preparada y lista a su hija literaria predilecta para lo que le aguarda en forma de sus propias aventuras detectivescas. Incluso en el tono y los géneros con los que juega, este libro se aproxima más a *Fin de guardia* que a *Mr. Mercedes*; si el último enfrentamiento entre Bill Hodges y Brady Hartsfield coquetea con el thriller fantástico, *El visitante* se casa sin ninguna vergüenza con el thriller de terror, y yo pondría mucho énfasis en el terror, con melodías que recuerdan a las primeras canciones siniestras del King que componía manuscritos como *El misterio de Salem's Lot* y *El resplandor*. Siendo más directo, aunque sin desvelarte nada, lector, *El visitante* bebe en abundancia de las fuentes de *It (Eso)* y *La mitad oscura*.

Aquí tenemos al de Maine presentándonos otra novela mediante una situación, algo con lo que goza con total descaro. ¿Qué pasaría si un buen día te acusaran de un horrible asesinato? Sabes bien que no has sido tú, pero todas las pruebas apuntan a ti; desde grabaciones de cámaras de vigilancia hasta las declaraciones de los testigos, pasando por evidencias tan firmes como las huelas dactilares y el ADN. Es imposible que no hayas sido tú... ¿O sí? El detective Ralph Anderson piensa que tiene un caso sencillo cuando debe detener al profesor Terry Maitland, contra el que se ha hallado una avalancha de claros indicios de que ha sido él quien ha violado y asesinado a un niño. Sin embargo, también existen testimonios que señalan al presunto homicida a miles de kilómetros del lugar del crimen justo cuando se produjo. ¿Qué ocurre? Una serie de terribles acontecimientos empujan al protagonista a conocer a Holly Gibney, una investigadora que puede ayudarle a abrir su mente, pues posee cierta experiencia en pesquisas que superan los límites de la lógica.

Contar más de *El visitante* sería estropear una sorpresa tras otra. El Rey se sirve en este caso de los giros argumentales y de su capacidad para pillarnos con la guardia baja para meternos en una pesadilla que se vuelve cada vez más oscura, y donde los buenos no parece que vayan a ganar, y si lo hacen, no salen indemnes del mal sueño. Porque la energía de *El visitante* está más cerca de la de *Cementerio de animales* que la de muchos de sus otros trabajos. A ratos, insisto, da la sensación de que está escrita por el tío Steve que comenzaba su carrera aterrorizando a todo aquel que tenía la suerte de cruzarse con su universo. Y mientras lo hace también aquí, aprovecha para terminar de construir a su querida Holly, preparándola para que vuele alto y por sí sola, bien entrenada por amigos... y enemigos.

DESPUÉS
(*LATER*, 2021)

¿Y si Stephen King escribiera *El sexto sentido* (*The Sixth Sense*, M. Night Shyamalan, 1999)? Es cierto que no me lo imagino corriendo a tomar notas para *Después* tras haber visionado el clásico del cine de terror y suspense, pero creo que es una obra a la que le viene muy bien la fórmula de los «¿y si...?» que tan bien practica. Al fin y al cabo, la historia de personas que logran ver a los fantasmas que pululan por nuestro mundo, gracias a unas misteriosas habilidades psíquicas, no era nueva cuando se estrenó el filme, por lo que aquí tenemos de nuevo al tío Steve dando su propia perspectiva sobre un tema más o menos manido en el género fantástico. En este caso, además, atrae al lector con un título bastante misterioso que adquiere un significado cada vez más potente conforme pasamos las páginas del proceso madurativo del protagonista, Jamie Conklin.

Y es que nuestro joven héroe, hijo de madre soltera (con un trabajo muy relacionado con la literatura y el mundo editorial; imposible que el de Maine olvide las viejas costumbres), tiene la extraña habilidad de ver a los muertos, gente muerta que sigue unas reglas muy estrictas, o así era hasta que Jamie conoce a un terrorista en serie que parece no seguirlas, aunque es posible que no sea él quien se resiste a ello. Y aunque me gustaría continuar contándote más sobre *Después*, lector, debo detenerme aquí, porque confieso que ha sido una de las novelas del autor que más me han sorprendido, y no solo por cómo muestra los «poderes» del chico o cómo juega con nosotros para regalarnos un delicioso relato acerca de cómo un niño se convierte en un adulto (lo que viene «después»), sino también por la conexión que tiene con mi libro favorito del escritor, el cual se menciona en una sinopsis que esconde más de lo que cuenta. Te recuerdo que esto tampoco es un análisis, por lo que no señalaré aquí ningún título, pero la relación va mucho más allá de lo que parece.

Después es el tercer manuscrito que el Rey publica con Hard Case Crime, editorial especializada en novelas policíacas, tras *Colorado Kid* y *Joyland*. Sigue más la estela de la segunda que de la primera, como si asistiéramos a una especie de evolución al respecto, mezclando el thriller con el terror, lo que la aproxima también a la excelente *El visitante*, incluso más que a las anteriores, por ciertas características que esconden las criaturas antagonistas de ambos escritos. Cabe destacar la curiosidad de que a pesar de lo estupenda que es la portada de la edición original de Hard Case Crime, no abarca ninguno de los elementos fantásticos de la historia; por el contrario, la cubierta de la edición española, más evocadora, sí lo hace, aunque a cambio deja fuera su carácter policíaco. No fue la única queja de los lectores constantes, pues muchos protestaron por su corta extensión, dado el material para una odisea mucho mayor que King deja entrever en las casi doscientas cincuenta páginas que la componen.

BILLY SUMMERS
(*BILLY SUMMERS*, 2021)

Cuando *Billy Summers* se publicó, muchos constataron algo que el propio Steven había insistido en subrayar los últimos años: sus escarceos con el thriller, la novela policíaca y el suspense eran algo más que simples jugueteos. Lo que «comenzó» con obras como *Joyland* y *Blaze* (que me perdone nuestro amigo Richard Manuel), continuando con la trilogía de Bill Hodges, adquiere con el relato de este particular asesino a sueldo una madurez envidiable por otros escritores. *Billy Summers* es un thriller criminal que vuelve a demostrar que el de Maine es un experto creando y desarrollando a sus personajes, sus hijos literarios, al mismo tiempo que confirma que el autor lleva décadas yendo más allá del terror. Como el propio protagonista del libro, King puede llamarse ya de muchas formas, y una de ellas es ESCRITOR con mayúsculas, ESCRITOR de todo capaz de enfrentarse a cualquier reto, salir airoso y regresar a él para recordarnos que no fue fruto de la casualidad que lograra vencer.

La historia de este volumen nos presenta al hombre que le da título, un exfrancotirador de los Estados Unidos que se convierte en asesino a sueldo, pero con un cierto código que utiliza solo para matar a tipos malos, los únicos que pueden ser sus objetivos. Deseando retirarse, Billy acepta un último encargo que no va tan bien como le gustaría, provocando que sospeche que podría ser su último trabajo, aunque en el peor de los sentidos. La aparición de una chica que necesita ayuda pondrá su mundo patas arriba, y a pesar de que al principio piensa que podría ser un escollo en lo que tiene entre manos, pronto descubre que ha encontrado a su mejor aliada.

El Rey mencionó por primera vez la existencia de *Billy Summers* en el año 2020, dando ya entonces algunas pistas acerca de la trama principal y ciertos rasgos del personaje protagonista. Uno de los datos más interesantes que aparecieron durante las entrevistas en las que el novelista desvelaba información sobre este trabajo, fue el cambio de año en el que transcurre, debido a ciertos detalles que no podían darse en la idea original, que transcurría en 2020, debido a la crisis sanitaria mundial provocada por el covid-19, así que adelantó ese marco temporal. Resulta imposible pasar por alto la curiosidad de que al llegar a cierto tramo del argumento nuestro querido Billy, el asesino del corazón de oro, se hace pasar por un escritor, lo cual usa nuestro querido Steve para ahondar, todavía más, en cómo se convirtió en lo que es. Y funciona, te lo aseguro.

CUENTO DE HADAS
(*FAIRY TALE*, 2022)

En el año 2014, Stephen King publicó la novela *Revival*. En una sorprendente campaña de promoción, sobre todo para sus lectores constantes más fieles, la obra se vendió como el regreso al terror por parte del Rey. ¿Regreso? Pero ¿se fue alguna vez? ¿El autor había dejado el género que lo dio a conocer a millones de personas y ni siquiera nos enteramos de tal suceso? Lo cierto es que la publicidad que acompañó al libro no fue de las mejores, aunque al menos me sirve para extrapolarla a *Cuento de hadas*, porque con esta ocurrió lo contrario. Y es que el novelista nunca ha abandonado el terror, ni siquiera cuando otros géneros le han interesado más una vez llegada la madurez personal y profesional. Sin embargo, sí que se ha pasado bastante tiempo sin tirarse a la piscina de la fantasía; en el mejor de los casos, alguna vez se ha mojado los pies en los últimos años, sin zambullida mediante, insisto.

Cuento de hadas es... un cuento de hadas. Su evocador título, quizás uno de los mejores y más directos de la bibliografía del de Maine (hay que admitir que tampoco es que se rompa mucho la cabeza a la hora de ponerlos, lo que da lugar a todo tipo de anécdotas), viene a explicar, de muy acertada manera, lo que nos vamos a encontrar en sus páginas. El ejemplo más próximo lo hallamos en *Los ojos del dragón*, novela que Steven escribió para sus hijos (en especial para Naomi, quien, según él mismo, no había leído hasta el momento ninguno de sus trabajos, pues no le interesaban las historias macabras sobre monstruos), muy conectada a la saga de *La Torre Oscura* y que posee tantos detractores como admiradores. *Cuento de hadas* viene a recordarnos que ese King amante de las fantasías épicas y oscuras, repletas de dragones, príncipes, reyes, princesas y caballeros, sigue vivo. Si manuscritos más breves como *El cuerpo* y *Apareció Caín* nos adelantaban temas que luego se expandirían en *It (Eso)* y *Rabia*, se podría decir que *Los ojos del dragón* hizo lo mismo con *Cuento de hadas* muchos años antes.

El libro nos cuenta la emocionante historia del joven Charlie Reade, quien traba amistad con el gruñón señor Bowditch y su perro Radar, después de realizar una promesa que cree que salva a su padre del alcoholismo. A partir de ahí asistimos a la gran relación que se levanta entre los tres hasta que todo cambia y comienza la que es considerada como la segunda parte del volumen, donde la fantasía adquiere el total protagonismo (con permiso del propio Charlie) tras numerosas pistas dejadas en el camino como miguitas de pan para volver a casa. No son pocos los lectores que consideran esta parte de la novela más floja tras la primera, aunque habría que hablar más de preferencias, pues la calidad general de *Cuento de hadas* está fuera de toda duda. Sin embargo, hay que tener en cuenta que la conexión que nuestro querido Steve crea entre los lectores, Charlie, Radar y Bowditch posee tanta fuerza, anclándose tan excelentemente con su característico costumbrismo, que se hace difícil no echarla de menos incluso en los momentos en los que más vuela nuestra imaginación en el reino de Empis. Si te acerca, lector, más a los mundos de C. S. Lewis (*Las crónicas de Narnia*) que a los de J. R. R. Tolkien, no te extrañes.

HOLLY
(*HOLLY*, 2023)

Cuando a veces los escritores hablamos de que los personajes de nuestras historias adquieren vida propia, la gente se ríe. No todo el mundo, pero siempre existe algún que otro incrédulo que lo toma como una muestra de excesiva imaginación. ¿Cómo va a poseer vida un personaje literario? ¿A qué se debe tal afirmación que parece más propia de un demente que de alguien cuerdo? Que se lo digan a nuestro querido Steve con Holly Gibney, el personaje que le robó el corazón (no lo digo yo; él mismo lo admitió al anunciar oficialmente la publicación de *Holly*). Resulta gracioso que un autor tan poco aficionado a las secuelas haya sido capaz de regalarle varias historias a un mismo personaje. ¡Así se ha aferrado la buena, adorable e inteligente Holly Gibney al alma de Stephen King! Aunque, si uno lo piensa bien, es normal. Lógico, dirían muchos. Es fácil encariñarse con Holly. Es sencillo enamorarse de ella.

Según el propio novelista, Holly nació para aparecer en un solo libro, como un personaje secundario más, de esos tan excelentemente construidos por él, pero que entraba en escena y salía no mucho después, sin más relevancia. Cuando quiso darse cuenta, la joven era secundaria de lujo de la trilogía de Bill Hodges, coprotagonista de *El visitante* y protagonista de *La sangre manda*, novela corta incluida en la antología homónima. Todo esto en menos de diez años. Imposible negar que la investigadora privada ha batido varios récords en la bibliografía del Rey. En palabras de este, ya iba siendo el momento de que tuviera su propia y extensa aventura. Toda para ella.

Lo curioso es que la primera vez que el de Maine nos habló de *Holly*, no dio demasiadas pistas sobre quién la protagonizaría, como buen escritor sembrando las expectativas de su siguiente obra. Solo desveló que se centraría en el covid-19, con un escenario a caballo entre 2020 y 2021, es decir, en lo peor de la crisis sanitaria mundial. No tardó mucho en hablar de *Holly*, y algunos perspicaces lectores constantes teorizaron que igual ambos libros podrían ser el mismo. En cuanto apareció la sinopsis, en la que se apunta que alguien muy cercano a ella tiene covid, las piezas encajaron. El resto es un caso de personas desaparecidas relacionado con un par de profesores que ocultan muchos secretos más allá de un carácter despiadado y cruel. Advierto que es necesario haber leído (y disfrutado, a ser posible) antes las precedentes odiseas detectivescas y policiales de nuestra querida Gibney.

CAPÍTULO III

LA MARCA KING

Prepárate, lector, porque estás a punto de sumergirte en el que es el corazón del presente ensayo, quizá no el capítulo más importante del libro (no quiero hacer de menos los demás), pero sí aquel que contiene la esencia de su nacimiento. Si haces memoria o retrocedes unas cuantas páginas, verás que incido bastante en el hecho de que no estás ante un volumen en el que se busque analizar la obra de Steven, mucho menos título a título; tampoco las adaptaciones audiovisuales surgidas de los mismos, a las que aún no hemos llegado, pero todo se andará. La experiencia de tratar de ofrecer algo nuevo pasa, en realidad, no por diseccionar las historias del de Maine, sino por hacerlo con lo que hay entre sus líneas, en el trasfondo, en el subtexto y en la marca que llevan impresas, ese estilo que a los lectores constantes les (nos) es tan familiar, tanto que podrían (podríamos) reconocerlo a kilómetros de distancia, a veces solo por la sinopsis. Esa es la magia de la marca King.

Cuando cualquier autor de terror nos presenta una novela en la que su protagonista es un escritor alcohólico que debe salir del bloqueo artístico que sufre mientras intenta terminar su nuevo libro en una cabaña abandonada en el bosque de un pequeño pueblo, saltan las alarmas. Para los lectores constantes, son todavía más estridentes, y no digamos si su escenario es alguna localidad de Maine. No resulta extraño que esa obra pase por el boca a boca con un «si te gusta Stephen King, te gustará esto» como si tal cosa. Nuestro querido Steve ha tenido tanto tiempo para crear una marca que es inconfundible desde hace décadas, y no solo por la prosa y el estilo, sino también por los temas que suele visitar, los lugares comunes que nos presenta, los personajes que nos acompañan, los antagonistas a los que nos enfrentamos, las ideas que subyacen bajo los párrafos que nos regala, las dolorosas y espeluznantes descripciones con las que nos mete el miedo en el cuerpo y los conceptos, filosóficos y espirituales, que nos hacen reflexionar tras leerle.

La marca King es un todo. A estas piezas que lo forman podemos llamarlas pequeñas manías, rutinas de escritor o sitios que el Rey disfruta visitando una y otra vez. Y los lectores constantes, no nos engañemos, también. Da igual que su nueva historia sea de terror, ciencia ficción, suspense o un drama fantástico, porque en ella estarán todos esos ingredientes que quienes nos hemos familiarizado con él durante décadas saboreamos como si se fueran a agotar para siempre una vez pasada la última página. Para quienes no leemos, más bien devoramos el universo del novelista, cualquiera de sus obras es un valor seguro, como si ya nos tuviera satisfechos antes siquiera de empezar la primera línea. Tan acertado es el término «familiar» que no son pocas las voces que le han señalado exactamente como eso, un familiar, el tío raro, excéntrico y divertido que nos visita de vez en cuando para contarnos uno de los muchos relatos extraños que logran horrorizarnos y divertirnos al mismo tiempo.

Esa cercanía que se respira en las letras de Steven es fácil hallarla en su forma de narrar, de tú a tú, como si lo tuviéramos frente a nosotros sentado en una mecedora o al otro lado de una hoguera, en medio de un campamento de verano, en un bosque oscuro y tenebroso; las sombras danzan alrededor de su rostro mientras la historia se hace tan real que podemos tocarla, lector. Lo que puede parecer un cuento insignificante, en realidad es algo más enrevesado, más profundo, pero esa es otra de las genialidades de King, su capacidad de convertir lo difícil en fácil, como si fuera lo más sencillo del mundo. Esa novela de vampiros quizá sea un ensayo sobre el mal; la extensa obra de un payaso monstruoso es probable que encierre todo un tratado acerca del miedo, la amistad y lo que perdemos cuando abandonamos la infancia; y el libro donde una humilde tienda abre en un pueblo sin importancia lo que en verdad señala es la mezquindad, el egoísmo y la crueldad del ser humano, con o sin el Diablo de por medio. El autor es una de las figuras más relevantes del gótico americano (novela gótica estadounidense), pero aún más del fantástico cotidiano, de ese terror que puede llegar, lector, mientras estás sentado tranquilamente en el sofá, disfrutando de una buena película y una refrescante bebida. El monstruo que nos asalta de día. El horror que nos muerde en el cuarto de baño. La muerte que nos toca durante un inofensivo y despreocupado paseo. Con eso nos ataca el tío Steve.

¿Por qué parece tan obsesionado con niños que discurren mejor que los adultos? ¿De dónde proviene esa insistencia en usar a escritores como protagonistas? ¿Por qué sus criaturas y antagonistas sobrenaturales son capaces de grabársenos tan profundamente en la mente y el alma? ¿Cuáles son las peores críticas con las que ha tenido que lidiar? ¿Se le puede copiar un estilo a veces basado en adelantar acontecimientos? ¿Cómo de importante es que desarrolle hasta la última migaja de personalidad de sus hijos literarios? ¿Lo original en su obra es darle una vuelta de tuerca a temas ya manidos, ofrecer una perspectiva distinta o ir más allá? ¿Por qué los psicópatas que crea dan la sensación de ser peores que los seres con garras y colmillos que viven en la oscuridad? En las siguientes páginas voy a intentar descubrirte la respuesta a todas esas preguntas y muchas más, lector, desmenuzando lo que significa la marca King y los motivos recurrentes que la forman. Si ya hemos ahondado en quién es y qué hace, ahora es el turno de comprender cómo hace lo que hace.

Ponte cómodo. Relájate. Sírvete esa bebida.

Bienvenido a los secretos del universo de Stephen King.

TERROR

Para Stephen King existen tres niveles en el género de terror, tres niveles más o menos diferenciados, cada uno un poco menos refinado que el anterior. El más elegante y sutil sería el terror, donde lo que más se estimula es la imaginación; en el caso de la literatura, es el lector el que hace el trabajo por sí mismo, es quien desarrolla lo que hay tras la puerta a la que algo llama cuando allí no debería haber nada. El segundo nivel es el horror, donde lo físico empieza a tomar protagonismo; al otro lado de la puerta se halla un ente, un espectro o una clase espeluznante de criatura que se deja observar en todo su impactante horror. El tercer y último nivel se refiere a la repulsión, al asco, a la repugnancia; la cosa que se encuentra tras la puerta sujeta entre sus colmillos el cadáver troceado de un niño o el fantasma vomita un torrente de viscosidad verde. El de Maine reconoce el terror como la más refinada de estas emociones, por lo que es la que más intenta utilizar para aterrorizar al lector; si no logra hacerlo, tratara de horrorizarle; y si se da cuenta de que tampoco lo consigue así, recurrirá al asco, aunque no se sienta orgulloso de ello. Todos estos niveles los ha usado a menudo en toda su bibliografía durante décadas. No es extraño: el terror es su principal tema recurrente.

Cuando a un escritor lo señalan como maestro del terror, no es por casualidad. El tío Steve se ganó tal apelativo a pesar de los constantes avisos de Bill Thompson, quien insistía en que iba a terminar encasillado como autor de género, y no precisamente dedicándose a la ciencia ficción o a la fantasía. No, el novelista nunca ha sido de naves espaciales y dragones, sino más de monstruos, fantasmas, demonios, psicópatas y criaturas varias, aunque nunca le ha hecho ascos a viajar fuera de la Tierra y tampoco a usar la magia. Aun así, su pasión y obsesión siempre ha pasado por regalar terror, horror y repulsión al lector, todo dentro de la caja del terror puro y duro. Y sí, no le quitaban el sueño las advertencias de su editor después de publicar *El misterio de Salem's Lot* y *El resplandor*, pero sí lo hicieron tras *Los ojos del dragón*. Ahí empezó a comprobar que sus lectores constantes requerían, deseaban y acababan exigiéndole un tipo de literatura muy concreto, un tipo de género muy concreto. Por otro lado, los críticos continuaban atosigándole, haciéndole de menos por no ver más allá del terror, anquilosados en la idea de que es un género menor, sin sustancia, sin trasfondo, sin profundidad.

Fue en los 90 cuando Steven pareció aparcar su tema predilecto, ese que le había acompañado en su infancia, incluso desde antes, cuando era uno de los favoritos de su propio padre. El drama y la fantasía (lo fantástico) tomaron el protagonismo con *La tienda*, *Dolores Claiborne* y *La milla verde*, aunque el terror seguía ahí con *Pesadillas y alucinaciones*, *Desesperación* y *Un saco de huesos*. Sin embargo, algo había cambiado. No eran los 80, eso seguro, donde el terror bombeaba el corazón de su maestro. Ocupó un rol secundario, y se quedó así. Permanecieron los lectores constantes de verdad, los que siempre habían captado lo que de verdad guardan los hoteles vivientes, los coches asesinos y los payasos de las alcantarillas de King. Hay quien asegura que si a una historia de terror le quitas el terror y queda una buena historia, su creador tiene talento. Eso siempre ha pasado con nuestro querido Steve. De eso ha tratado siempre su literatura de terror, a la que siempre vuelve, la que nunca ha olvidado. *El cazador de sueños*, *Cell*, *Todo oscuro, sin estrellas*, *Revival*, *El visitante*, *La sangre manda* y *Después*, entre otros, son recordatorios constantes de ello.

Incluso al escribir manuscritos de otros géneros, el terror se abre camino. La terrorífica situación de la protagonista de *El juego de Gerald*, el extraño insomnio del protagonista de *Insomnia*, la terrible situación de los personajes de *La cúpula*, la amenaza de Brady Hartsfield en *Mr. Mercedes*, el peligro al que debe enfrentarse Holly Gibney en *Holly*... A Stephen le es difícil resistirse. Y cuando se sumerge del todo en el género que le ha llevado a lo más alto, también intenta variar, yendo del terror al horror y del horror al asco, sin miedo (qué ironía) de utilizar todas las herramientas, ideas, arquetipos, conceptos y mecanismos posibles para que el lector no se atreva a apagar la luz al irse a dormir. Vampiros en *El misterio de Salem's Lot*, el fin del mundo en *Apocalipsis*, un coche poseído en *Christine*, el hombre del saco en *El Coco*, la propia muerte en *Cementerio de animales*, ratas en *El último turno*, un hombre lobo en *El ciclo del hombre lobo*, fantasmas en *Un saco de huesos*, infectados/zombis en *Cell*, criaturas lovecraftianas en *La niebla*, espectros en *Después*... ¿Le queda alguna figura que usar? ¿Alguna que crear partiendo de referencias y aspectos que ha ido absorbiendo hasta dar con la tecla correcta para ofrecer su propia versión? Tampoco se libran de su terror esas obras más raras que se han ido colando entre sus novelas, antologías y relatos. No hablo de *¡Campeones mundiales al fin!*, esa oda al béisbol en general y a los Red Sox en concreto, realizada con Stewart O'Nan (*Snow Angels*, *The Odds*), ni de *Mientras escribo*, entre la autobiografía y el «manual» de escritura. Me refiero más bien a títulos como *Nightmares in the Sky: Gargoyles and Grotesques*, publicado en el llamado formato de mesa de café o libro de gran formato, centrado en gárgolas arquitectónicas, acompañando los textos del Rey las fotografías dedicadas a estas.

Aquí no puedo olvidarme de *Danza macabra*, uno de los mejores trabajos del narrador fuera de la ficción. Se trata de un ensayo dedicado por completo al terror, en numerosas vertientes, diseccionándolo desde un punto de vista artístico, pero también comercial, ligándolo continuamente a la cultura popular, al más puro estilo Stephen King. Lo curioso es que el proyecto nació a partir de una idea del propio Bill Thompson, el mismo Bill Thompson que le alertaba de manera constante de que la crítica y el público, el mundo entero lo encasillaría como un escritor de terror si seguía con historias como *El misterio de Salem's Lot* y *El resplandor*, y le costaría quitarse esa etiqueta de encima. Sin embargo, el editor no lo manifestaba porque no quisiera que su colega no se dedicara a lo que lo apasionaba. Lo hacía porque el terror, en aquella época, no era un género respetado. ¡Ni siquiera era considerado un género en ciertos círculos! Inferior a la ciencia ficción y la fantasía, como si fuera un cómic para adultos. Y con el tiempo confesó que su representado contribuyó a que el terror se transformara en una categoría editorial, elevándolo como género, incluso estableciéndolo más allá de los clásicos. Una buena forma de subrayar la simbiosis que existe entre el terror y el artista. Otra sería recordar una de sus mejores frases, una que resume a la perfección cómo entiende y profundiza en el terror: «Inventamos horrores ficticios para ayudarnos a soportar los reales». Imposible negar que sea eso lo que hace cada vez que escribe terror.

CIENCIA FICCIÓN

A pesar de que no suele ser raro que el terror y la ciencia ficción se toquen, este último no es un género en el que Stephen King se haya sumergido demasiado, al menos no como escritor. Bastante lo ha hecho como aficionado y seguidor, como él mismo confiesa en entrevistas, artículos y *Danza macabra*. Consumidor constante en su infancia y juventud de películas de serie B donde extravagantes alienígenas tratan de conquistar nuestro planeta, cuando no somos los propios seres humanos quienes visitamos los suyos buscando respuestas sobre nuestros propios orígenes,

a la hora de aporrear las teclas no siente tanto la llamada de las estrellas. Sin embargo, si se es más preciso con este tema, eso no es del todo correcto, y no me refiero a la época en la que nuestro querido Steve aún no era el maestro del terror (ni de nada, en realidad) y practicaba a todas horas, yendo de un género a otro, siendo el terror y la ciencia ficción los principales. Señalo épocas de mayor madurez, en las que incluso se ha dejado entrever que podría haber abandonado el terror para dedicarse por completo a la ciencia ficción, algo que no ocurrió al final, pero... ¿pudo suceder? ¿O solo fueron años de jugueteos con un género con el que coqueteó antes de los inicios de sus inicios?

Entre los 70 y los 90, la ciencia ficción apenas asomó la patita por la bibliografía del Rey. Salvo en narraciones breves como *Soy la puerta*, *Los Lagolieros* y *El final del desastre*, todas incluidas en antologías, el género, en su forma más pura, no le interesaba demasiado. Algo pareció cambiar al internarse en el nuevo siglo, donde ya *El cazador de sueños* y *Cell* volvían a recordarnos que el autor sabe mezclar perfectamente el terror y la ciencia ficción. *La cúpula* hizo saltar las alarmas al ser una novela con un marcado sello King, deudora de títulos como *La tienda*, pero con la ciencia ficción sobrevolándola continuamente. Lo que muchos vieron de soslayo en ella, se confirmó dos años después con *22/11/63*, llena de viajes en el tiempo y líneas y futuros alternativos provocados por esas idas y venidas del protagonista. No fueron pocos los que vivieron con ilusión ese gran abrazo del tío Steve a un género que supo manejar muy bien en ese libro. Algunos, no pocos, saborearon la posibilidad de que no se quedara en una excepción y comenzara a ser la regla. La ciencia ficción por el terror. Un feliz cambio para ellos.

No ocurrió. A pesar de que luego apareció *El Instituto*, obra heredera (¿o secuela espiritual?) de *Ojos de fuego*, con enormes dosis de ciencia ficción, las esperanzas de esos lectores se fueron diluyendo, comprobando que el de Maine es más comprador de ciencia ficción que vendedor. Aun así, me gustaría insistir en que su fusión de terror y ciencia ficción sí es más común en su Kingverso, sobre todo cuando se trata de hablar de unas criaturas que le encantan: los extraterrestres. *Tommyknockers* y *El cazador de sueños* son los ejemplos más evidentes, pero existen otros menos claros que prefiero no mencionar para no estropearte las sorpresas que el propio Steven ha escondido en ellos. Presta atención al adentrarte en algunas de sus historias, lector, porque los fantasmas, monstruos, muertos vivientes y demonios pueden ocultar algo proveniente del otro lado del cosmos.

FANTASÍA

Si se tienen en cuenta tanto el currículum profesional como el personal de Stephen King, no debería extrañar que en su bibliografía no se puedan encontrar muchas referencias al género de la fantasía, que no debe ser confundido con el género fantástico, el cual comprende el terror, la ciencia ficción y la propia fantasía. En este caso, y caminando hacia tópicos, clichés y elementos tan familiares como fácilmente reconocibles, si hablamos de dragones, mazmorras, caballeros, princesas, orcos, duendes, paisajes medievales (o próximos), brujos, hechiceras y magia, entonces lo hacemos sobre literatura fantástica. A partir de ahí existen infinidad de autores que, durante años, han plasmado la fantasía desde distintas perspectivas, aunque en la mayoría de casos sin alejarse demasiado de las piezas más clásicas. No es lo mismo el trabajo de J. K. Rowling (*El Ickabog, El cerdito de Navidad*) con el universo del joven mago Harry Potter que el de George R. R. Martin (*El caballero de los siete reinos, Fuego y sangre*) con las descarnadas batallas y los mordientes diálogos de la serie de libros de *Canción de hielo y fuego*, como tampoco se parecen ambos al de Andrzej Sapkowski (*El último deseo, La espada del destino*) con la saga del brujo Geralt de Rivia. Sin embargo, no dejan de ser historias que serpentean por los mismos mecanismos.

Nuestro querido Steve no creció con príncipes rescatando a princesas de pérfidos dragones y malvados hechiceros. Sus padres fueron el terror y la ciencia ficción, los espeluznantes monstruos y los invasores extraterrestres, las aterradoras criaturas de la noche y los misteriosos robots con inteligencia propia. De ahí que al bucear en su recorrido profesional hallemos obras como *El resplandor*, *Cementerio de animales*, *Un saco de huesos*, *Tommyknockers*, *El cazador de sueños* y *22/11/63*, siendo capaz el autor de navegar de un género a otro como si tal cosa. Diría más, porque los dos siempre han dado a luz buenos hijos; si el terror y el suspense suelen tocarse con una sencillez natural, cuando lo hacen el terror y la ciencia ficción no solo no chirría, sino que se espera justo lo contrario. El de Maine lo sabe. No hay que irse muy lejos para confirmarlo. Quienes conocemos el origen de Eso, la malvada entidad de *It (Eso)*, sabemos que el escritor sabe fusionar de manera excelente el terror con la ciencia ficción.

Pero no voy a volver a unas líneas que acabas de recorrer, lector. Lo que quiero decir con esto es que la fantasía y el terror no funcionan tan bien cuando se unen, algo que, siendo sincero, no ocurre con demasiada frecuencia, y estoy siendo amable. Puede que Harry Potter y Geralt de Rivia, regresando a dos de los ejemplos antes citados, de vez en cuando se topen con el terror más puro en sus aventuras, pero son ocasiones muy, muy especiales, alejadas de la tónica regular de los libros que protagonizan. Sin ir más lejos, solo dos de las historias de King que descansan sobre los hombros de la fantasía rozan su género predilecto: *Apocalipsis* y *La Torre Oscura*. Curiosamente (o no), ambas beben con fruición de la literatura de J. R. R. Tolkien, una de las grandes referencias del Rey, en especial a la hora de que los caballeros andantes, los orcos y los enanos sean los absolutos protagonistas. Sobra decir que tanto la lucha entre Randall Flagg y Madre Abigail como la persecución del Hombre de Negro por parte del pistolero Roland no siguen del todo estos indicadores del género.

En realidad, y dejando de lado relatos y narraciones breves, sería más correcto señalar *Los ojos del dragón* y *Cuento de hadas* (*El talismán* y *Casa Negra* acaban aproximándose más a la fantasía de *La Torre Oscura*) como las verdaderas zambullidas del tío Steve en la fantasía más clásica. Si el segundo título es puro C. S. Lewis, el primero bien podría ser para Stephen King lo que *El hobbit* fue para Tolkien. No olvido que el británico aprovechó su novela para expandir el universo de la Tierra Media en forma de *El Señor de los Anillos* y *El Silmarillion*, entre otras obras, existiendo ya retazos del universo de *La Torre Oscura* cuando se publicó *Los ojos del dragón*, pero hay coincidencias imposibles de negar, como que ambos escritos fueron creados en forma de cuento para los hijos de sus autores.

Se podría afirmar que el tío Steve es capaz de jugar con la fantasía de dos maneras diferentes. Por un lado, la mezcla con ciertos aspectos de la literatura de terror, dándole su toque personal e incluso atreviéndose a añadir virutas de algún que otro subgénero como el wéstern que, al final, enriquece el producto final; por otra parte, no hay combinación alguna de conceptos, más bien el abrazo a la fantasía más clásica, la que aparece de inmediato en la mente de la mayoría de los lectores cuando piensan en ella. Dragones, princesas, hechiceros, reyes, castillos... Es aquí cuando el habitual lector constante enarca una ceja, algo extrañado por que el maestro del terror y el suspense se atreva a adentrarse en parajes tan apartados de los que acostumbra a visitar de su mano. Es entonces cuando el narrador revela esa versatilidad que va más allá de cualquier género en el que se (le) haya encasillado previamente. De ahí que, de vez en cuando, King se permita soñar con caballeros de brillante armadura, magos de largas y grises barbas y agradables agujeros en el suelo para bonachones hobbits.

SUSPENSE/THRILLER

Atento, lector, porque pasamos de los terrenos del género fantástico (terror, ciencia ficción, fantasía) a los parajes del suspense y/o el thriller. Dejamos atrás géneros que se pueden mezclar con mejor o peor fortuna con el terror para centrarnos en uno (¿o son dos?) que a veces es confundido con aquel por el que es más conocido el de Maine. Y es que el suspense puede existir sin el terror, pero es tremendamente complicado que en este no hallemos suspense. De ahí que incluso haya editoriales que publican libros de terror en sus colecciones de suspense y/o thriller, bajo etiquetas como las de thriller sobrenatural o thriller fantástico, señalando así, al mismo tiempo, que lo habitual en el suspense y/o el thriller no son los elementos sobrenaturales. Esto también nos conduce a adentrarnos en las diferencias entre thriller y suspense antes de que repasemos cómo es capaz de meternos King el misterio en el cuerpo.

En realidad, suspense y thriller pueden ser lo mismo y diferenciarse al mismo tiempo según el contexto. Si tratamos su definición, son, básicamente, el mismo término, solo que suspense se suele utilizar en español y thriller de manera más internacional. Si nos referimos a conceptos más literarios y editoriales, descubrimos que el thriller se ha ido acercando más al terror, usándose también para concretar, aún más, el género al que pertenece la obra en concreto. De ahí que existan el thriller sobrenatural, el thriller fantástico e incluso el thriller político y el thriller policíaco. Sin ir más lejos, y conectando con este último, hay quienes consideran más próximo el suspense a la clásica novela de misterio y el thriller más afín en numerosas ocasiones a la clásica novela negra y policíaca. De ahí que personalidades como Agatha Christie (*Muerte en el Nilo*, *Cinco cerditos*) y Mary Higgins Clark (*Un grito en la noche*, *Noche de paz*) sean vistas como las reinas del suspense en el terreno literario, y Alfred Hitchcock (*Vértigo*,

Con la muerte en los talones) sea conocido como el maestro del suspense en el séptimo arte; nada de reinas y maestro del thriller (a pesar de ello, al realizador también se le ha acabado apuntando como un genio del thriller psicológico).

Continuando por ese camino, es fácil comprobar que lo fantástico es ajeno a las bibliografías de Christie y Higgins Clark. También a la de Hitchcock, pero en su caso sí que se acercó al terror, sobre todo con dos títulos que son de los más populares de su filmografía: *Psicosis* (*Psycho*, Alfred Hitchcock, 1960) y *Los pájaros* (*The Birds*, Alfred Hitchcock, 1963). En los dos casos, el director adaptó novelas con altas dosis de suspense y no pocas migajas de terror; después de todo, sus autores, Robert Bloch (*Psicosis II*) y Daphne du Maurier (*Rebeca, Mi prima Raquel*), se movían bastante bien entre ambos géneros. Thomas Harris (*El Dragón Rojo, Hannibal*) podría ser otro buen ejemplo de la boda entre el thriller y el terror, mientras el suspense mira, esperando su momento. Por si la saga literaria de Hannibal Lecter no lo dejara bastante claro, sus adaptaciones cinematográficas lo subrayan, dejando, además, un legado de cintas que son el perfecto ejemplo de estas líneas. Entre todas ellas destacan *Seven* (*Seven*, David Fincher, 1995) y *Saw* (*Saw*, James Wan, 2004), las cuales manejan bastante bien el juego entre el suspense y el terror, siendo al final thrillers que en ciertos momentos se inclinan más hacia este; no es casualidad que el realizador de la primera sea considerado como un nuevo Alfred Hitchcock y el de la segunda se haya convertido en una de las grandes figuras del cine de género. No me olvido de mencionar a otro de los sucesores de Hitchcock, aunque más interesado en el thriller fantástico que en el suspense. Me refiero a M. Night Shyamalan; tienes una espectacular filmografía desde *El sexto sentido* hasta *Llaman a la puerta* (*Knock at the Cabin*, 2023) para comprobarlo.

¿Y qué pasa con nuestro querido Steve? Se le ha prácticamente acusado de que en su madurez ha abandonado el terror para centrarse más en el suspense y el thriller, toqueteando la novela policíaca de vez en cuando. Dejando a un lado severas denuncias literarias, arrojadas por lectores que echan de menos los 80 y el terror de obras como *El resplandor* y *Cementerio de animales*, algo de cierto hay. Sin embargo, no olvidemos que el autor nunca ha sido ajeno a meternos el suspense en el cuerpo, siendo un género con el que ha trabajado más incluso que con su querida ciencia ficción. Relatos clásicos como *La primavera de fresa* y *La cornisa* así lo atestiguan. También son buenos ejemplos las novelas cortas *Alumno aventajado*, *1922* y *Un buen matrimonio* (toda la antología *Todo oscuro, sin estrellas* parece una oda al suspense, con *Camionero Grande* regalando magníficas dosis de thriller). Pero es con *Cujo* y *Misery* donde el suspense del Rey más brilla, y eso que, con el tiempo, la segunda ha entrado en el selecto grupo de los thrillers psicológicos. ¿Y thrillers políticos? Algo de eso hay en *22/11/63*, aunque muy leve, nada comparado con *La zona muerta*.

La historia de John Smith es un thriller fantástico y político al mismo tiempo. Hay que recordar que el protagonista posee ciertas habilidades paranormales que usa para atrapar a un asesino en serie primero y detener más tarde a un político destinado a provocar un desastre global. *La zona muerta* se aproxima al thriller sobrenatural y fantástico que más toca el terror pero *La mitad oscura* lo abraza por completo, gracias a ese enfrentamiento que mantiene Thad Beaumont contra George Stark, su «gemelo» paranormal. En *Colorado Kid* se vuelve a cierto suspense antes de pasar una vez más al thriller con elementos fantásticos en *Joyland*, clara precursora de lo que veríamos más tarde en la trilogía de Bill Hodges, quizá los libros que más definen la evolución de Stephen en los últimos años, pasando del suspense y la novela policíaca de *Mr. Mercedes* al homenaje a *Misery* de *Quien pierde paga* y, finalmente, al thriller sobrenatural en *Fin de guardia*, aunque con menos terror del esperado, lo cual toma sentido con *El visitante*.

Entre manos tenemos un título de terror al que King añade elementos policíacos que lo conducen al thriller. Aun así, no nos engañemos: *El visitante* es puro terror. A ratos da la sensación de que la sombra de *It (Eso)* se esconde tras cada página. Poco importa que Holly Gibney sea secundaria de lujo, remarcando ese aire de suspense, misterio e investigación de *Mr. Mercedes*. *El visitante* lleva la capa del miedo, casi la misma que *Después*, con sus elementos criminales, fantasmas y algo más que se esconde en las profundidades de la oscuridad. Da la impresión de que su creador quiere soltarlo todo antes de encarar el suspense de *Billy Summers* y el thriller de *Holly*; mientras que el primero parece tener que agradecerle mucho al trabajo de Lee Child (*Un disparo, Mala suerte*), creador del personaje Jack Reacher, el segundo le debe mucho al ya mencionado Thomas Harris y su buen amigo el doctor Hannibal Lecter. El terror no es la única forma que tiene Steven de inquietar.

EL CINE

Este caso es bastante curioso. Si recuerdas bien, lector, el tío Steve se crio con grandes dosis de cine de género fantástico, sobre todo de ciencia ficción y terror. Programas de televisión y sesiones en la pantalla grande repletas de extravagantes alienígenas, horripilantes monstruos de corcho, espeluznantes fantasmas y brutales asesinos sirvieron para crear al amo del miedo. Esa afición por el séptimo arte nunca ha desaparecido, todo lo contrario, parece haber ido a más, con King dando su opinión sobre películas y series en artículos, reseñas, análisis e incluso redes sociales, donde es bastante fácil que pueda cruzar sus elogios (o críticas) con los artífices de las producciones. Incluso su estilo literario, del que te hablaré más adelante, está tremendamente influenciado por un modelo cinematográfico que, en especial en los 80, él mismo ayudó a impulsar, sirviendo de referente a toda una generación de cineastas amantes del horror y la fantasía. Sin embargo, solo hace falta echar un breve vistazo a la bibliografía del autor para confirmar que, a pesar de sus fuertes conexiones con el cine, no hay ningún trabajo dedicado por completo a este.

En realidad, sí que lo hay. *Danza macabra* sí que guarda no pocos capítulos en los que el de Maine se explaya a gusto, aunque siempre recomendando filmes, hablando del impacto que tuvo el séptimo arte en él y analizando la manera en la que el cine ha tocado su obra, al menos, la que tenía publicada en el momento del lanzamiento del trabajado volumen. Más allá de eso se pueden encontrar innumerables menciones, referencias y guiños a películas, series y programas de televisión en la mayoría de sus libros. Es algo lógico si atendemos al hecho de que la figura del Rey y la cultura popular han ido muy ligadas. También porque es un escritor al que le entusiasma mostrar la sociedad en la que se mueven los protagonistas de sus historias, no escatimando en detalles, sea cual sea la época en la que se mueven. Y si esos apuntes sirven para confeccionar una narración verosímil y apegada a nuestra realidad, con más interés los va a incluir.

Los ejemplos serían casi interminables. Quizás uno de los más evidentes se halle, de nuevo, en *It (Eso)*, con la entidad conocida como Eso transformándose en ocasiones en algunos de los monstruos cinematográficos que más asustan a los niños de la novela. Hay que recordar que parte de la trama principal tiene lugar en los años 50, por lo que las apariciones del hombre lobo, la criatura de Frankenstein y el engendro de la laguna negra son algunas de las más peligrosas para los jóvenes de Derry. Steven llena también *El cazador de sueños* de alusiones a *Alien, el octavo pasajero* (*Alien*, Ridley Scott, 1979); desde menciones a Jonesy, el gato de la nave Nostromo, hasta a la propia teniente Ripley, uno de los personajes más queridos y recordados de Sigourney Weaver (*Los Cazafantasmas, Avatar*). Y, por supuesto, no hay que olvidar que *Después* es *El sexto sentido* «dirigida» por el maestro del terror escrito. Aun así, se le echa de menos un título, tan ambicioso como los mencionados, dedicado por completo a una fuente de la que bebe tantísimo.

LA MÚSICA

Puede que el cuarto arte no tenga la importancia que guarda el séptimo en la bibliografía del maestro del terror, pero hay que señalar que está cerca de hacerlo. Muy cerca, en realidad. A pesar de que el autor siempre acabe hablando sobre el cine al referirse a muchas de sus referencias y el impacto en su vida personal (cuando no se centra en la propia literaria, claro está), resulta imposible negar cómo le ha tocado la música, valga la redundancia. No han sido pocas las veces que ha admitido que trabaja con el rock a tope, encerrado en su despacho escuchando a AC/DC, Metallica y Guns N' Roses a todo trapo, algo curioso para ser un novelista que aconseja apartar cualquier distracción, como el teléfono y la televisión, durante el proceso de escritura. El objetivo es aislarse del mundo, cerrarle la puerta. Y él lo hace habitualmente con la música.

No comentaré ahora mismo nada acerca de los Rock Bottom Remainders. Tampoco hace falta que te recuerde las donaciones que el Rey realiza con regularidad a radios locales. Lo que sí resulta adecuado es recalcar la gran cantidad de canciones, letras de las mismas, músicos, cantantes y bandas que aparecen en sus libros con una regularidad casi obsesiva. Cierto es que eso también sucede con películas y series de televisión, como con muchos otros ejemplos de áreas artísticas y obras de la cultura popular. Sin embargo, mientras que en la larga lista de sus historias no podemos hallar una dedicada en exclusiva al cine (salvo pequeños detalles diseminados por aquí y allá), sí que es fácil lograrlo cuando son sus melodías favoritas las protagonistas, ayudándonos a localizarlas y conocerlas como otros muchísimos matices de los espacios más personales de su existencia.

Quizá *Cementerio de animales* se centre más en la muerte, en la fragmentación de la familia y el dolor que en la música, pero las referencias a los Ramones la llenan tanto que era inevitable que de ahí naciera el deseado acercamiento entre el tío Steve y la banda de punk rock, de la que él ya era gran fan. Ese fue el germen de la popular canción *Pet Sematary*, tema principal de *Cementerio viviente* (*Pet Sematary*, Mary Lambert, 1989), incluido en el álbum *Brain Drain*. Tampoco es que *Desesperación* sea un tratado musical, aunque es imposible que el personaje de Steve Ames, hombre para todo y organizador de conciertos de rock, pase desapercibido, y menos si en la novela acompaña a John Marinville, escritor superventas, celebridad americana y conductor de una Harley Davidson. Si te suena de algo, lector, no te asustes, porque es del todo natural. Algo similar ocurre en *Revival*, con el protagonista, Jamie Morton, convirtiéndose en un músico acosado por las adicciones y con su carrera en declive por estas, lo cual aprovecha Stephen para darnos una buena ración de conciertos, bares, instrumentos y melodías, sin que el manuscrito en sí esté dedicado a todos estos conceptos.

Y es que solo hay que fijarse superficialmente en el trabajo de Steven para descubrir que cada una de sus novelas (con cuentos y antologías no ocurre tanto) parece tener una banda sonora propia o, al menos, una banda, un músico o un par de canciones que la sobrevuelan durante todas sus páginas. Los Rolling Stones, Bruce Springsteen, Bob Dylan, Queen, Beach Boys, Neil Young, Blue Öyster Cult, AC/DC, Sex Pistols, Metallica, los Beatles, Creedence Clearwater Revival, Guns N´ Roses, Chuck Berry y los Ramones, entre muchos otros, son habituales en sus escritos, aunque, como todo el mundo, tiene sus favoritos. Los mencionados Ramones (él considera que salvaron el rock and roll cuando había que salvarlo), los Rolling Stones y AC/DC son los más evidentes, pero es la discografía de los Beatles la que más presencia tiene en su bibliografía. *El resplandor*, *La zona muerta*, *Danza macabra*, *El cazador de sueños*, *Duma Key* y *Doctor Sueño* son algunos de los libros en los que se puede localizar a los de Liverpool, cuya canción *She Loves You* es la favorita del de Maine de todo su repertorio. Sin embargo, no todo va a ser rock, punk y metal en su vida, porque el country también es uno de sus géneros musicales preferidos, con los acordes de Waylon Jennings en cabeza, sin desmerecer el gusto que tiene por Ryan Adams y Old 97's. El rap, la música electrónica, el pop y la música disco también le atraen, como indica que en ocasiones nombre a grupos como LCD Soundsystem y a artistas como Rihanna, Fatboy Slim y Lou Bega. A propósito de este, King se obsesionó de tal forma con su famoso tema, *Mambo No. 5*, que Tabitha amenazó con matarlo y abandonarlo (lo uno o lo otro según el día) si no dejaba de escucharlo de una vez. Parece que logró que descansara un poco de tan pegadiza melodía.

Pero si hay historias que condensan bien el amor de nuestro querido Steve por la música en general y por el rock en concreto, sobre todo por el rock de los años 50, esas son *Christine* y *¿Sabes? Tienen un grupo de la leche*. Durante su lanzamiento, la pesadilla de Arnie Cunningham con su Plymouth Fury del 58 recibió duros análisis de no pocos críticos que argumentaban que más que una novela parecía una banda sonora, una lista de reproducción de canciones para quienes añoraban los tiempos de los coches rápidos, los batidos de colores, las hamburguesas baratas y los inicios del rock and roll. Ignoraron tanto el trasfondo como el hecho de que las canciones incluidas por el autor conectan de manera íntima con los personajes, las distintas tramas y el misterio tras Christine, sin olvidar su buen o mal humor, llegado el momento. Por otro lado, el relato que forma parte de la antología *Pesadillas y alucinaciones* nos habla de lo que les ocurre a muchas personas desaparecidas a las que nunca encuentran, gente que se adentra en carreteras secundarias que atraviesan bosques infinitos hasta alcanzar un fatal destino. En este caso, los protagonistas acaban en una pequeña comunidad, anclada en los 50, donde el rock reina por encima de todo y gobernada por artistas muertos, entre ellos, el mismísimo Elvis Presley, otro Rey. Al final, por más que otros géneros musicales toquen el corazón del creador de *Mr. Mercedes*, su auténtico amor es el rock. No es casualidad que Castle Rock, su pueblo ficticio más popular, reciba ese nombre. El Castillo del Rock. Un hogar perfecto para un King.

HISTORIA AMERICANA

Existen multitud de formas de estudiar historia, historia de los Estados Unidos de América, en este caso concreto. Lo más lógico y evidente es acudir a los libros de historia, académica o extraoficialmente, pero cualquiera de las dos maneras es un método correcto de adentrarse en profundidad en la historia del país, mediante unos mecanismos adecuados, precisos y profesionalizados. Sin embargo, existen otras vías de educación y aprendizaje que también son válidas, aunque menos ortodoxas desde el punto de vista de los expertos más escrupulosos. Ahí se encuentran los documentales, por ejemplo, donde el aspecto audiovisual hace su entrada, extendiéndose a las películas y series, donde las dramatizaciones pueden provocar que el interesado confunda algunos datos en según qué casos. Si se habla de historia moderna, colocando el punto de mira en las últimas décadas del siglo XX y lo que llevamos del XXI, con la cultura popular interrelacionada con el avance de la historia estadounidense, hay una obra perfecta para absorber los componentes básicos de esta: *Los Simpson* (*The Simpsons*, Matt Groening, 1989). No por nada sus protagonistas son considerados los componentes de la familia favorita de Norteamérica (con permiso de ciertos Addams).

Visionar *Los Simpson* desde el principio supone toda una lección de historia sobre los Estados Unidos desde todas las perspectivas posibles: cultura (literatura, música, arte, cine, televisión), política, sociedad, tecnología, sanidad... Se trata de una serie que lleva décadas emitiéndose, ostentando récord tras récord de capítulos televisados, lo que hace que resulte lógico que su evolución haya ido a la par que la de la vida de los habitantes del país y viceversa. Al fin y al cabo, la propia producción se centra en el día a día de una familia media de Estados Unidos, siendo una sátira de la sociedad de la nación de las barras y estrellas. En pocas palabras, la trama principal de *Los Simpson*, la que sigue captando a telespectadores de todas las generaciones durante años, va de eso. Es su centro, su corazón, su pilar. Sin ese objetivo, no hay Homer, Marge, Bart, Lisa, Maggie y, mucho menos, pueblo de Springfield. Y, aun así, las aventuras de estos personajes han acabado yendo más allá, narrando no solo la historia de los Estados Unidos de América desde una visión tan ácida y divertida como inteligente y gamberra, sino también la del mundo entero. *Los Simpson* nos cuenta lo que es Estados Unidos, y por encima de ello lo que significa ser humano. Lo mismo hace Stephen King.

Si se atiende a la fecha de publicación de *Carrie*, se puede asegurar, sin ninguna duda, que el de Maine lleva más tiempo publicando libros que su amigo y compañero de escritura, Matt Groening, jugando con los clichés de las familias norteamericanas gracias a los vecinos de Springfield. El objetivo de la literatura de nuestro querido Steve no es el mismo que el de la serie animada, aunque se tocan en diferentes puntos. Al autor le encanta mostrar las bondades y maldades, las virtudes y defectos de un país que ama la gran mayoría del tiempo, sabiendo el momento exacto en el que criticarlo con la dureza y la objetividad necesarias para el mensaje que trata de transmitir. Sus textos, repletos de una cotidianidad familiar y cercana para el habitante de cualquier rincón del planeta, muestran el avance de la historia de Estados Unidos durante los últimos años de la era moderna. Si el lector devora cronológicamente la bibliografía del novelista es fácil que descubra que cada vez sabe más de un país clave para comprender la cultura popular, tal y como la entendemos hoy, de la que han bebido, beben (bebemos) y beberán millones de personas. Sin ir más lejos, el propio Steven ha aprovechado a veces la ocasión para añadir ciertas actualizaciones al respecto en algunos de sus manuscritos. De ahí que, por ejemplo, muchas de las principales diferencias que tiene *Apocalipsis* con respecto a *La danza de la muerte*, su primera versión, estén vinculadas con las novedades vividas en la cultura pop entre los años transcurridos entre una y otra.

En *El misterio de Salem's Lot*, la televisión por cable es aún algo que no llega a todos los rincones del país, pero en *Billy Summers* servicios como Netflix son lo más común del mundo. La telefonía móvil es algo casi futurista en *El resplandor*, aunque en *Cell* resulta tan normal que cada persona tenga un moderno teléfono móvil pegado a la oreja que el Rey utiliza la monstruosa zombificación que causan los aparatos para criticar la metafórica que para él sufre la sociedad dentro y fuera de la historia. Sin embargo, quedarse en los avances tecnológicos sería algo simplista, pues el escritor también ha aprovechado cada momento histórico, cada logro humano, cada acontecimiento importante (sea bueno o malo) para marcarlo en sus obras. La llegada de los distintos presidentes a la Casa Blanca, el poso racista que aún sigue quedando en el país, los incidentes con armas y la facilidad con la que pueden adquirirse, el asesinato de Kennedy, el atentado que derribó las Torres Gemelas, las luchas por los derechos civiles... Incluso se han dado situaciones en las que parece que ha visto el futuro. ¿No da la sensación de que los estragos que provoca el Capitán Trotamundos en *Apocalipsis* son exactamente iguales que los producidos por el covid-19? ¿No da la impresión de que el desagradable, cobarde y cruel Greg Stillson, el político antagonista de *La zona muerta*, es una versión en papel de Donald Trump, por quien el narrador no siente demasiada simpatía? Sí, hay ocasiones en las que la literatura de Stephen King no solo sirve como guía de historia americana, sino también como manual de lo que va a ocurrir. Al igual que *Los Simpson*, por cierto.

TALENTOS INUSUALES

¿Cree Stephen King en las habilidades telequinéticas? ¿Piensa que de verdad existe la percepción extrasensorial? ¿Acepta que los fenómenos psíquicos puedan ser reales? Si se atiende a su bibliografía, la respuesta sería bastante directa y simple: sí. Sin embargo, hay que recordar que es un autor de ficción, con el género fantástico como principal interés, y eso incluye que a veces escriba historias sobre adolescentes que mueven objetos con la mente, niñas que prenden a la gente en llamas con solo una mirada y profesores que ven ecos del futuro simplemente con tocar a otra persona. Eso no significa que el novelista crea, aunque tampoco que no lo haga. Lo que sí confirma es la gran fascinación que siente hacia este tipo de aptitudes.

La opinión del de Maine con este tema se ha ido matizando con el correr de los años, como con otros, si se presta atención a las innumerables entrevistas que ha dado y a los infinitos artículos que se han escrito acerca de su persona. Nuestro querido Steve no cree en tales fenómenos, pero también señala que la propia comunidad científica no ha alcanzado una opinión clara al cien por cien, de lo cual se queja, pues preferiría que se llevasen a cabo investigaciones y evaluaciones más rigurosas para que, al menos, no fueran asuntos con los que pudieran jugar aquellos capaces de aprovecharse de la ingenuidad de quienes les rodean. Aun así, confiesa que, en realidad, no hay que descartar de plano el mundo psíquico solo porque no se pueda entender cómo funciona y las reglas bajo las que opera. Para subrayar esa petición de mantener nuestra mente abierta nos muestra dos ejemplos: uno personal y otro histórico.

En el primero, hay que regresar al pasado, concretamente a esa anécdota, reflejada en páginas anteriores, protagonizada por el propio escritor y el bueno de su tío Clayton, quien aseguraba ser zahorí. King ya por entonces era algo escéptico con respecto a la radiestesia, hasta que la experimento, poco antes de que hallaran el pozo de agua que no debían encontrar según los dictados de la lógica. Por otro lado, también recuerda los reconocidos y documentados experimentos que tanto el gobierno de Estados Unidos como el de la Unión Soviética llevaron a cabo durante la Guerra Fría, con el objetivo de usar habilidades psíquicas como la levitación, la telepatía y la telequinesis con propósitos militares. Algo hay, vendría a decir así el Rey. Su trabajo bien demuestra ese «no pero sí».

Tirando de este hilo, es fácil descubrir en algunas de sus obras lo en serio que se toma tales investigaciones gubernamentales. *Ojos de fuego* y *El Instituto* son las más representativas (la segunda puede tomarse a ratos como una extensión de la primera), opacadas en cantidad por la otra manera que tiene Steven de observar este tipo de fenómenos psíquicos. Si esos dos libros se centran en habilidades logradas artificialmente (en el caso de Charlie McGee encontramos una mezcla de ambas, pues son sus padres quienes participan en unas pruebas con drogas experimentales que les otorgan capacidades sobrenaturales que luego hereda ella de forma diferente), son muchos más los que las muestran como aptitudes naturales. Carrie White las consigue gracias a su progenitor; los protagonistas de *El cazador de sueños* las ganan por medio de su amigo Duddits, quien parece poseerlas desde siempre; algo similar ocurre con el John Coffey de *La milla verde*, siendo también capaz de compartir parte de esos dones con quienes tiene cerca si así lo desea; y las primeras páginas de *La zona muerta* nos invitan a pensar que el extraordinario camino de Johnny Smith es el mismo.

Con respecto a términos y definiciones, si bien el de Maine prefiere denominar estos fenómenos como talentos inusuales, concepto acuñado por el también escritor Jack Vance (*La tierra moribunda*, *Hombres y dragones*), él mismo acabó por darles un nombre que ha ido utilizando con frecuencia en el llamado Kingverso: el resplandor. En la novela homónima, el personaje de Dick Hallorann ya deja bastante clara la división que el propio King lleva a cabo durante buena parte de su bibliografía, señalando que el resplandor, que tanto él como Danny Torrance tienen, suele ser definido por la Biblia como visiones y como precognición por la comunidad científica. El cocinero del Overlook le cuenta al niño que el resplandor está en todos nosotros de alguna manera, solo que para unos pocos es algo que roza lo milagroso y para otros muchos se encuentra más cerca de la intuición o de un instinto muy aguzado. Tal resplandor aparece de forma directa en obras como *Apocalipsis*, por parte de Madre Abigail, y en otras ocasiones de maneras más sutiles, sin que el novelista tenga siquiera que mencionarlo así. Sin embargo, como otras ideas propias del mundo que ha ido creando historia a historia, siempre parece estar ahí, muchas veces solo a la vista de los más fervientes lectores constantes. Y hablando de expresiones inventadas por el autor, también está la de piroquinesis, la capacidad psíquica que permite a una persona crear y controlar el fuego con la mente. *Ojos de fuego* sirvió para popularizarla.

A estas alturas seguro que no te extraña, lector, que los personajes con los que Stephen más conecta este tipo de talentos inusuales (o resplandores) sean los de menor edad, es decir, los niños y jóvenes, explicando por el camino que la aparición de los fenómenos psíquicos se debe en muchas ocasiones al padecimiento de un suceso traumático o la llegada de la adolescencia, acercándolos a referentes del mundo del cómic como la Patrulla-X (X-Men) de Marvel. Hablo de superhéroes mutantes temidos y odiados por aquellos a quienes protegen, con unos poderes que surgen cuando las hormonas empiezan a bullir, en algunos casos, como los de Charles Xavier y Jean Grey, relacionados con habilidades psíquicas y telequinéticas; sin ir más lejos, el primero, fundador y a veces líder del equipo, prefiere tratarlas como talentos, al igual que Vance y el propio King. Como en estas publicaciones, en los libros del Rey también se muestran los pros y contras de estas aptitudes, tanto dones como maldiciones (que se lo pregunten a Johnny Smith y a John Coffey) que también pueden manejar los adultos, aunque con menor soltura (el Dan Torrance de *Doctor Sueño*), e incluso los monstruos, humanos e inhumanos (ver la trilogía de Bill Hodges). Nadie está a salvo de las obsesiones del tío Steve.

EL MIEDO

¿Qué sería de un escritor de terror sin el miedo? Algo así como un carpintero sin madera, un pescador sin barco o un profesor sin alumnos. Si estás atento, lector, podrás comprobar que los tres ejemplos son diferentes tanto en forma como en fondo; del carpintero he señalado el material con el que trabaja, del pescador una de sus herramientas y del profesor hacia quienes van dirigidas sus enseñanzas. No me he equivocado, pues el miedo lo es todo, más aún para el autor de uno de los tres géneros del fantástico; el miedo es el material, es la herramienta y es el fin último del creador de terror. En sus manos es infinitamente maleable, pero no va solo en una dirección, sino que se mueve también de dentro afuera, tanto para el lector como para el propio constructor de pesadillas. ¿Qué busca? Que se pase miedo con lo que escribe, que no deja de ser la representación de su imaginación en la realidad física. Sin embargo, esto sería simplificar mucho el concepto del miedo para un escritor de terror, sobre todo si hablamos de Stephen King.

Muchos han señalado que el de Maine bien podría ser un perfecto psicólogo y/o psicoanalista, dado su gran conocimiento de la psique humana. De igual forma se ha asegurado que no se le daría nada mal dedicarse profesionalmente a la filosofía, si se tiene en cuenta el entendimiento que posee acerca de nuestras claves existenciales como especie; desde aquello que nos mueve hasta lo que nos aterroriza. La clave en ese caso es el miedo que el autor sabe utilizar a la perfección; si un escritor busca crear emociones en el lector (alegría, tristeza, ansiedad, asco, sorpresa), él no es diferente, enarbolando la bandera del pánico, aunque no solo para que el lector lo sienta con sus historias, sino también para que se enfrente a sus demonios personales desde una distancia tan ociosa como segura. Alguien que sufra un miedo terrible a las ratas a duras penas aguantará encontrarse con una cara a cara. Pero ¿y sumergirse en la lectura del cuento *El último turno*? Eso ya es otra cosa. ¿Y si el lector padece de coulrofobia, el popular miedo a los payasos? Adentrarse en *It (Eso)* podría ser una estupenda manera de luchar contra ello desde una posición segura; en cuanto Pennywise se vuelva demasiado insoportable, solo hace falta cerrar la novela hasta recuperar algo del valor perdido.

Podría decirse que al igual que Steven ve los libros como magia única portátil, también los considera psicólogos de bolsillo (o no tan de bolsillo si son de tapa dura; disculpa la broma) capaces de tratar nuestros traumas, también los del propio autor, por supuesto. El propio King ha confesado que mientras escribía *El resplandor* y creaba a Jack Torrance, ni siquiera era consciente de que dibujaba a una parte de él mismo en la que temía convertirse, es decir, un escritor frustrado, demasiado aficionado a la bebida y a los ataques de ira contra su familia; sí estaba más enterado de lo que hacía al construir *Cementerio de animales*, donde el miedo a perder a sus hijos y volverse loco por ello, como le ocurre a Louis Creed, es uno de los grandes protagonistas; mucho se ha comentado sobre cómo la Annie Wilkes de *Misery* representa su adicción a las drogas y el modo en que estas lo forzaban a escribir día y noche, en una relación de amor y odio similar a la que Paul

Sheldon padece con la particular enfermera; y editar y participar en la antología *Por los aires*, dedicada a todo lo que puede salir mal cuando uno está suspendido a diez mil metros de altura, tuvo sentido para alguien como él, que aborrece volar.

¿Qué más le da miedo al tío Steve? Romper un espejo y vivir siete años de mala suerte, por ejemplo, demostrando así que es bastante supersticioso, de ahí que tampoco le haga demasiada gracia cruzar por debajo de una escalera. Algo de eso también se halla en su pánico por el número trece (en cambio, el siete es su favorito), padeciendo la llamada triscaidecafobia, hasta el punto de que nunca deja de escribir en la página trece o en uno de sus múltiplos, deteniéndose cuando alcanza lo que él llama una página segura; realiza el mismo «ritual» al leer. Una vez se vio obligado a volar un viernes trece y, efectivamente, lector, no tuvo un buen día. Continuando con lo que le da escalofríos, el Rey no siente muchas simpatías por los bichos en general y por las arañas grandes y peludas en particular. Le asustan los atragantamientos desde que uno de sus hijos casi se asfixia en la cama justo en el mismo instante en el que, lejos de allí, su madre, Nellie Ruth Pillsbury, moría de cáncer. No es ajeno a los estremecimientos que produce la oscuridad, los cuales considera algo primigenio, natural, que todos llevamos dentro, no comprendiendo cómo puede haber gente que carezca de ellos cuando las sombras dominan una habitación. Le aterra padecer alzhéimer y acabar sus días sin recordar quién es, quiénes son los familiares que le rodean y las historias que ha creado durante años. Esto conecta con su pavor por el temido bloqueo de escritor. Para Stephen, escribir es necesario para seguir cuerdo; como señalaba antes, es la forma que tiene de exteriorizar sus inseguridades, miedos y terrores nocturnos. Lo hace sobre el papel, como muchos terapeutas indican a sus pacientes a la hora de aconsejarles que escriban los demonios que les acosan. En vez de pagar a un psiquiatra, los lectores constantes le pagan a él, tanto para que les psicoanalice como para que se psicoanalice él mismo en las novelas y relatos.

Mucho de eso hay en *It (Eso)*. De todos los títulos de la extensa bibliografía de nuestro querido Steve es el que mejor y más trata el tema del miedo, llegando a considerarse desde ciertos puntos de vista como un ensayo sobre el mismo. No es para menos si se observa que el antagonista principal, la criatura denominada como Eso, se transforma en lo que más temen sus víctimas, entre otras razones porque el miedo les otorga un mejor sabor, y así puede devorarlas con mayor disfrute. La entidad que se esconde en las alcantarillas de Derry se convierte durante páginas y páginas en una infinidad de monstruos y fobias construidas alrededor del personaje ante la que se presenta. Esto sirve para conocerlos más profundamente, ahondar en esos miedos y desarrollarlos antes de comprobar quiénes son capaces de superarlos... o no, cayendo así en las garras de la bestia. Es lo que ocurre con los Perdedores, aún más cuando son adultos y deben regresar al pueblo, comprobando cómo los traumas de la infancia les golpean con tanta fuerza que apenas se ven competentes para encarar el nuevo desafío que les plantea su viejo enemigo. King utiliza así a Eso como una metáfora de los traumas que nos acompañan toda la vida, aunque crezcamos y abandonemos el lugar que tanto ayudó a que los tuviéramos. Al fin y al cabo, a veces, al temer pronunciar el nombre de esos traumas, al horrorizarnos el darles una definición concreta a esos miedos, los tratamos como algo impreciso. Como si fueran un... eso.

EL TERROR COTIDIANO

Imagina, lector, que un hombre llega a casa tras una dura jornada de trabajo. Se prepara algo de comida, saca una cerveza bien fresca de la nevera y lo dispone todo en la mesa del salón, junto a su sillón favorito, listo para consumir las viandas mientras disfruta de una buena película. De repente, un crujido llama su atención. Baja el volumen del televisor tratando de descubrir de dónde proviene el extraño sonido, pero no capta nada. Sigue a lo suyo antes de que un chirrido más fuerte le provoque un escalofrío. Las luces de la estancia parpadean de forma inquietante. Varios chasquidos más le rodean. Surgen de la llamada caja tonta. Se aproxima a ella, lentamente, notando cómo el sudor le cae por la espalda, sudor que sabe a miedo. Traga saliva. No parece que ocurra nada. Sin embargo, dos largos y monstruosos brazos salen despedidos de los laterales del aparato, lanzándose a por él, al mismo tiempo que la pantalla se transforma en una boca repleta de colmillos que solo ansía una cosa: su sangre.

Quizás el ejemplo que he puesto no haya sido el mejor. Puede que sea algo tosco, poco inspirado y que se halle a kilómetros de distancia incluso de la historia más floja de Stephen King. Aun así, creo que sirve para comenzar a hablar de su terror cotidiano, una de sus principales marcas, una de las más importantes razones por las que millones de lectores (constantes o no) devoran con pasión sus libros. Observándola con perspectiva, las líneas anteriores bien podrían acercarse a algunas de las obras breves incluidas en *El umbral de la noche*. Me refiero a cuentos como *La trituradora* y *Camiones*, en los que los objetos inanimados más cotidianos del mundo adquieren vida propia para causar a los protagonistas las más terribles pesadillas. *Christine* también se suma a esa fiesta, siendo el Plymouth Fury del 58 uno de los peores y más populares monstruos del universo del escritor. Algo así ocurre también con el Buick de *Buick 8: Un coche perverso*, capaz de tragarse a la gente como si fuera un portal a otro mundo. ¡Un portal a otro universo en un Buick! La peor amenaza donde menos se la espera.

Sin embargo, cuando se señala el terror cotidiano del de Maine, no se hace solo referencia a que las cosas del día a día se transformen en horrores inimaginables. Es algo más profundo que eso.

En *El resplandor* descubrimos que el hotel Overlook es mucho más que un simple centro de hospedaje, pero la novela va más allá. El foco se coloca en una familia normal y corriente, como la que cualquiera podría tener, como la que cualquiera de nosotros podría conocer (y seguramente conoce), siendo devorada tanto por los horrores del edificio como por la misma destrucción del núcleo familiar. *Cujo* personifica el terror en un perro con rabia, una figura que no es inverosímil, ni se encuentra alejada de la realidad, sufriendo la protagonista y su hijo un episodio que podría ser un terrible suceso que recogieran los informativos de la noche de cualquier zona del planeta. En *Cell* el peligro sobrenatural proviene de los teléfonos móviles, capaces de crear todo un apocalipsis de zombis que van evolucionando; imposible pasar por alto la afilada crítica hacia unos aparatitos que son, a estas alturas de nuestra cultura, un sinónimo de lo cotidiano.

Pero aún hay más, lector, porque esa cotidianidad también suma enteros a la hora de acrecentar la familiaridad que cualquiera puede sentir al sumergirse en las páginas de la obra del Rey. No es complicado sentir cercanía con la familia Creed de *Cementerio de animales*, una de las mejores demostraciones de cómo el más absoluto horror sobrenatural puede atropellar a unos personajes que bien podrían ser nuestros vecinos, seamos de donde seamos. Algo similar ocurre en *Desesperación*, donde resulta sencillo identificarse con algunos de los protagonistas, los cuales hay para todos los gustos (incluyendo el escritor marca King). El viaje y las anécdotas de los jóvenes de *El cuerpo*, la amistad de los héroes de *El cazador de sueños* y el día a día del niño, y luego adolescente, Jamie Conklin de *Después* son otros buenos ejemplos de cómo el tío Steve mezcla lo fantástico con lo cotidiano y lo cercano para crear pesadillas capaces de provocar escalofríos solo con el temor a que de verdad se escondan en los pliegues de nuestra realidad. Como si fuera lo más fácil del mundo, el maestro del terror logra que creamos que criaturas como Pennywise, Tak y el Coco pueden surgir de debajo de nuestra cama (o de dentro de una alcantarilla) al diseñar y construir alrededor de ellas escenarios, personajes y situaciones familiares aunque vivamos a miles de kilómetros de Maine.

Al leer *El misterio de Salem's Lot* da la sensación de que volvemos al pueblo que le da nombre como si fuéramos el mismísimo Ben Mears. Stephen lo dispone todo de tal manera que nos invita a entrar en una pequeña localidad que conocemos, que habitamos, en la que hemos vivido o que nos suena de algo; desde el carácter de los vecinos hasta los establecimientos, pasando por cientos de los detalles que podríamos creer nimios con un simple vistazo, pero que no lo son, pues todos juntos constituyen ese microcosmos que notamos tan familiar, tan cercano, tan... cotidiano. En la novela corta *Dos cabrones con talento*, incluida en la antología *Si te gusta la oscuridad*, el autor reflexiona sobre el talento innato y la capacidad artística, mientras surca los recuerdos del protagonista acerca de su padre y su mejor amigo. La forma en la que Steven va desgranando sus vidas, colmándolas de pequeñas características reconocibles al instante, es lo que consigue que tantos millones de lectores conecten con sus historias. Da igual que los personajes se llamen Jack Torrance, Stu Redman, Mike Noonan o Dolores Claiborne; poco importa que sus relatos transcurran en comunidades que nunca hemos pisado; da igual que sus costumbres no sean las nuestras; nos son familiares desde el primer segundo. Es el terror de quien tiene el don de meterlo en nuestros hogares. Donde más cotidiano es. Donde más miedo da.

UN ROMÁNTICO

A pocos podrá sorprender a estas alturas que Stephen King sea, y no en el fondo, todo un romántico. Y mucho menos a sus lectores constantes, quienes han (hemos) visto la evolución y cambios de sus trabajos durante décadas. En su momento, asombró que la mente que estaba tras *El resplandor* fuera capaz de parir *Dolores Claiborne* antes de adentrarse en otras obras alejadas del horror que lo encasillaba como *La milla verde*, *La chica que amaba a Tom Gordon* y *La historia de Lisey*. Sin embargo, con el paso del tiempo, Steven ha perdido ese aura de maestro del terror para convertirse en un maestro a secas, capaz de escribir de todo, sobre todo y lograrlo con matrícula de honor. Tampoco extraña si se tiene en cuenta que las semillas siempre estuvieron ahí; lo que dio de sí en los 90 ya se encontraba en *Las cuatro estaciones*, publicada años antes; y tanto la ciencia ficción de *22/11/63* como la novela policíaca de *Mr. Mercedes* también se hallaban en cuentos y relatos diseminados por antologías lanzadas con mucha anterioridad. Pero ¿también era ya el de Maine un romántico por entonces? ¿Se podría decir que es el Corín Tellado (*Lo hice por tu amor*, *Destinos de amor*) estadounidense?

Bromas aparte, como gran conocedor de las relaciones, sentimientos y emociones humanas, el Rey nunca ha podido (¿ni querido?) dejar de lado las interacciones románticas entre algunos de sus personajes, siempre que estos y la historia lo han solicitado, claro. Aunque ya en *Carrie* y *El misterio de Salem's Lot* te puedas topar con algo, lector, es a partir de *El resplandor* cuando el amor flota en el aire con mayor presencia; después de todo, en la primera novela las hormonas dominan los vínculos íntimos y en la segunda no da tiempo de explotar lo que se va construyendo entre Ben Mears y Susan Norton. Más romanticismo hay en el matrimonio formado por Jack y Wendy Torrance, con esa complicidad que solo se puede conseguir tras años con la misma persona. Nuestro querido Steve se pone más cariñoso y trascendental en *Apocalipsis*, en especial al tratar lo que surge entre Fran Goldsmith y Stu Redman, al principio un triángulo en el que también se encuentra Harold Lauder, al que el escritor utiliza para mostrar la peor cara del amor: obsesión, celos y odio. Fiel a sus costumbres, el novelista no retrocede a la hora de exhibir tanto lo bueno como lo malo de un concepto, de una idea o, en este caso, de un sentimiento. Hay que imaginar, y seguro que se acierta al hacerlo, que la relación entre Annie Wilkes y Paul Sheldon en *Misery* posee algunos de esos ingredientes. ¿Es adoración lo que la enfermera guarda hacia el escritor? ¿Veneración? ¿Idolatría pura? ¿Puro amor malsano? ¿Algo más? Al fin y al cabo, también se podrían conectar estos sentimientos con el propio personaje ficticio de Misery Chastain, ficticio para el común de los mortales, pero muy real (a ratos) para la pérfida sanitaria.

Continuando en orden, es obligatorio detenerse en *La zona muerta*, la primera novela del autor en la que una verdadera historia de amor, de las que trascienden el tiempo y el espacio, tiene lugar. Hablo de la de Johnny Smith y Sarah, novios antes del accidente del primero y separados por el terrible destino; Stephen los aprovecha para dejarnos algunas de las frases más dulzonas que ha redactado nunca. Quizás el matrimonio de *Cujo* no se encuentre en la misma línea, aunque su reencuentro en *Serpientes de cascabel*, novela corta publicada en la antología *Si te gusta la oscuridad*, nos regala un poso más agradable. *Christine* vuelve a ofrecer parte del rostro tenebroso del amor, y no me refiero al triángulo amoroso configurado por Arnie, Dennis y Leigh. Más costumbrista y cotidiana es la unión entre Rachel y Louis Creed de *Cementerio de animales*, unión familiar, además, con sus más y sus menos, sus luces y sus sombras, tan realista y verosímil como cualquiera de las otras relaciones que plasma el tío Steve en sus textos. En *It (Eso)* también existe otro triángulo amoroso, el de los perdedores Beverly, Bill y Ben; más inocente al principio, con sabor platónico, y que evoluciona con la adultez. Delicioso es el amor entre Paul y Janice, narrado en *La milla verde*, vivo a través de los años, incluso cuando las décadas se amontonan.

Sin embargo, y aunque parezca que exagero, todas esas muestras de romanticismo, bueno y malo, palidecen en comparación con dos de los manuscritos de King que bien podrían haberlo convertido en un experto en novela romántica, si hubiera querido dedicarse a ese género en exclusiva. *La historia de Lisey* es uno de ellos, donde, además de hablar de la creatividad y el poder curativo de esta, con especial énfasis en la literatura, nos envuelve con el suave y amoroso relato de Scott Landon y Lisey Debusher, o lo que es lo mismo, Stephen King y Tabitha Spruce. Gracias a ellos, nos muestra cómo es un matrimonio de verdad, repleto de buenos momentos, malos momentos, grandes instantes, tristes escenas, bromas privadas, días rutinarios y un microcosmos privado con su propio lenguaje. El otro ejemplo es el de *22/11/63*, con un cuento romántico que va naciendo, casi sin que nadie se dé cuenta, como una trama secundaria alrededor del intento para salvar a Kennedy. Antes hablaba de una verdadera historia de amor, de esas que trascienden el tiempo y el espacio. No cabe duda de que la de Jake y Sadie lo es. Una buena muestra de que alguien que suele crear relaciones sombrías también puede ponerse tierno.

LA INFANCIA

Si se hiciera una lista de los temas favoritos de Stephen King, el que toca ahora estaría, sin ninguna duda, entre los cinco primeros. Hablamos de una etapa que parece obsesionarle, y cuyos principales personajes, los niños, adquieren una importancia fundamental en buena parte de sus historias, cuando no son directamente los protagonistas. Algunos especialistas en el escritor incluso hablan del concepto de «niños King» para definir a este tipo de hijos literarios, debido a las marcadas características que poseen, las cuales logran que sea sencillo saber cuándo son construidos por el de Maine. No es obligatorio que siempre sean niños; la preadolescencia y la adolescencia también ocupan un lugar muy marcado en la bibliografía del autor, jugando en estos casos con el viaje del mundo sencillo y mágico de la niñez hacia el más árido y complicado de los adultos.

Si echamos la vista atrás, descubrimos en el escritor una infancia normal y corriente, como él mismo la define. Era un niño como otro cualquiera, como hemos comprobado en páginas anteriores, un poco travieso a ratos, poseedor de una gran imaginación y creatividad que alimentó con toneladas de interés por la lectura y el cine, sobre todo de género, en ambos casos. No resulta extraño que siga fascinado por ese período vital, idealizándolo continuamente en sus obras, sin abandonar los claroscuros que en ocasiones la sobrevuelan, recordándolo como una época mágica que se va perdiendo conforme se cumplen años. Poco le importa haber sido un niño pobre, o muy pobre, si atendemos a las adversidades que tuvo que superar en familia, con su madre como principal foco de ayuda. A Steven le encanta su infancia. La ama, si te tengo que ser sincero, lector.

Al igual que otras áreas de su vida, es fácil descubrir la feliz infancia del Rey en muchas de sus novelas y cuentos. Numerosos podrían ser los ejemplos, pero el relato *El cuerpo* y su obra maestra *It (Eso)* acaban siendo los mejores, historias relacionadas entre ellas más por tratar la infancia y la amistad de los jóvenes protagonistas que por la amenaza sobrenatural a la que tienen que hacer frente los miembros del Club de los Perdedores; sin ir más lejos, *El cuerpo* no deja de ser *It (Eso)* sin el monstruo devorador de niños como si la obra que transcurre en Derry fuera una larga expansión de lo que el novelista nos contaba en la narración breve incluida en la antología *Las cuatro estaciones*. Los dos son títulos que muestran que la infancia y la amistad van de la mano para su creador, lo cual no es raro si atendemos a que son años en los que cualquier persona halla a sus primeros amigos y amigas, labrándose una conexión muy especial, irrepetible según muchos (King entre ellos), y que nunca más volverá a darse, y menos al alcanzar la adultez.

Continuando con esos dos libros, en *It (Eso)* los protagonistas se suelen reunir en los Barrens, una zona del pueblo más boscosa que urbana, muy similar a la Selva, un terreno enorme que hacía pendiente, prácticamente un bosque con un depósito de chatarra y una vía de tren que lo cortaba en dos, donde Steven y su hermano Dave solían jugar cuando se mudaron a Stratford, Connecticut, siendo niños. Fue ahí, en plena exploración, donde el futuro maestro del terror literario vivió un doloroso episodio con unas ortigas que usó para limpiarse el trasero por sugerencia de David, una situación que bien podría haber aparecido en *El cuerpo,* como una de las anécdotas que viven los cuatro amigos del cuento. En él tampoco desentonaría una de las niñeras de los críos King, Eula-Beulah, nombre por el cual la recuerda el escritor. La adolescente era aficionada a torturar con sonoras ventosidades el rostro del por entonces joven Stevie, otro detalle perfecto para el relato incluido en *Las cuatro estaciones.*

Una de las preguntas que más le han hecho y le hacen al de Maine se encuentra relacionada con el origen de sus macabras historias. Los entrevistadores dan por hecho que algo muy siniestro y espeluznante tuvo que ocurrirle de niño para que acabara construyendo obras que dieran tanto miedo. Quizás en su infancia ya estaba obsesionado con el mal o poseía un desarrollado sentido para detectarlo. Sin embargo, nuestro querido Steve siempre explica que aquellos años no fueron especialmente extraños o diferentes a los de los demás niños, salvo por un detalle: el álbum de recortes de Charles Starkweather. Considerado como uno de los primeros asesinos en serie modernos, dejó una larga lista de cadáveres entre Nebraska y Wyoming, a finales de los años 50, junto a su novia. El pequeño King, de tan solo diez años de edad, coleccionaba recortes de los delitos del violento criminal, pegándolos en un álbum que su madre no tardó en hallar. Ante tan inquietante descubrimiento, la mujer no dudó en preguntarle la razón de que le interesara alguien como Starkweather.

No fue capaz de contestarle que lo hacía para investigar sobre tipos como él, para así poder detectarlos y evitarlos, porque había visto sus ojos, y lo único que le revelaron fue la nada más absoluta; ni el bien ni el mal. Solo la nada. Y eso, de alguna manera, como el propio Rey ha confesado con el tiempo, fue una especie de llamada como fuente de inspiración literaria, como si una voz interna le hubiera susurrado que iba a pasarse la vida escribiendo sobre hombres así, acerca de esa clase de maldad. El autor aprendió de esa forma que, en ocasiones, incluso a una edad muy temprana, uno mismo puede vislumbrar el potencial que como adulto va a tener y el destino que el futuro le depara.

Las dos características de la infancia que le interesan a Stephen son que es un mundo secreto, con sus propias reglas, vidas y cultura, y lo fácil que olvidamos ser niños conforme crecemos, abandonando una especie de universo tan excéntrico como repleto de magia; uno donde un enorme tipo vestido de rojo puede caber en una chimenea y los armarios esconden aterradores monstruos que desaparecen cuando cualquier padre entra en la habitación, encendiendo la luz. El escritor siempre pone un ejemplo en el que, paseando, encuentra a una niña de cinco años en su calle, sentada en la tierra del borde de la carretera, hablando con amigos invisibles mientras dibuja en el suelo con un palo. ¿Qué pensaría la gente si le viera a él, un adulto, haciendo lo mismo? Lo tacharían de loco, por supuesto. Pero no a un niño, claro. Un niño tiene permiso para esas «locuras», al mismo tiempo que los adultos que las comprenden intentan que las dejen de lado lo antes posible, para ahogarse en el cosmos real de las facturas, los impuestos, los turnos dobles y, en general, las responsabilidades que, supuestamente, los convertirán en verdaderos adultos. A un niño que sigue reteniendo la magia se le pregunta cuándo va a crecer, cuándo va a dejar de lado esas tonterías. ¿Cuándo se va a tomar la vida en serio? Y, para ello, debe olvidar el hechizo de la infancia. Debe matarla.

En *It (Eso)* los Perdedores son más débiles cuando son adultos, cuando ya no se sienten perdedores porque viven exitosas existencias, con buenos trabajos y planes repletos de amigos, conocidos, familia y parejas íntimas. Sin embargo, son más perdedores que nunca, en especial cuando se tienen que ver las caras con la entidad que vive en Derry, la cual sabe que han perdido la magia, que han olvidado cómo ser niños (no es casualidad que en la novela los protagonistas vean desaparecer sus recuerdos del pueblo al irse de él). Siendo críos, y manteniéndose juntos (la amistad también es muy poderosa en el libro, aunque hablaré más tarde de ella), eran tan poderosos que su imaginación podía dañar al monstruo; siendo adultos, cuando tendrían que representar una amenaza mayor para la criatura, son meros pusilánimes con los que esta juega, sintiéndose a salvo a pesar de que la vencieron una vez. Eso se ríe de ellos, escupiéndoles lo lentos, gordos y viejos que están, pero eso es lo de menos, porque lo importante es que la imaginación y la creatividad ya no están de su parte. Han perdido la magia. Han olvidado. Y deben recuperarla para destruir a la bestia de una vez por todas.

No cabe duda de que los siete perdedores de *It (Eso)* son siete «niños King», esa clase de infantes creados por el autor que comparten ciertas características que los hacen fácilmente reconocibles en su bibliografía. Son personajes muy despiertos, capaces de detectar el entorno y, sobre todo, el peligro, mejor que los adultos (en ocasiones son incluso más maduros que estos), poseedores de una gran imaginación, una creatividad desbordante, un valor superior al miedo que sienten ante la amenaza de turno y, a veces, ciertas habilidades sobrenaturales que, en el caso del de Maine, suelen estar relacionadas con los poderes psíquicos. Si vamos a *El resplandor*, vemos que Danny Torrance es bastante más consciente del riesgo que representa el Overlook que sus padres; la Abra Stone de *Doctor Sueño* tiene momentos en los que es más perspicaz que el propio Danny, ya adulto (como si le ocurriera lo mismo que a los Perdedores); el valor de Marty Coslaw, el protagonista de *El ciclo del hombre lobo*, queda patente en cada página; el David Carver de *Desesperación* no solo parece el líder del grupo que lucha contra la entidad malvada Tak, sino que demuestra más entereza que muchos de los otros componentes, creyendo que Dios lo está usando; Boo'ya Moon es el nombre que recibe el lugar ¿imaginario? al que acude Scott Landon, el escritor protagonista de *La historia de Lisey*, siendo niño (como cualquier otro crío que inventa su propio mundo); y en la Derry del Club de los Perdedores son estos los despiertos, son quienes perciben la presencia de Eso, mientras que los adultos permanecen adormilados ante los actos abominables que se suceden, llegando a no ver algunas de las consecuencias que tienen los ataques del monstruo (el lavabo de Beverly repleto de sangre, invisible para su padre).

Pero el tío Steve no solo está interesado en la infancia, sino también en los períodos que se hallan justo después. Siendo minucioso, señalo tanto la preadolescencia como la misma adolescencia, que también adora por lo aprovechables que son todos esos años tan complicados y, en cierto modo, misteriosos, años en los que la personalidad de los niños mencionados se va apuntalando. Es todo un caramelito para el novelista esa etapa en la que la confusión se adueña de la persona al no ser ni un niño ni un adulto, estando atrapado entre ambos mundos. La Carrie White de *Carrie* lo demuestra bastante bien, aunque novelas como *Joyland*, *Revival* y *Después* van más allá. Esta última juega mucho con su propio título, al centrarse en lo que vendrá después para un niño que va entrando en la adolescencia, un niño que, por supuesto, ostenta una habilidad sobrenatural que es tanto un don como una maldición. Un libro perfecto para subrayar el gusto de King por esos ciclos vitales y sus protagonistas.

Claro está, en el universo del maestro del terror no todo es de color rosa. Que juegue con la infancia y sus niños no quiere decir que estos no puedan terminar muy, muy mal en sus historias, y no me refiero solo a *It (Eso)*, donde es fácil percibirlo gracias al gusto del monstruo por el miedo y la carne de los infantes, sin olvidar cómo algunos de estos son tan terribles como él mismo (¿conoces ya a Patrick Hockstetter?). Los vampiros de *El misterio de Salem's Lot* tienen poca piedad por sus víctimas, tengan la edad que tengan; los fantasmas del Overlook no guardan ningún reparo en ir a por Danny Torrance con todas sus espeluznantes artimañas; el Tak de *Desesperación* ni siquiera parpadea al matar a niños; y, a pesar de sus dudas iniciales, el secuestrador del relato *Popsy* acaba atrapando al crío al que busca. Hay narradores del horror que parecen ir de puntillas a la hora de que el miedo y la muerte se hagan con los más jóvenes; por fortuna, el Rey no es uno de ellos.

«La gente cree que soy una persona bastante extraña. Eso es incorrecto. Tengo el corazón de un niño pequeño. Está en un frasco de vidrio sobre el escritorio». Es una cita de Stephen King que resume perfectamente su relación con el universo infantil, con sus propias reglas, folclore, cultura y personajes, además de permitir entrever cierta oscuridad macabra y divertida del propio autor. Sin embargo, como Joe Hill (*Cuernos, NOS4A2*), uno de sus hijos, ha recordado en alguna que otra ocasión, esas palabras no le pertenecen, sino que fueron pronunciadas por Robert Bloch, escritor a cuyo trabajo era muy aficionado el de Maine. A este le pareció tan genial ese comentario que lo ha incorporado a miles de entrevistas durante años, a modo de juego, sobre todo cuando le preguntan de dónde saca las ideas para los libros y si se asusta a sí mismo. En el fondo, y no tan en el fondo, Steven continúa siendo un niño que hace travesuras, imagina mundos fantásticos y cree en la magia. Ese crío que ha sobrevivido en el cuerpo de un adulto creativo.

LA MUJER

Todo autor ha recibido, recibe y recibirá críticas. La mayoría de las veces por su obra. En otras ocasiones, por cuestiones personales que nada tienen que ver con ella (o sí). El de Maine no es una excepción, y aunque más adelante examinaré algunos de los apelativos menos amables que le suelen dirigir, me gustaría detenerme aquí para hablar en concreto de uno de ellos relacionado con una de las figuras que mejor y más le gusta tratar en sus trabajos. Porque, no sé si lo sabías, lector, pero al tío Steve lo han llegado a acusar de machista, de tratar a las mujeres con condescendencia y adjudicarles siempre roles secundarios, de víctimas o de maníacas, dejando los verdaderamente importantes, profundos y trabajados para los hombres. Como verás, es una apreciación negativa que conecta su forma de pensar, sentir y actuar con lo que luego leemos. Sin embargo, ¿es correcta? ¿Es Stephen King un misógino que se esconde tras las fantasías y pesadillas de sus escritos? ¿Cómo trata la imagen de la mujer en sus narraciones?

Se podría decir que todo empezó con *Carrie* (cómo no). Las dudas del Rey sobre cómo adentrarse en la psique de una adolescente marginada y maltratada, que accede sin saberlo a la madurez de una forma traumática, se hicieron realidad cuando varios críticos y críticas literarias le afearon no comprender el mundo femenino, creando una serie de arquetipos y clichés de dudoso gusto en su primer libro. Fue solo el principio, pues comentarios similares se repitieron cuando se lanzaron *El misterio de Salem's Lot, La zona muerta, Ojos de fuego* e incluso *El juego de Gerald* y *Dolores Claiborne*. Las hirientes opiniones pasaban de las comentadas al otro extremo, con quejas acerca de la escasa presencia de las mujeres si estas escaseaban en una historia en concreto. A veces daba la sensación de que no se trataba tanto de analizar esa cuestión, sino de atizar al autor con lo primero que se tuviera a mano. *El resplandor* (*The Shining*, Stanley Kubrick, 1980) y

Christine (*Christine*, John Carpenter, 1983) son dos buenos ejemplos de esto.

Desde el impacto de la película de Stanley Kubrick (*Espartaco*, *La naranja mecánica*), tanto en el cine de terror en concreto como en la cultura popular en general, siempre se ha mantenido la creencia en ciertos círculos literarios de que el público recuerda más el filme que el manuscrito en el que se basa, confundiendo ambos (que se lo pregunten a Bram Stoker, con su *Drácula* y la miríada de adaptaciones audiovisuales). De este modo, se dio la confusa situación de que se le censuraba al de Maine la personalidad de la Wendy Torrance... ¡de la cinta! Siendo la Wendy Torrance original una mujer capaz de plantar cara a la peor versión de su marido mientras protege al hijo de ambos e intenta sobrellevar el hecho de que posea habilidades paranormales. ¿Es así el personaje interpretado por Shelley Duvall (*Popeye*, *The Forest Hills*)? Todo lo contrario. Algo similar sucedió cuando se estrenó *Christine*, llegando poco después airadas protestas por la metáfora que mostraba el escritor al presentarnos a «una» coche que, según alegaban los detractores de Steven, exhibía celos que conducían (nunca mejor dicho) a la agresividad, a la violencia y al asesinato. Una vez más, nada de esto sucede en el libro, en la que, sin desvelar demasiado, Christine no es una chica, aunque la trata como tal en ocasiones. Sí que existe un trasfondo acerca del amor, en especial del amor adolescente, pero no hay texto alguno en el que King afirme que las mujeres son criaturas celosas con las que hay que andarse con cuidado, pues de lo contrario pueden matar a quien intente separarlas de su hombre. Mejor olvidemos las líneas que, redactadas con bastante animadversión hacia el novelista, sugerían que expone a las mujeres como objetos que solo sirven para ser montados. Absurdo a todas luces.

Aún peor ha sido con *It (Eso)*. Como si la polémica que rodea a esta obra fuera como la monstruosidad que le da nombre, vuelve a ponerse de moda cada número determinado de años; cuando se estrenó la miniserie de los 90, cuando los rumores sobre una nueva adaptación eran cada vez más fuertes y cuando se lanzaron las dos producciones de 2017 y 2019. En esta ocasión, el centro de las críticas se halla en una escena muy concreta en la que Beverly y el resto del Club de los Perdedores se unen mediante un acto muy íntimo para no perderse en las alcantarillas, tras un encuentro decisivo con Eso. Hay que reconocer que estamos ante algunas de las páginas más ¿extrañas? escritas nunca por Stephen. Por diversas razones, como, por ejemplo, las edades de los protagonistas. Munición fácil para los que aguardan, con la escopeta en alto, a que el autor pase por delante. Este, por su parte, siempre ha respondido lo curioso que le parece que se preocupen tanto por esas líneas de la historia mientras en otras hay multitud de niños y adolescentes masacrados, descuartizados y mutilados por la abominación que vive en Derry.

En realidad, nuestro querido Steve nunca ha contestado de malas formas a esta clase de reproches y señalamientos sin demasiado fundamento. Al contrario, su humildad también le ha acompañado al respecto, mostrándose realmente interesado en aprender y avanzar para crear a los mejores y más realistas personajes posibles. Así sucedió tras *Carrie*, por ejemplo, e incluso con casos como el Dick Hallorann de *El resplandor*, que fue bastante criticado por representar el estereotipo del «negro mágico», ese personaje negro que aparece como una figura mágica y sabia que ayuda a un personaje blanco a superar sus problemas. El propio escritor admitió su posible fallo con el amigo adulto de Danny Torrance, aunque muchos de sus detractores se lo echaron en cara cuando publicó *La milla verde*, con ese John Coffey que bordea ese cliché racial, sin sobrepasar sus límites, como su propio creador explicó en su momento, demostrando que s se había aplicado la lección. Es complicado asegurar que le ha ocurrido lo mismo con la figura de la mujer, pues a pesar de aceptar las reprobaciones su bibliografía dice otra cosa desde el principio.

Regresemos de nuevo a *Carrie*. Prácticamente todos los roles de importancia están ocupados por mujeres: desde la protagonista hasta las antagonistas, pasando por los personajes secundarios (secundarias, en este caso). Solo Tommy Ross, quien muestra piedad y simpatía por Carrie White, y Billy Nolan, más peligroso aún que Chris Hargensen, podrían ser consideradas como figuras masculinas de importancia, ambos las dos caras de una misma moneda. Si continuamos avanzando en los trabajos del Rey, observamos una pauta femenina que aumenta con los años; las muy distintas y desarrolladas mujeres que pueblan la comunidad de *El misterio de Salem's Lot*; la evolución de esto en *Apocalipsis*, con Madre Abigail como líder de uno de los bandos enfrentados (sierva de Dios, mientras que el «Diablo» sería Randall Flagg, un hombre); en *Ojos de fuego* la trama gira alrededor de Charlie McGee, un niña que es el verdadero poder del libro, una bomba nuclear, para ser más exacto; en *Cujo* tenemos a una madre que lucha contra la accidental amenaza hasta las últimas consecuencias, una madre real, con dudas, aristas, dolor y un amor incondicional hacia su hijo; valiente la Beverly Marsh de *It (Eso)*; inolvidable la Annie Wilkes de *Misery*; encantadora la Sadie Dunhill de *22/11/62*; e inteligente y resolutiva la Holly Gibney que nació en la trilogía de Bill Hodges y que se ha ido convirtiendo en el ojito derecho del tío Steve. No ha dejado un solo papel por cubrir por la mujer.

Además, se hace complicado creer que el autor de *El juego de Gerald, Dolores Claiborne, El retrato de Rose Madder, La chica que amaba a Tom Gordon* y *La historia de Lisey* no solo no sea feminista, sino que sea un machista. Todas ellas son obras (tres de las mencionadas forman la conocida coloquialmente como Trilogía de la Mujer o Trilogía de las Damas, como ha mencionado el propio novelista en alguna ocasión) que ponen el punto de mira en la mujer desde distintas perspectivas, con un punto de vista muy feminista y que reproducen un sistema patriarcal que las oprime, las humilla y, muchas veces, las maltrata. Jessie, Dolores y Rosie van más allá de una sociedad donde poco tienen que hacer frente a los abusos machistas, superándolos, en última instancia, y alzándose como las mujeres poderosas que siempre han sido. En *Insomnia* y en *Un saco de huesos* algo hay de eso (en tramas secundarias), pero no a los niveles de esas tres historias. Las de Trisha McFarland y Lisey Debusher van en otro sentido, aunque no se alejan demasiado de ese mensaje. Y un dato interesante, lector, porque tanto Dolores como Lisey parecen provenir de la vida privada de King; la primera da la sensación de tener rasgos de su madre, Nellie Ruth Pillsbury, y resulta sencillo que la segunda nos recuerde a su esposa, Tabitha. Dos mujeres que le han enseñado mucho. Bastante más que su padre, al que poco le interesó hacerlo.

LA FAMILIA

La familia es el primer núcleo social al que pertenecemos. Conforme la persona crece y madura quizá cambie la importancia que le da a la misma, pero es innegable que la familia es el primer grupo al que nos unimos, no por propia voluntad, algo que va cambiando durante los siguientes años, algo que el de Maine conoce muy bien. La familia es un tipo de comunidad perfecta, en la que se fusionan múltiples aspectos sociales, pero que el novelista no pudo disfrutar al cien por cien al crecer en una poco habitual, sobre todo en aquellos años. Su padre lo abandonó, su madre se pasaba el día fuera trabajando para que no faltase ni el techo ni la comida... Ni siquiera se podría decir que su hermano lo cuidaba, pues se cuidaban mutuamente. La peculiar familia del pequeño King la completaban las continuas niñeras y los familiares más o menos lejanos, actuando a veces algún que otro tío como padre, al igual que, en ocasiones, los hombres con los que llegó a salir Nellie Ruth Pillsbury. No es de extrañar que el autor haya mostrado esta clase de estructuras familiares en sus trabajos, sin desechar las más idílicas, dado que él mismo acabó construyendo una de estas junto a Tabitha, Naomi, Joe y Owen.

En realidad, no se puede afirmar que la bibliografía del Rey tenga muchas obras dedicadas en exclusiva a la familia. Sí que es una materia que toca bastante, siempre en armonía con otros, con personajes, protagonistas y secundarios, cuyas familias son significativas para la trama principal y/o para el trasfondo de la narración. Al igual que con otros temas, el escritor disfruta diseñando la cortina de la virtud para después apartarla y descubrir el oscuro óxido de la ducha, experto en exhibir la cara y la cruz, la luz y las sombras de conceptos e instituciones tan sagradas como la familia. Steven hace pasar por un calvario a la familia Torrance de *El resplandor*, dejando claro que tienen grietas que pueden arreglar, jugando continuamente con ello hasta el final; los Creed de *Cementerio de animales* llegan muy unidos y felices a Ludlow hasta que la muerte va haciéndose con ellos a causa de lo que hay más allá del cementerio de mascotas; todo parece irles bien a los Trenton de *Cujo*, pero nada más lejos de la realidad, como descubrimos conforme pasamos las páginas; y algo similar sucede con la familia Beaumont mucho antes de que el sanguinario George Stark los acose durante los acontecimientos de *La mitad oscura*. La desintegración de la modélica familia norteamericana desde la perspectiva de Stephen King no acaba ahí.

A pesar de que al tío Steve le encanta mostrar las bondades del núcleo familiar (*Ojos de fuego* y *Después* son buenos ejemplos), no esconde el mal que puede ocultarse en él. Abusos y malos tratos de todas formas y colores están a la orden del día en sus trabajos; desde los castigos que Margaret White imparte a Carrie hasta la terrible infancia de Scott Landon contada en *La historia de Lisey*, pasando por los controladores padres del Arnie de *Christine*. Sin embargo, parece no tocar techo ni siquiera con *It (Eso)*, donde las relaciones de los niños, protagonistas o no, con sus progenitores en concreto y con sus familias en general es primordial para comprender muchos de sus puntos más definitorios. Ninguno de los miembros del Club de los Perdedores se siente demasiado cómodo entre sus familiares, ya sea Eddie, por culpa de una madre que lo sobreprotege en exceso; Beverly, por las terroríficas agresiones que sufre de su propio padre; o Bill, por la gran indiferencia que recibe por parte de sus padres tras el asesinato de Georgie. Esto conduce a una cuestión que el narrador enlaza con la familia: la amistad.

King cree en que no solo la sangre construye una familia. Más allá de entrevistas y artículos, su extenso recorrido literario habla por él. Por ejemplo, los Perdedores se consideran una familia, unida por esa poderosa amistad que trasciende incluso lo metafísico, siendo indispensable para derrotar a Eso. Curiosamente, en muchas de sus historias protagonizadas por repartos corales estos acaban aproximándose al concepto de familia que apunté con anterioridad, sobre todo si la camaradería, la lealtad y el compañerismo se deslizan entre ellos. Los cuatro personajes principales de *El cazador de sueños* parecen hermanos más que amigos; en *Cell* se va formando una familia conforme los supervivientes se van incorporando al grupo; en *El Instituto* los jóvenes poseedores de talentos inusuales no tienen más remedio que improvisar una familia entre ellos mismos; y qué decir acerca de Bill Hodges y sus aliados, en especial tras formar la agencia en la que trabajan todos juntos. Aun así, no hay mejor muestra de lo que piensa nuestro querido Steve con respecto a la familia y el ADN que la saga de *La Torre Oscura*. ¿Qué es el ka-tet encabezado por Roland? Una familia unida por el ka. Más claro imposible.

LA VEJEZ

No descubro nada si señalo ese gusto de Stephen King por centrar sus historias en temas que le tocan de cerca en el momento justo en que las construye. Por ejemplo, muchos de los relatos de *El umbral de la noche* los escribió mientras ocupaba los puestos de trabajo que luego impuso a sus protagonistas, las adicciones aparecían en más de sus textos cuando él era una víctima de estas y algunos de sus personajes han vivido experiencias personales muy próximas a las suyas (recuerda, lector, cómo nació *Cementerio de animales*). Es algo lógico, ¿verdad? Sin embargo, es imposible quedar ajeno al hecho de que, en ocasiones, y no pocas, el autor se salta esa norma no escrita para confirmar que entiende tan bien de lo vivido y de lo por vivir. La vejez, un concepto que recorre su bibliografía casi sin llamar la atención, lo demuestra con creces.

Con la mencionada vejez, el tío Steve pasa de puntillas por esa «norma» que declara que un escritor debe centrarse en lo que conoce, al enlazarla con sus manuscritos sin haberla alcanzado, al igual que hizo con la adolescencia femenina en *Carrie*. Cierto es que el novelista ya tenía experiencia en la adolescencia cuando creó a Carrie White, pero mucha menos en el universo de la mujer, para el cual tuvo que solicitar ayuda a Tabitha, su esposa. Se documentó a partir de buenas fuentes, en definitiva. Se podría decir que lo mismo ha llevado a cabo con la vejez antes de tocarla, o de que esta lo tocase a él, visto desde su particular perspectiva. De ahí que sea sencillo diferenciar entre una época en la que ha sido un tema interesante y otra en la que se ha convertido en una auténtica obsesión para su persona, dentro y fuera de la literatura. A pesar de que esto le ha ocurrido de forma similar con otras materias, supone un gran interés para estudiar su figura que con la vejez haya aumentado la predilección por incluirla en novelas y relatos, siempre conforme ha cumplido años, algo inevitable, por otra parte.

Dos son las grandes obras del Rey sobre la vejez. La primera de ellas es *Insomnia*, publicada en el año 1994, cuando se iba acercando a los cincuenta. Antes ya había tratado el tema, aunque de manera muy secundaria, como en *Apocalipsis*, *La zona muerta*,

Cementerio de animales, *Las cuatro estaciones* (más en concreto en *Alumno aventajado*), *La tienda* y, en especial, *Dolores Claiborne*. Sin embargo, en *Insomnia*, dejando aparte las fuertes conexiones con *It (Eso)* y *La Torre Oscura*, se entrega totalmente a una historia acerca de la vejez, protagonizada por Ralph Roberts, un anciano que tras perder a su mujer sufre un horrible insomnio que le provoca una extraña sensibilidad sobrenatural que, a su vez, lo conduce a una misión para salvar el destino del mismo universo. El de Maine, a una edad nada avanzada, exhibe todo lo que ha aprendido de la vejez (documentación y más documentación) personificándola en Ralph, tanto para lo bueno como para lo malo. En parte, Stephen parece sentir ya los achaques de los años y advertir lo que está por llegar, recalcando sus virtudes y defectos.

La milla verde, *Doctor Sueño* y la trilogía de Bill Hodges aparecen más tarde como los trabajos más destacados en torno al concepto. *Después*, *Billy Summers*, *Cuento de hadas* y algunos de los textos contenidos en *La sangre manda* también insisten en él, pero es *Si te gusta la oscuridad* el libro que rememora la época de *Insomnia*, aunque con un cariz distinto: King lo publica con setenta y seis años. Es una antología más de novelas cortas que de cuentos, y muchas de ellas entran, ahondan y se quedan a vivir en los terrenos de la ancianidad, más allá de estar protagonizadas por hombres que disfrutan de sus últimos años de vida. *Hombre Respuesta* y *Serpientes de cascabel*, la secuela de *Cujo*, son las que profundizan más, siendo la primera (sin desmerecer a la segunda, donde es el terror el que ocupa un espacio esencial) una especie de epílogo de lo que es el volumen, en forma y en fondo, en tono y en estilo, hablando de la vejez, de la muerte y de la vida. De este modo, el recopilatorio adquiere un carácter contemplativo, incluso de despedida, como si el propio escritor lo hubiera llevado a cabo sabiendo que iba a ser su último trabajo. Por lo que cuenta en él, podría haberlo sido; por fortuna, no ocurrió así.

LA MUERTE

Y después de la vejez llega ella. El último tramo del camino. El fin de la vida. Fría. Inevitable. Cruel. Natural. Todo eso y más es ella: la muerte. Para cualquier escritor de terror, una idea y/o figura constante. Para Stephen King, otra de sus pequeñas obsesiones, otro tema recurrente de su bibliografía en el que es algo más que el monstruo definitivo, la conclusión de todo. La muerte forma parte de la vida, y viceversa. Hay quien asegura que sin el final no tiene sentido el viaje, y que todo debe hallar su término para que lo andado signifique algo. Sin meta, poco importa la carrera. El de Maine abraza esa idea de naturalidad para con la muerte, más allá de utilizarla de maneras naturales y sobrenaturales a la hora de meter el miedo en el cuerpo de sus lectores. La muerte (con dolor) es el horrendo destino que aguarda a muchos de los personajes de las historias del autor, en especial cuando se topan con algunas de sus criaturas, monstruos y pesadillas vivientes. Pero en sus textos también existe un espacio para la muerte natural, para la muerte por enfermedad, para la muerte sin dolor y para la muerte más dulce, la que llega para llevarse a su elegido sin armar un escándalo, puede que incluso mientras duerme, sin que el escogido se percate de lo que sucede. Mucho mejor que acabar en las fauces de una abominación con disfraz de payaso o atrapado por toda la eternidad entre las paredes de un hotel maldito.

Como habrás comprobado hasta el momento, lector, nuestro querido Steve es una persona de lo más normal y corriente, incluso escribiendo lo que escribe. Y como cualquier persona normal y corriente, ha tenido sus más y sus menos con la muerte, con alguna que otra experiencia cercana que él mismo sigue recordando con cierta desazón. Entre todas ellas, habría que destacar como la primera y más importante (¿e impactante?) la que vivió con apenas cuatro años de edad. En realidad, nunca logró rememorar del todo el incidente, pero sí lo que le contó su madre acerca del mismo. Según Nellie Ruth Pillsbury, Stevie había ido a jugar a casa del vecino, una vivienda próxima a unas vías férreas. El pequeño regresó una hora después, pálido como un fantasma. No abrió la boca durante el resto del día ni para explicarle por qué volvió solo o la razón de no haber llamado para que lo recogiera ella. La mujer no tardó en descubrir que el amigo de su hijo fue atropellado por un mercancías mientras jugaba en las vías. Nunca supo al cien por cien si Steven presenció tan espantoso accidente o llegó cuando ya poco se podía hacer, aunque tenía ciertas ideas al respecto, pensamientos que nunca compartió con el futuro maestro del terror.

A los cinco o seis años, la muerte se abrió paso de nuevo en la relación entre el Rey y su progenitora cuando le preguntó a esta si alguna vez había visto morir a alguien (¿quizás atenazado de forma inconsciente por el episodio de su vecino y las vías de tren?). Ruth respondió que sí; una vez de vista y otra de oídas. La curiosidad del chico lo empujó a querer saber cómo se podía oír morir a alguien. La historia tenía de protagonista a una niña que se ahogó en una playa al nadar demasiado lejos un día de mucha resaca. A pesar de que varias personas trataron de socorrerla, la corriente no lo permitió, viéndose obligadas a esperar una ayuda que nunca llegó. Mientras tanto, la pobre cría no dejó de gritar hasta quedarse sin fuerzas, hundiéndose luego. Otro día, la madre del joven King aclaró la muerte que vio, la de un marinero que se arrojó a la calle desde el tejado de un hotel. Imposible pasar por alto el gran significado que guarda el hecho de que los dos primeros grandes encontronazos del escritor con la muerte fueran por medio de quien le dio la vida.

El siguiente lo alcanzaría a los nueve años, de forma tan directa que él mismo siempre lo ha considerado su primera experiencia con la muerte, al menos, sin una intermediaria como Nellie Ruth Pillsbury. Sucedió cuando residía en Stratford, Connecticut, y era amigo de dos hermanos que vivían más abajo, en la misma calle.

Ambos hallaron el cadáver de un gato en la cuneta junto a un almacén de materiales, llamando la atención de Stevie para que así diera su opinión sobre el minino muerto. La infinita y voraz curiosidad que ya de por sí tienen los niños se vio aumentada por la presencia de la muerte cara a cara, así que comenzaron a visitar al felino sin vida, con el afán de observar, contemplar y estudiar el proceso mediante el cual la Parca lo descomponía. Lo que empezó como un interesante experimento fue convirtiéndose en una serie de visitas irregulares que terminaron al producirse una inundación debido a un huracán, lo que ocasionó la desaparición del animal o, más bien, de lo que quedaba de él.

No faltan quienes, ávidos por destapar el motivo de que el novelista escriba sobre cosas que dan miedo y sádicos asesinos, han señalado durante años que estos incidentes son la única y la verdadera causa. Según ellos, en el fondo (y no tan en el fondo, después de todo), Stephen crea horrores y pesadillas mediante su imaginación y las letras porque vio a un chiquillo arrollado por un mercancías justo cuando era más impresionable. Si el terror domina su literatura desde entonces es porque ha estado escribiendo acerca de ello. Y aunque el propio autor admite que el pasado ofrece buenas semillas para el jardín de un creador de historias, no hay que caer en tal simplicidad, y menos en una en la que la muerte y el terror siempre aparecen como conceptos fusionados, casi indivisibles. La muerte como el mal más antiguo, como el monstruo absoluto y definitivo que da miedo, así que debe ser la protagonista del relato de terror, a pesar de que este no se concentre en su figura. Pero siempre está ahí, sobrevolándolo. Posee cierta lógica. Sin embargo, para el tío Steve, no es tan sencillo. O, mejor dicho, no puede ser un argumento tan ingenuo. Hay que ir siempre más allá.

¿Y cómo ha tocado la muerte el universo literario del creador de *El resplandor*? Cómo y cuánto. ¿Cómo? De muy diversas formas ¿Cuánto? Bastante. Continuando con lo que comentaba antes, incluso se ha atrevido a seguir andando una vez finalizaba el sendero vital. ¿Qué hay después? Sería raro que un narrador que trabaja con fantasmas, espectros, espíritus y otras dimensiones no tocase alguna que otra vez uno de los grandes y más antiguos temas que quitan el sueño a la humanidad. ¿Existe algo tras la muerte? ¿Y qué es exactamente? ¿Cómo lo refleja el escritor? Quizás usa a sus personajes para aportar un punto de vista personal al respecto. O puede que trate de tocar todas las perspectivas posibles relacionadas con el asunto. Teniendo en cuenta cómo es King, hay que quedarse con un poco de ambas posturas, sin olvidar que le gusta mantener tanto a la vejez como a Dios (a veces dios o dioses) de por medio. No siempre, pero sí en un alto porcentaje de las tramas en las que la muerte guarda un papel esencial, cuando no es la protagonista, sin subterfugios de ningún tipo.

El resplandor y *Apocalipsis* son consideradas como las primeras obras del de Maine donde la muerte traspasa las páginas para instalarse en la mente del lector. En la primera, se nos transmite la idea de que los fantasmas existen y que pueden quedar atrapados en ciertos emplazamientos, sobre todo si estos están predispuestos a cazarlos, produciéndose la clásica situación del huevo y la gallina (¿el Overlook ya estaba encantado o son las muertes que se suceden en su interior las que lo han pintado con la suficiente energía negativa como para que cobre vida?). En la segunda, Dios existe, hay quienes hablan con él sin ningún problema y la muerte es necesaria para que el mal no triunfe, transformándose en el sacrificio de los héroes que creen en un lugar mejor tras la vida; el cristianismo puro y duro. Algo de eso hay también en *La zona muerta* (complicado pasar por alto su título), aunque lo interesante aquí es analizar la posición de la muerte como un parón en la vida, en forma del coma que sufre Johnny Smith, quien al despertar siente que hubiera preferido morir del todo, pues esa especie de muerte restringida se ha llevado gran parte de su existencia. Tampoco es desdeñable la figura de la Parca en *La Larga Marcha*, acompañando a los corredores de la competición que da nombre al libro, de manera metafórica... ¿O quizá no tanto? La locura vinculada con la muerte. Otro sugestivo punto de vista.

Poniendo el foco en la narrativa breve, *Montado en la bala* y *La mujer de la habitación* son dos buenos ejemplos de cómo afecta la muerte lenta y dolorosa de una persona a quienes tiene a su alrededor, en especial si son familiares cuyos pensamientos oscilan entre desear que la afectada no encuentre su final o lo halle lo antes posible para que deje de sufrir, subyaciendo reflexiones egoístas (acabar con tal malestar para recuperar su propia vida). Regresando a las novelas, es obligatorio hablar de nuevo de *Insomnia*, pues la nueva sensibilidad de la que goza su protagonista le permite descubrir a las Moiras, las personificaciones del destino en la mitología griega, también conocidas precisamente como las Parcas en la romana. El texto, centrado en la vejez, también trata la muerte desde el punto de vista del destino, con Clotos, Láquesis y Átropos como personajes secundarios que requieren la ayuda de Ralph. *Desesperación* nos devuelve las «reglas» de la muerte según la religión cristiana, con Dios y los sacrificios de fondo, mientras que *La historia de Lisey* se centra en lo que hay más allá de la muerte... para quienes sobreviven al fallecido. La pérdida y la superación de la misma confluyen en la viuda Lisey Landon, la cual debe averiguar quién es y cuál es su lugar en el mundo una vez ya no está su marido; aunque, en realidad, sí que está. Más allá de las visitas al pasado para conocer la vida del escritor Scott Landon, este no aparece en carne y hueso. Aun así, su sombra es tan alargada que ocupa buena parte del manuscrito, a pesar de su título.

Me gustaría nombrar ahora tres trabajos del Rey tan estrechamente conectados con la muerte que el mensaje que lanzan es muy similar, siendo valorado uno de ellos como su particular ensayo sobre la muerte. *Revival* es uno de ellos, donde la muerte y la resurrección toman el protagonismo, pero no como lo harían Jesucristo y Lázaro, sino de maneras más extradimensionales y aterradoras, con ciertas reminiscencias a *Frankenstein*; para el segundo hay que irse a la antología *La sangre manda*, en concreto, a una de sus novelas cortas: *El teléfono del señor Harrigan*. Una vez más, Steven conversa acerca de la pérdida, la superación y aquellas personas que no podemos (o sabemos) dejar ir, con ciertos toques sobrenaturales, por supuesto; y el tercero no es ninguna sorpresa, porque si se viaja al pueblo de Ludlow, un cementerio de mascotas nos revela más de un secreto, en concreto, el de *Cementerio de animales*. Una de las ficciones más oscuras, terroríficas y desesperanzadoras de la bibliografía del autor (quizá la que más) no podía hablar de otra cosa. No solo aprovecha para exponer todas y cada una de las etapas del duelo mediante la pesadillesca odisea que sufre Louis Creed, sino también para mostrar todo tipo de muertes (accidental, natural, asesinato) en todo tipo de personajes (adultos, ancianos, niños, animales), recordando que la muerte atrapa a todos por igual, y de muy diversas formas. Se rememora así la reflexión que efectúa en *El misterio de Salem's Lot*: la muerte es cuando te cogen los monstruos. Tan espeluznante como cierta. Cien por cien King.

Me gustaría pasar ahora a términos más amables, pero no menos emotivos, con obras como *La milla verde*, en la que el novelista, por medio de algunos de los secundarios que esperan en la zona de la cárcel que da nombre a la historia, nos cuenta cómo podría ser el más allá, repleto de los momentos de mayor felicidad que cualquiera haya podido vivir. Algo de eso hay en *La vida de Chuck*, incluida también en *La sangre manda*, un relato apocalíptico que, en realidad, oculta (no demasiado bien, aunque no lo intenta con demasiado interés) un hermoso canto a la vida. Lo mismo ocurre con *Hombre Respuesta*, de la antología *Si te gusta la oscuridad*, donde el repaso que se hace a la existencia del protagonista, entre cita y cita con el llamado Hombre Respuesta, recuerda al lector que la vida está llena de buenas y malas experiencias, de dolor y felicidad, de penas y alegrías, y que, al final, nadie posee todas las respuestas antes de realizar las preguntas adecuadas. Somos nosotros quienes tenemos que dar con dichas respuestas tras haber disfrutado del viaje. Porque, después de todo, da igual lo espantosos, sobrecogedores, horrendos, inquietantes y atroces que sean los libros de Stephen King. No aman la muerte: celebran la vida.

DIOS

¿Cree Stephen King en Dios? Sí. ¿Cree Stephen King en la religión? Sí, pero... Y no es que no crea en esta porque no exista, no. Sin embargo, digamos que parece tener más reticencias ante el concepto de religión que ante el de Dios. Y que conste que para ambos tiene una de cal y una de arena, como con todo. Si se mira con detalle, pocas veces se encuentra en el blanco y el negro de una cuestión, quedándose solamente ahí, prefiriendo no bajar la vista ante las dos caras de una misma moneda. El escritor ama a su país, sí, aunque también es capaz de señalar lo que le gusta de él y lo que cambiaría para mejor. Algo así ocurre con Dios y la religión, temas recurrentes en su bibliografía. ¿Unidos? A menudo. Eso no significa que siempre, y menos cuando se trata del Rey, al que le gusta jugar a separarlos lo más posible. A veces, a mantenerlos lo más alejados posible incluso de cuestiones donde deberían tener, a priori, mayor protagonismo.

Saco de nuevo *Cementerio de animales* de la estantería. ¿Dónde está Dios ahí? Apenas aparece. Cuando lo hace, en uno de los mejores momentos de la novela, es para que Ellie, la niña de la familia, le eche en cara que se quiera llevar a Church, su gato, escupiéndole que si quiere a un gato que tenga al suyo propio. Todo esto ocurre mientras Louis, su padre, trata de explicarle lo que es la muerte, poniendo de ejemplo al minino; la pequeña descubre el fin de la vida y a Dios, conectándolos. Más allá, la historia habla de dioses paganos y religiones olvidadas de los nativos americanos. El dios cristiano se ve desplazado. No hay lugar para el cristianismo. Algo similar sucede en *Revival*, en la que un hombre de Dios es uno de los protagonistas, con el mito de Lázaro de fondo, aunque con unos matices mucho más siniestros. La muerte y la resurrección también sobrevuelan el manuscrito. King demuestra así que hay conceptos universales que parecen ligados de manera forzosa a Dios, pero que no necesariamente deben ir atados a él. Y mucho menos a la religión de mayor alcance.

Esto lleva a analizar cómo el autor, después de todo, sí parece que le pasa más la mano a Dios que a la religión, mostrando en más ocasiones la cara oscura de esta. Ya en *Carrie*, una de las antagonistas, la propia madre de la adolescente, es una fanática religiosa que ve en ella a una abominación de Satanás. En *El misterio de Salem's Lot*, un libro donde la cruz, el símbolo de Jesús y Dios, guarda una importancia fundamental, el hombre santo, el cura, que debería ayudar a nuestros héroes cazadores de criaturas de la noche, es el más débil de todos, con todo lo que ello implica. Esa pequeña ¿obsesión? de Steven por enlazar el fanatismo con la religión (sobre todo la cristiana, aunque sí que trata a otras religiones de la misma forma otras veces) se pasea por algunas de sus obras como una trama tan secundaria que da la sensación de no poseer importancia alguna; todo lo contrario, como se indica en *La zona muerta*, con la madre de Johnny Smith en su escalada para ser una imitadora de Margaret White. O casi.

Y si hay Dios hay un Demonio, ¿verdad? El Diablo con «d» mayúscula. Satán. Lucifer. Belcebú. El Lucero del Alba. La Estrella de la Mañana. De nuevo, nuestro querido Steve trata de no jugar a una partida más que conocida por todos, intentando dar su propia versión del asunto al mantener a Dios y al Diablo lejos, pero hay que reconocer que acaba cayendo en su propia trampa. Algo de eso hay en *La tienda*, aunque los mejores ejemplos se dan en, precisamente, las dos novelas de su carrera que más llevan impreso el nombre de Dios en la portada: *Apocalipsis* y *Desesperación*. En la primera, Dios y Lucifer parecen tener incluso sus propios guerreros y bandos, dirigidos por Madre Abigail y Randall Flagg, al que muchos confunden con bastante descaro con el rey del Infierno; las referencias a la Biblia son continuas, mezcladas magistralmente con *El Señor de los Anillos*, al mismo tiempo que Stephen nos recuerda que existen dos visiones de Dios: el del Antiguo y el del Nuevo Testamento. Un dios cruel y vengativo contra un dios bondadoso y de amor. Un dios que exige sacrificios y un dios que da regalos. Si en *Apocalipsis* esto aparece subrayado casi en cada capítulo, en *Desesperación* es el mantra que hallamos casi en cada página. El joven David es tratado como un enviado de Dios, un chico cuyas pérdidas se van amontonando junto a la creencia de Johnny Marinville en él, que pasa del escepticismo a la férrea creencia de que mantiene una estrecha relación con el Creador, relación que lo ha llevado hasta el pueblo de *Desesperación* para enfrentarse a la entidad sobrenatural conocida como Tak. David descubre del todo que Dios es cruel, pero que también es amor, como bien sabe y nos traslada su propio creador literario.

EL BIEN Y EL MAL

Como dijo un sabio, la batalla entre el bien y el mal se ha librado desde siempre. La luz contra la oscuridad. El yin y el yang. Dos caras de una misma moneda. Dos fuerzas opuestas y a la vez complementarias e interconectadas. Da igual que me refiera a las grandes amenazas a las que el ser humano ha debido hacer frente en su historia en la Tierra o que señale las propias sombras que una persona combate en su corazón, continuamente, dejándose seducir por la maldad o trabajando para que la bondad prevalezca, porque, al fin y al cabo, el mal es fácil, mientras que el bien conlleva un trabajo más duro. Todas las civilizaciones y culturas han tratado el tema en mayor o menor medida, convirtiéndose en uno de los principales de la propia esencia de la humanidad, de nuestra filosofía, de nuestro trasfondo. Sin ir más lejos, la fábula Cherokee de los dos lobos (aunque no se encuentra contrastada al cien por cien con respecto a esta tribu de nativos americanos de Estados Unidos) es una de las historias más conocidas que sirven para definir lo que trato de explicar.

Un anciano cherokee (cheroqui) le da una lección a su nieto. Le explica que dentro del corazón de todos los hombres hay una batalla entre dos lobos. Uno es el mal; es la ira, la envidia, la avaricia, la arrogancia e incluso la tristeza. El otro es el bien; el amor, la esperanza, la humildad, la compasión, la paz y la alegría. El joven le pregunta a su abuelo cuál de los dos lobos ganará. El anciano lo tiene claro: a quien elija alimentar. Sin embargo, este relato tan popular hoy día, aparecido incluso en películas, series y novelas, tiene una última parte algo más escondida y mucho menos famosa por motivos que solo a ti te corresponde decidir, lector. La explicación del anciano no termina ahí, sino que prosigue, añadiendo que, en realidad, los dos lobos deben ganar. No es un juego de fuerzas, sino de equilibrio. Los dos lobos necesitan el alimento. Hay que guiarlos a ambos por el buen camino.

Quienes han ido formando durante años la cultura popular que conocemos, saben bien lo que es la eterna batalla entre el bien y el mal. También los escritores, claro, de todos los géneros, aunque me inclino a pensar que son los que se enmarcan en el fantástico quienes más sapiencia poseen en relación a la materia. La ciencia ficción, la fantasía y el terror son géneros con muy buen abono para el asunto, pero en especial el terror, porque el mal da miedo, nos guste o no reconocerlo. Poco importa que haya un hombre lobo o un fantasma de por medio, figuras que asociamos inmediatamente a la maldad, a pesar de que no tienen que ser malas de entrada. Las personas que ponen bombas para matar inocentes y reivindicar sus ideas políticas dan miedo; el vecino capaz de secuestrar a los niños del barrio da miedo; y el egoísmo de aquel dispuesto a quitarnos todo lo que tenemos da miedo.

¿Podría ser la Biblia el libro definitivo de terror? No llegaría a tanto, pero sí que resulta evidente que es la obra más representativa del bien y el mal que se puede hallar en nuestra cultura. No es de extrañar que Stephen King la tomara como una de las bases para *Apocalipsis*, su propia biblia, con perdón de *It (Eso)*, que también podría considerarse uno de sus trabajos más incuestionables acerca de esa batalla entre la luz y la oscuridad. Sin embargo, hablaba del enfrentamiento entre las fuerzas de Madre Abigail (el bien) y el ejército de Randall Flagg (el mal); no es casualidad que el bien esté representado por una adorable ancianita y el mal por un tipo socarrón, con mal genio, capaz de sumergirse en las pesadillas de los protagonistas y muy dado a soltar al monstruo que lleva dentro. Madre Abigail es la enviada de Dios en la Tierra y Randall Flagg es la versión del Diablo del autor, con Anticristo incluido en la novela. Hay tanto de la Biblia en *Apocalipsis* como de *El Señor de los Anillos* (apunta, lector, el trabajo de Tolkien como muy influido también por la temática del bien contra el mal, con personajes que entran en todos los arquetipos al respecto; compara a los hobbits con Sauron, por ejemplo). Los personajes que siguen a Madre Abigail y Randall Flagg también contienen todo lo bueno y lo malo de la humanidad (Harold Lauder, la envidia; Larry Underwood, la redención), permitiéndose Steven pocos casos donde el gris impere, con algunos que bien podrían ir de un bando a otro.

La ambición del novelista por contarnos la epopeya definitiva sobre el bien y el mal no acabó con *Apocalipsis*, continuando al por mayor con una muy próxima a esta y que se extiende por ocho volúmenes y numerosas conexiones con el resto de su bibliografía. Hablo, por supuesto, de *La Torre Oscura*, donde la trama principal no puede ser más sencilla, que no simple. Roland, el último pistolero, quiere acabar con el Hombre de Negro (Randall Flagg es el Hombre Oscuro; el mal tiene un color favorito) y alcanzar la Torre Oscura para salvar todos los universos de una terrible maldad que quiere destruirla. Aquí también es alargada la sombra de Tolkien, además de los mitos artúricos. King incluso juega con los giros argumentales presentando a un mal más terrible que el Hombre Oscuro, y que siempre ha estado por encima de él.

Como decía antes, *It (Eso)* también se puede colocar junto a *Apocalipsis* y *La Torre Oscura*. Es una extensa gesta donde siete niños/adultos luchan contra un mal que, básicamente, puede transformarse en todo lo que les da miedo (el miedo nos ayuda a sobrevivir, pero también es un concepto que se asocia con el mal), al mismo tiempo que contamina el pueblo en el que viven, influyendo con su tenebrosa sombra en todos los habitantes, empujándolos a formar parte de la propia maldad que representa, a veces incluso usándolos como títeres. No es un libro donde el destino del mundo dependa de dos facciones o un héroe, pero sí que es una batalla entre el bien y el mal tan potente como interesante a varios niveles. De entre las demás obras del Rey quizá la que más se le acerca en estos aspectos sea *La tienda*, con un personaje que bien podría ser Satanás, con sus tentaciones, deseos y promesas con trampa, aunque ¿qué clase de bondad existe en la comunidad que destroza poco a poco? Y si continúo con la fantasía, qué mejor ejemplo que el que ofrecen *Los ojos del dragón* y *Cuento de hadas*, con toda una lucha entre el bien y el mal al más puro estilo relato de princesas, caballeros andantes y malvados hechiceros

Aun así, el de Maine se siente más interesado en el mal del día a día y el mal que nos habita. ¿Qué es eso que dicen? ¿Piensa globalmente, actúa localmente? Eso es lo que ocurre en la trilogía de Bill Hodges, donde el veterano agente de la ley se enfrenta a lo que nuestro querido Steve considera el Monstruo Absoluto, el Mal Definitivo, un personaje sin una sola virtud, sin una pizca de bondad y sin ninguna cualidad redentora. En este caso se trata del asesino Brady Hartsfield, alguien que no tendría ningún problema en existir en la vida real y saludarnos todas las mañanas antes de ir a trabajar. El escritor, experto estudioso en la psique y la filosofía humanas, es muy dado a este tipo de monstruosa maldad en su universo, también en historias donde el mal es un ente, criatura o concepto sobrenatural. ¿Alguien ha dicho Henry Bowers? ¿Y George Stark? Este caso es curioso, porque se relaciona con lo paranormal, pero, a la vez, es también un psicópata bastante verosímil. Lo que vive Thad Beaumont con George Stark en *La mitad oscura* conecta con la fábula de los dos lobos y con uno de los libros que más le gusta comentar al autor por motivos que descubriré con mayor profundidad más adelante: *El extraño caso del Dr. Jekyll y Mr. Hyde.*

Drácula y *Frankenstein* son las otras dos novelas que, junto a la mencionada, King utiliza en varias ocasiones durante toda su carrera para explicar el arquetipo y las ideas esenciales que siguen numerosas narraciones de terror desde que se publicaron. Ya tendré tiempo de profundizar en el tema más adelante, porque aquí, ahora, lo que interesa es que ambos son volúmenes en los que se trata la lucha entre el bien y el mal desde perspectivas, sobre todo en un caso, muy utilizadas por el novelista. Y es que la joya de Bram Stoker no podría ser mejor ejemplo de lo que el enfrentamiento entre la luz y las sombras si hablamos del punto de vista del género fantástico. Un grupo de hombres buenos cazando a una criatura de la oscuridad que se alimenta de gente inocente, incluyendo, por supuesto, mujeres y niños; algo próximo al mismísimo Diablo. ¿Su mejor arma? Una cruz. Dios. La expresión misma de lo que muchos consideran el bien (según el dios cristiano con el que uno se tope; si el del Antiguo o el del Nuevo Testamento). En ese aspecto, el Rey hace exactamente lo mismo en *El misterio de Salem's Lot*, y con razón, al ser su versión personal de *Drácula*, con reparto coral de personajes bondadosos combatiendo la plaga que son Barlow, una criatura de la noche, y sus acólitos. Por si fuera poco, la misma obra es un ensayo acerca del mal, con la casa Marsten como un faro tenebroso que atrae toda maldad a Salem's Lot. Algo similar sucede en *El visitante*, con retazos de *It (Eso)*, donde se forma un equipo de hombres justos para acabar con una monstruosidad que es crueldad en estado puro, llegando a alimentarse del mismísimo dolor.

Pero *Frankenstein* es diferente. Quizá por eso Steven no la ha usado tanto a la hora de hablar del bien y de mal, y sí para ahondar en otros conceptos. Al final, ni el doctor ni su monstruo son realmente malvados, aunque tampoco buenos. Lo que se descubre en ambos es la humanidad, pura y simple, desde sus distintos ángulos, vista por los varios prismas que poseemos. En el protagonista y su criatura se hallan las virtudes y defectos de lo que nos hace humanos, la perfección y la imperfección más absolutas. Se podría decir que la filosofía del trabajo de Mary Shelley (*El último hombre, Lodore*), sobrevuela buena parte de la bibliografía del de Maine, porque no toda se centra en esa eterna batalla entre el bien y el mal. ¿La hay en *Carrie* y *Christine* o son dos historias en las que personas maltratadas se dejan tentar por el lado oscuro? ¿Existe en *La historia de Lisey*? ¿Y en títulos como *La zona muerta*? Este es muy interesante, porque el protagonista, un hombre bueno casi por naturaleza, debe elegir entre dejar intacta su bondad y que el mal triunfe, destruyendo el mundo en el proceso, o realizar una acción horrible para que el bien gane la partida. Qué gran encrucijada nos presenta el tío Steve con el poco afortunado Johnny Smith.

A pesar de que puedo lanzarte ejemplo tras ejemplo de que no todo el universo de Stephen King se sustenta en esa infinita guerra, ya sea exterior o interior, es indudable que se trata de uno de los principales y más importantes pilares en los que se sustenta su trabajo a través de los años. Curiosamente, incluso escribiendo novelas y cuentos donde todo debería acabar mal, donde la oscuridad se encuentra presente en cada esquina y la esperanza no aparece por ninguna parte, él de verdad cree que el bien siempre gana y es el que prevalece, también en el corazón de cada uno de nosotros. Nuestro querido Steve cree que la mayoría de la gente es buena. Cree en la decencia humana. Piensa que cualquiera de nosotros haría lo que fuera por ayudar a los demás. Cree en los finales buenos, donde el protagonista vuelve a casa y todo va bien. Es bueno creer en eso a pesar de los psicópatas que usan coches para asesinar, los payasos monstruos, los hoteles vivientes y los virus que pueden destruir el mundo. ¿Verdad?

OTROS AUTORES

Todo escritor tiene una base. Todo escritor tiene un estilo previo al suyo. Todo escritor tiene unas referencias. ¿Stephen King es diferente? En absoluto. Al igual que existen cientos, quizá miles, de autores que han crecido leyéndole, acercándose a su prosa en sus primeros trabajos, él hizo lo mismo al comenzar. Como ha llegado a admitir, cuando leía a Ray Bradbury (*Crónicas marcianas*, *El árbol de las brujas*), escribía como Ray Bradbury; cuando leía a H. P. Lovecraft, escribía como H. P. Lovecraft, de forma más densa, incluso con un lenguaje más rebuscado; y cuando leía a James M. Cain (*El cartero siempre llama dos veces*, *Pacto de sangre*), escribía como James M. Cain, de manera entrecortada y dura. En ocasiones, durante su adolescencia, escribió relatos que mezclaban los tres estilos, sin olvidar algunos otros, cocinando estofados bastante cómicos. Steven asegura que esa fusión es necesaria durante el desarrollo del estilo personal del escritor, necesaria, imprescindible e inevitable; hay que leer de todo mientras se depura lo que se escribe. Eso no significa que el narrador deje de hacerlo con el paso del tiempo y el encuentro de su propia voz. El propio maestro del terror es un excelente ejemplo de ello, con una bibliografía que podría considerarse el reflejo de esos años de juventud en los que combinaba en sus obras a los distintos artistas a los que admiraba.

No hay que irse muy lejos para comprobar lo que señalo. Ya *Carrie* guarda ciertas características propias de la novela epistolar propia de Bram Stoker, a quien homenajea descaradamente en su segundo libro, *El misterio de Salem's Lot*, su propia versión del clásico *Drácula*. Tras el pesadillesco paseo por *Jerusalem's Lot*, el autor irlandés continúa apareciendo intermitentemente por el Kingverso, al igual que dos de las principales figuras del terror literario que se asocian con regularidad al Rey: Edgar Allan Poe y H. P. Lovecraft. El primero no tarda mucho, pues su sombra oscurece *El resplandor*, junto a la de Shirley Jackson; el segundo da ligeros pasos, zapateando con escándalo en *It (Eso)*, sobre todo cuando lo cósmico cobra protagonismo junto a conceptos como el rito de Chüd. Algo lovecraftiano también se mueve por los senderos que conducen a *Cementerio de animales*, pero son Algernon Blackwood y W. W. Jacobs quienes adoquinan esos caminos. Sin embargo, antes tuvimos una buena dosis de J. R. R. Tolkien en la gran historia americana que es *Apocalipsis*, sin olvidar que cualquiera se puede topar con él en *La Torre Oscura*, en especial a partir del segundo volumen; en el primero, es el wéstern *pulp* y cinematográfico el que hace acto de presencia.

Michael McDowell (*Los elementales*, *Blackwater*), amigo de Stephen y Tabitha (él lo consideraba el escritor más refinado de Estados Unidos), también se asoma por las esquinas de los mundos del tío Steve. John D. MacDonald (*Los verdugos*, *El fin de la noche*) no es ajeno a acompañarle. En *La milla verde* es fácil tropezarse con el fantasma de Charles Dickens desde su concepción, y en la misma forma aparecen los de Mary Shelley y Arthur

Machen (*El gran dios Pan, La colina de los sueños*) en *Revival*. Lee Child en *Billy Summers*, Cormac McCarthy (*La carretera, No es país para viejos*) en *Si te gusta la oscuridad...* Pero hay un autor que es, sin ninguna duda, la columna en la que se sostiene buena parte de la carrera del creador de *Cujo*: Richard Matheson (*Soy leyenda, La casa infernal*). Fue este guionista y escritor uno de los principales que impulsaron la literatura de terror hasta los términos más populares y comerciales, colocando el objetivo en el terror cotidiano, ese que absorbió cierto tipo agradable y alto de Maine. Antes de Matheson, daba la sensación de que los horrores y las abominaciones no se atrevían a salir a la luz del día; una vez llegó él lo hicieron, acomodándose en los hogares de sus víctimas como si tal cosa. Se podría decir que Richard Matheson fue Stephen King antes de Stephen King o aún mejor sería considerar a Stephen King como el moderno Richard Matheson.

EL MUNDO DEL ESCRITOR

Uno de los principales consejos para ser escritor es escribir sobre lo que se conoce, escribir de lo que se sabe. Algunos se lo toman al pie de la letra, creyendo que, por ejemplo, un autor francés no debería construir historias enclavadas en Estados Unidos, situándolas en zonas geográficas y parajes que le sean familiares, y si se ha criado en ellos, mejor que mejor. Esto suele conducir a un interesante pero largo debate en el que los versados en el género fantástico señalan que es una sugerencia que no debe tomarse como una obligación, pues ¿cómo podrían ellos formar relatos establecidos en lejanas galaxias o en reinos imaginarios? Stephen King se suma a estos últimos, aclarando que, sí, hay que escribir sobre lo que se conoce, aunque también hay que tener manga ancha para comprender esas palabras en su máxima expresión. Para él, no se trata de la profesión o el lugar en el que se viva, sino más bien de las experiencias vitales que acumule cada uno. ¿Un escritor ha amado? Puede escribir acerca del amor. ¿Un escritor ha sufrido una pérdida? Puede escribir sobre el dolor de la misma. ¿Un escritor tiene el poder de imaginar universos maravillosos? Adelante con ellos. El escritor no debe imponerse limitaciones. Hay temas, ideas y conceptos que controlará más que otros, y si existe alguno que se le escapa de las manos, siempre encontrará la vía de la documentación para llenarse del conocimiento necesario. ¿O acaso el hipotético autor francés (o español, o italiano, o...) del que hablaba antes no puede viajar?

Aun así, Steven sabe que es fácil y tremendamente tentador escribir antes acerca de lo que se conoce que sobre lo que no. Si un narrador maneja a la perfección una materia concreta y le llega la oportunidad de utilizarla en un texto, ¿por qué no hacerlo? Y él lo hace cuando descubre al lector el mundo del escritor. Sin embargo, hay que tener claro que no es lo mismo que se centre en los mecanismos del universo de los «juntaletras» que utilice a uno de ellos como protagonista. En *El misterio de Salem's Lot*, las conexiones literarias que rodean a Bean Mears, escritor de profesión, poca relevancia guardan con la trama principal; quizá tocan algunas de las secundarias, pero de manera ligera y más bien breve. Algo similar ocurre en *El resplandor* con Jack Torrance, aunque aquí aprovecha el Rey para dar importancia a la frustración que siente el personaje por no poder ser escritor a tiempo completo y tener que conformarse con su (fracasado) empleo como profesor. Sin saberlo, el maestro del terror se hallaba tocando teclas de una canción que llevaba muy adentro en esa época, una canción que ya había escuchado con anterioridad.

En otros casos, el tío Steve ha aprovechado para analizar el mundo del escritor desde diferentes perspectivas, muchas de ellas (¿todas?) personales. En *Misery* habla de lo nervioso que le ponen algunos fans, sobre todo cuando van en la línea de Annie Wilkes con Paul Sheldon, además de manejar entre líneas la problemática de las adicciones (Paul Sheldon quiere abandonar las novelas de Misery Chastain, pero Annie Wilkes, su droga, se lo impide, forzándole a continuar pese a provocarle daño tras daño irreparable). En *La mitad oscura* utiliza los seudónimos literarios y su «anécdota» como Richard Bachman para crear una historia oscura y terrorífica en la que el protagonista, por supuesto un escritor, se debate entre caer ante el horror de su alter ego que adquiere vida y la atracción que siente, en el fondo y con vergüenza, hacia él. Es muy posible que esta y *La historia de Lisey* sean las obras del de Maine que mejor y más profundamente retratan el mundo del escritor. No es que pongan el punto de mira en la técnica, las herramientas y los trucos para unir letras (de eso ya se encarga *Mientras escribo*). Su objetivo es invitarnos a conocer lo que significa ser escritor, por dentro y por fuera, con sus luces y sombras, poniendo énfasis en los demonios que les atacan y en la sanación que reciben cuando permiten que la imaginación, que la creatividad sea por completo libre para llevar a cabo su trabajo (vuelvo de nuevo a *Mientras escribo*).

King no ha podido resistirse a hablarnos de estos oscuros y brillantes cosmos de palabras e ingenio en las distancias cortas. Estoy haciendo algo de trampa al meter aquí *El método de respiración*, de la antología *Las cuatro estaciones*, porque pone el foco en las historias del narrador más que en este, recordando Stephen lo fundamentales que son y los misterios que, incluso las más simples y frívolas, ocultan; lo importante es el cuento, no quien lo cuenta. En la novela corta *Ventana secreta, jardín secreto* nos sumerge en las consecuencias del plagio, o del posible plagio, y cómo puede desencadenar toda una cadena de espeluznantes acontecimientos si el autor original decide ocuparse él mismo del asunto. Con *El procesador de palabras de los dioses* recuerda que los escritores son como pequeños dioses, con el poder de levantar mundos y construir realidades con solo pulsar unas cuantas teclas, y con el mismo proceder pueden destruirlo todo. Y mediante su particular y cercano estilo, realiza una especie de ensayo novelado acerca del talento en *Dos cabrones con talento*, trabajo incluido en la recopilación *Si te gusta la oscuridad*. Una manera más de que nuestro querido Steve charle con nosotros sobre lo que más sabe.

ESTILO

Según a quién le preguntes, lector, el estilo y la prosa de Stephen King ostentan una calidad u otra. Si te acercas a uno de sus lectores constantes de toda la vida, seguramente te dirá que tiene un estilo único que logra que pases las páginas de sus libros sin que te des cuenta, mientras te zambulles en la vida de sus personajes y absorbes la historia como si fuera lo más sencillo del mundo, como si siempre la hubieras tenido en tu interior. Si te aproximas a uno de sus más feroces críticos literarios, lo más probable es que te vomite que su estilo es vulgar, zafio y que esconde, tras sus metáforas rimbombantes y los monstruos mal escritos, una ausencia total de talento. No exagero ni miento con ninguno de los dos ejemplos: el tío Steve ha recibido reseñas y análisis de su trabajo en los dos sentidos, haciendo más alarde incluso de la bilis escupida por el segundo grupo. Tales golpes se los toma con deportividad y, en ocasiones, bromea con ellos, tal y como debe hacer alguien de su valía. Se podría decir que tiene un magnífico estilo, dentro y fuera de las letras. Claro está, los casos que he apuntado también valen para cualquier otro autor, sobre todo si posee una fama igual o similar a la del Rey.

Con su habitual modestia e ingenio, Steven ha llegado a calificarse como el equivalente literario de un Big Mac con patatas fritas. La comparación con la hamburguesa del restaurante de comida rápida McDonald's resulta bastante evidente, pero nunca le ha faltado tiempo para aclararla. Su literatura es barata, sabrosa, popular y no necesariamente nutritiva. Más que una literatura basura es comercial, para todos los públicos, y se puede consumir con rapidez. Y se vende por millones, eso también. Pero ¿es esto cierto? ¿O está siendo el de Maine demasiado duro consigo mismo? Un poco de ambas. Es el momento perfecto para recordar que mientras entraba por la puerta grande con *Carrie*, *El misterio de Salem's Lot* y *El resplandor*, el novelista pensaba que se trataba solo de una buena racha que finalizaría en cualquier instante, solo un golpe de suerte (de la mejor) que se acabaría en cuanto el público se percatara de que no valía para ganarse la vida contando historias. Entre reflexión y reflexión incluso nació Richard Bachman para, en parte, verificar estas ideas. Todos sabemos lo que ocurrió.

Sí, es un autor que vende millones de libros. Sí, es un autor comercial. Sí, su literatura es popular, hasta el punto de que parece existir una obra de King para cada lector (si apetece algo de fantasmas está *Un saco de huesos*, si se necesita algo de ciencia ficción está *22/11/63* y si el hambre lo provoca la ausencia de zombis se suple con la lectura de *Cell*). Y sí, es de consumo rápido (por adicción más que por la simpleza de las páginas que escribe), un consumo sabroso, aunque bastante más nutritivo de lo que pueda parecer a simple vista. El estilo del maestro del terror logra hacer fácil lo difícil, absorbiendo al lector antes de que se dé cuenta, al mismo tiempo que usa una prosa mucho más profunda y estilizada de lo que sus más despiadados críticos admitirán nunca (por fortuna, algunos lo han terminado haciendo). Es un estilo que llega a cualquiera, trabajado y rico sin ser denso y aparatoso. King sabe que cada texto necesita algo distinto; requiere lo que requiere. De ahí que *La historia de Lisey* guarde pasajes ideales para estudiarse en universidades y que *El ciclo del hombre lobo* se acerque más a la idea de un menú de comida rápida. *Cementerio de animales* es el impecable manual de cómo escribir terror, mientras que *Christine* demuestra lo divertido que es hacerlo.

El estilo de nuestro querido Steve suma multitud de virtudes. Sin él, sin ellas, su éxito no sería el que es. Sin embargo, una de las principales, una de las que más han ayudado a tal reconocimiento, es la cercanía que ostenta. Recuerda, lector, las líneas sobre terror cotidiano y la familiaridad que se despierta en quien disfruta de su universo. Todo va encadenado, porque leerle es como que tu padre te cuente un relato de terror antes de dormir; como sentarte en una mecedora en el porche para que tu tío te descubra una nueva de sus espeluznantes leyendas; como quedarte alrededor de una fogata en medio del bosque durante una noche de campamento esperando esa horrible historia que no te dejará dormir tranquilo en tu tienda. ¿Escritor? Sí. Pero, ante todo, un contador de historias. Stephen habla de tú a tú en sus libros. Nos narra como si nos tuviera justo al lado. Apoya una mano en nuestro hombro y comienza la magia. No hay nada más popular. No hay nada más efectivo. No hay nada que llegue más a más gente. Y eso sí que es bastante nutritivo. Para la mente, el corazón y el alma.

CLICHÉS NEGATIVOS

¿Es perfecto Stephen King? ¿Es un escritor sin errores? ¿Es el espejo en el que deben mirarse todos los demás autores, en especial si se dedican al género fantástico? Aunque a algunos no se lo parezca, es humano, lector, te lo aseguro. Y podríamos charlar, largo y tendido, sobre todos esos tics, esas manías y meteduras de pata que sufren algunas de sus obras. ¿Qué artista no cae en ellas? Y me refiero tanto a los defectos objetivos como a aquellos más subjetivos, a pesar de que con estos hay que andarse con mucho cuidado: lo que no le gusta a un lector a otro le encantará. Una regla de oro no escrita, pero real como la vida misma. Al igual que parte de la marca del novelista podría considerarse una sucesión de «clichés» positivos, también existen los negativos en su carrera. Aunque... ¿son auténticos? ¿O hay una especie de aura negra alrededor del tío Steve que ya permanece a su alrededor tras décadas construyéndola críticos crueles y lectores desencantados? ¿Es el momento de repasar los pecados del Rey o de desmentirlos? Confieso: prefiero lo segundo.

Uno de los más duraderos es el que se refiere a sus finales. ¿Son malos los finales de las obras del escritor? Es un cliché negativo que lo ha acompañado tanto tiempo que se ha convertido en una especie de chiste, despojándolo de ese aire de crítica literaria y, en este caso, algo incierta. Resulta evidente que no siempre puede gustar a todo el mundo cómo cierra Steven sus historias; regresa así el componente subjetivo que mencionaba con anterioridad. Quizás un lector ocasional lea cuatro de sus libros y no le guste cómo finaliza ninguno de ellos, por ejemplo, a pesar de que sean de los que frecuentemente son aceptados como buenos por unanimidad o, al menos, por la mayoría de los análisis, apreciaciones y comentarios. Pero este cliché se refiere a algo global, en realidad. ¿Nuestro querido Steve no sabe terminar sus manuscritos? Si se echa un vistazo a su bibliografía con las gafas de la objetividad (lo que llevaría a admitir a quien se las pone que algo que no le gusta puede ser bueno), es fácil comprobar que no es así. Es verdad que textos tan potentes como *It (Eso)* y *Apocalipsis* han sido juzgados con dureza, aunque no por sus finales en sí, sino por elementos relacionados con los mismos (cierta mano de Dios, por ejemplo). *El misterio de Salem's Lot, El resplandor, La zona muerta, El fugitivo, Christine, Cementerio de animales, Dolores Claiborne, 22/11/63, El visitante, Después...* Todos títulos cuyas tramas quedan finiquitadas con gran acierto en sus últimas páginas. Esto no quiere decir que el narrador no peque de vez en cuando de meter un poco la pata al respecto (sería el momento de que apareciera *Cell*). Sin embargo, es menos habitual de lo que sugieren las bromas que han traspasado el mundo literario para alcanzar incluso otros medios como el cinematográfico.

¿Escribe King todas sus novelas y relatos? ¿O, por el contrario, ha llegado a encargar algunos de sus escritos a algún *ghostwriter*? Este término hace referencia al escritor fantasma o al negro literario, un profesional que en el caso de los escritores les hace el trabajo sucio, por así decirlo. En pocas palabras, él escribe y los autores ponen su nombre en el libro. Así han explicado algunos «eruditos» que Stephen sea tan prolífico, otro cliché negativo fácil de desarmar si atendemos a todo lo que él mismo ha ido contando sobre su juventud, lo rápido que escribía y la gran cantidad de textos que llegó a reunir antes de que se publicara *Carrie*. Si a ello se le añade que se dedica en exclusiva a ello desde hace décadas (en cuanto pudo abandonar los trabajos estables que le otorgaban los ingresos regulares que su familia necesitaba), poco hay que investigar. Aun así, existen quienes se siguen agarrando al hecho de que posee obras que parecen no haber sido escritas por él, lo cual tampoco es cierto. Incluso manuscritos como *22/11/63* y *La historia de Lisey*, que se alejan bastante de sus cauces habituales, exhiben sin ninguna discreción sus marcas más características.

Por un camino similar transitan los dañinos y desagradables comentarios que afirman, con total desvergüenza y sin ningún pudor, que el novelista escribía mejor cuando las adicciones le dominaban mente y cuerpo. Comprenderás, lector, que no quiero detenerme demasiado en esta clase de «críticas», a caballo entre la broma macabra y el puro mal gusto, pues hay que recordar que Steven estuvo a punto de perder a su familia por culpa de tal problema. Entrando en el terreno más literario, se me ocurren muchos ejemplos para deshacer con facilidad tales ruindades, pero indicaré solo uno: *Tommyknockers*. La opinión general es que se trata de uno de sus trabajos más flojos. Lo llevó a cabo en sesiones que solían prolongarse hasta la medianoche, con el corazón desbocado y las ventanas de la nariz taponadas con algodón para cortar las continuas hemorragias provocadas por el consumo de cocaína. El libro se centra en una escritora que descubre una nave alienígena enterrada, cuya tripulación sigue con vida y comienza a meterse en la cabeza de los vecinos del pueblo en el que vive la protagonista. A cambio de regalarles una inteligencia superior y una increíble capacidad creativa, les arrebatan su humanidad poco a poco. Fue la mejor metáfora del alcohol y las drogas que alcanzó a agarrar el cansado cerebro de King, sometido a un estrés brutal. Desde entonces, ha creado aplaudidas obras como *La milla verde*, *La historia de Lisey*, *Duma Key*, *Mr. Mercedes*, *El visitante* y *Billy Summers*. Sin ninguna adicción mediante. No hay más pruebas, señoría.

El siguiente aspecto negativo tampoco se libra de los matices subjetivos. ¿El de Maine añade paja a sus escritos? ¿Usa el simple relleno para engordar sus libros? ¿O, por el contrario, cada palabra que redacta tiene su significado? La opinión de cada lector cuenta; habrá quienes crean lo uno y quienes crean lo otro, señalando ejemplos que puedan confirmar su opinión en ambos casos. Aun así, resulta complicado creer que sea uno de esos autores que abarrota los manuscritos de páginas sin contenido solo por el mero hecho de que ocupen más espacio en las estanterías de las librerías y bibliotecas personales. Los detalles en los que se detiene, y que acaban aumentando la extensión de las novelas que crea (no así sucede con sus relatos y cuentos, lo cual ya indica algo al respecto), al final se muestran relevantes para enriquecer la historia: desde el pasado de muchos de los personajes hasta los innumerables detalles sobre el escenario en el que se mueven, pasando por esos recursos literarios que en otras manos podrían parecer superfluos y carentes de un motivo, pero que en las del tío Steve logran transformar un buen texto en uno merecedor de ser recordado. Sin añadir o quitar una sola coma. Siempre (o casi) en su justa medida.

Y termino con un curioso cliché negativo que ha ido perdiendo fuerza con el transcurso de los años, conforme Stephen ha ido demostrando lo contrario a base de una obra tras otra. En esta ocasión hay que dirigirse a sus personajes, más concretamente a los protagonistas de sus oscuras odiseas. ¿El Rey solo sabe escribir protagonistas impolutos? ¿No cree en los héroes grises? ¿Solo piensa en los caballeros blancos de brillante armadura y moral intachable? En absoluto. Incluso en trabajos como *Apocalipsis* y *La tormenta del siglo*, donde los protagonistas y secundarios se diluyen en amplios repartos corales, en los que el blanco y el negro campan a sus anchas, es fácil observar pequeñas manchas en personajes como Stu Redman y Mike Anderson, encasillados desde el principio en el primer color. Irónica es la posición del Johnny Smith de *La zona muerta*, un buen hombre que debe hacer algo horrible por el mejor de los motivos: salvar el mundo. Sí, nuestro querido Steve adora a los chicos buenos y le gusta que salven la historia. Sin embargo, sabe que no siempre es así y que, aunque eso suceda, quizá no sean tan bondadosos. Al fin y al cabo, el mejor de los chicos también puede tener un mal día.

LOS PERSONAJES

¿Qué sería de una historia sin sus personajes? Protagonistas, secundarios, antagonistas... Yendo aún más allá, ¿qué sería de una historia de Stephen King sin sus personajes? Porque no te hablo, lector, de alguien para quien los personajes suponen un mero adorno en sus libros. Todo lo contrario. Entre todas las virtudes que siempre se han destacado de la literatura del maestro del terror, una de las que más ha destacado siempre ha sido la riqueza de sus personajes. Personajes reales, verosímiles, cercanos, familiares, llenos de grises, cotidianos y repletos de matices. Incluso en sus trabajos considerados más flojos por crítica y público, sus personajes han acabado destacando. Son personajes que parecen respirar a través de las páginas en las que se dan a conocer, crecen, maduran, evolucionan y, en ocasiones, incluso mueren, para desgracia del lector que les coge cariño. Y es que eso también es uno de los grandes méritos del novelista: se acaba amando a sus personajes. Y, cuidado, porque a pesar de que su padre literario prefiera para ellos los finales felices, no tiene ningún problema en regalarles algunos agridulces y otros directamente tristes y/o bastante trágicos. El de Maine no se corta al respecto ni para bien ni para mal.

Como hombre de costumbres, el tío Steve nunca ha sido muy dado a protagonistas salidos de una aventura de acción, dispuestos a salvar la galaxia con una mano atada a la espalda mientras cabalgan a lomos de un dragón que solo puede domar el consabido «elegido». Dado el terror cotidiano que maneja el escritor, sus protagonistas se encuentran anclados a la realidad, un detalle señalado incluso por las profesiones que suelen exhibir, apegadas a la clase media trabajadora. Entre albañiles, pintores, médicos de familia, publicistas, abogados, agentes de la ley, psiquiatras y jubilados, destacan los profesores y, sí, los escritores. Es este último grupo el más representado en la bibliografía del narrador, y no es para menos, pues sigue la máxima que dicta que hay que escribir de lo que se conoce. Ben Mears, Jack Torrance, Bill Denbrough, Thad Beaumont, Paul Sheldon, Mort Rainey, John Marinville, Mike Noonan y Scott Landon, entre muchos otros, no son solo algunos de los protagonistas más populares y queridos del Kingverso, sino también avatares del propio Rey, un concepto que adquiere una trascendencia especial en los compases finales de la saga de *La Torre Oscura*. Imposible olvidar a los educadores Johnny Smith y Jake Epping, por cierto, entre todos los construidos por Steven.

Lejos de ser un conformista, el autor no se detiene con los protagonistas. Muchos de sus secundarios son muy capaces de ganar el relato, colocándose en el primer plano, en especial cuando entran en juego los repartos corales. En *El misterio de Salem's Lot*, Mark Petrie se convierte rápidamente en un robaescenas cada vez que aparece junto a Bean Mears. Algo similar ocurre con el carismático Jud Crandall en *Cementerio de animales*, formándose para el lector en pocas páginas como un personaje cuyas apariciones son puro oro; da la sensación de que saber más acerca de él es hacerlo a la vez sobre los secretos del cementerio de mascotas. John Coffey no es el protagonista de *La milla verde*, pero lo parece en más de una ocasión, en detrimento de un Paul Edgecombe que se ve opacado por su poderosa presencia. Lo mismo sucede con el Duddits de *El cazador de sueños*, cuya inocente sombra sobrevuela toda la novela, apareciendo incluso entre líneas en el título, hasta que se muestra. Yendo a por los mundos más fantásticos de King, es obligatoria la mirada al ka-tet de Roland, quien comienza en solitario su odisea para pasar a recorrerla muy bien acompañado. Y, en ocasiones, esos magistrales secundarios logran adquirir del todo la definición de protagonistas; que se lo pregunten a Danny Torrance y a Holly Gibney.

¿Y los antagonistas? Al igual que con el resto de sus hijas e hijos literarios, Stephen pone toda la carne en el asador a la hora de concebirlos. ¿Hablo de los villanos? Sí y no. Al fin y al cabo, al igual que el héroe no es siempre el protagonista, el villano no es siempre el antagonista. En *Carrie*, Carrie White dista mucho de ser una heroína (en realidad, pocas heroicidades guarda el texto), pero sí que es la protagonista del libro. Pennywise podría ser considerado el villano y antagonista de *It (Eso)*, el principal, porque otros muchos tratan de quedar a su altura, consiguiéndolo en ciertos aspectos. Margaret White, Barlow, el hotel Overlook, Christine, George Stark, el señor Gris, el Nudo Verdadero, Brady Hartsfield, el fantasma de Therriault... Lector, acércate al trabajo de nuestro querido Steve por sus historias y quédate por sus personajes. Por todos. Los amarás y temerás al mismo tiempo.

EL MONSTRUO ABSOLUTO

¿Qué sería del género de terror sin sus monstruos? Probablemente, sería menos divertido. Con toda seguridad, mucho menos terrorífico. Los monstruos, o las criaturas de pesadilla si incluimos a otras entidades que no pueden ser valoradas como monstruos (fantasmas, demonios, extraterrestres), son parte esencial del género fantástico, sobre todo si el protagonista es el terror, y más aún si está de por medio Stephen King. Sin embargo, a pesar del amor que profesa por estos seres, no se puede decir que tenga un prototipo de monstruo que pueble muchas de sus obras, como una obsesión que campa a sus anchas por la mayor parte de su bibliografía. Da la sensación de que le interesa más crear sus propios monstruos que utilizar a los de siempre; desde el hotel Overlook hasta un Plymouth Fury del 58 llamado Christine, pasando por Randall Flagg, los Tommyknockers, Eso, Tak, el Nudo Verdadero, el Rey Carmesí, la habitación 1408 y el Chaval Larguirucho. Aunque no siempre es así de fácil. Nunca lo es cuando se trata de nuestro querido Steve.

Y es que cuando toca manejar a los monstruos más clásicos del género, el autor se siente obligado a hacerlo desde una perspectiva muy personal, aportando su característica impronta a conceptos que considera inmortales en el género, ideas provenientes de tres libros que, según él, son los cimientos de la literatura de terror moderna. El de Maine habla de *Drácula*, *El extraño caso del doctor Jekyll y Mr. Hyde* y *Frankenstein*, que nos ofrecen lo que él llama una mano del tarot que representa las concepciones más fértiles del mal: el Vampiro, el Hombre Lobo y la Criatura Sin Nombre. Resulta incuestionable que el primero se halla en *El misterio de Salem's Lot*; el segundo, que opera el lado salvaje y la bestialidad del ser humano, se encuentra tanto en *La mitad oscura* como en *El ciclo del hombre lobo*; y al tercero, con mayor variedad, se le descubre, entre otros títulos, en *Revival* e incluso en *Christine*, aunque aquí la Criatura Sin Nombre sí que lo posee, con marca de automóvil incluida. Si se va más allá de estas particulares y aterradoras cartas del tarot, que el escritor maneja no pocas veces en su universo, es fácil averiguar que los alienígenas, como hombrecillos verdes o no, forman parte de sus debilidades. Antes he mencionado a los Tommyknockers, pero el señor Gris de *El cazador de sueños* también tendría mucho que decir al respecto, y quizá también el monstruo de una de sus novelas más populares y bastante conectada a esta.

Sin embargo, sí que existe un monstruo que se mueve por el Kingverso con tanta regularidad que es parte de su esencia. Hablo de un monstruo completamente oscuro, sin la más mínima cualidad redentora. Es un monstruo egocéntrico, sádico, violento, cruel, desagradable, taimado, incómodo, depravado, mentiroso, engreído, destructivo y capaz de sacar el peor Hyde de cualquier Jekyll o, lo que es lo mismo, bastante cualificado para arrancar de la mejor de las personas su versión más sanguinaria, vengativa y tenebrosa. Es el monstruo que podría ser tu vecino, tu madre, tu jefe o tú mismo, lector. Es el monstruo que permanece cuando los otros se desvanecen al despertar y abandonarlos en las pesadillas. Es cualquiera. Es todos. Es lo que el Rey conoce como el Monstruo Absoluto. Y en una literatura como la suya, repleta de terror cotidiano, costumbrismo, veracidad y una familiaridad que llega a asustar, resulta importantísimo. Tanto que se encuentra ahí desde su primer libro publicado.

Puede que Carrie White sea la fuerza sobrenatural de *Carrie*, pero Margaret White, su madre, y Chris Hargensen y Billy Nolan, los matones que la llevan a un punto sin retorno, son los monstruos absolutos de la historia. En *El misterio de Salem's Lot* no son tan descarados, aunque sí que hay algo de ese monstruo en la figura de Straker, el particular Renfield de Barlow. En *Rabia*, el Monstruo Absoluto es el propio protagonista, siendo los antagonistas los «héroes» que sucumben poco a poco a su locura. *Apocalipsis* está repleta de monstruos absolutos y, aun así, es Harold Lauder el mayor de ellos. Algo similar ocurre en *It (Eso)*, al comparar a la criatura que vive en Derry con monstruos absolutos como Henry Bowers, el padre y el marido de Beverly Marsh y, sobre todo, Patrick Hockstetter. Greg Stillson en *La zona muerta*, John Rainbird en *Ojos de fuego*, George Stark en *La mitad oscura*, Annie Wilkes en *Misery*, William Wharton y Percy Wetmore en *La milla verde*, Zack McCool/Jim Dooley en *La historia de Lisey*, Brady Hartsfield en *Mr. Mercedes*... Es poco probable que al terminar una obra de Stephen King te topes con uno de sus monstruos; por el contrario, sí es posible que te cruces con algún Monstruo Absoluto. Cuidado con ellos, lector. Algunos no desaparecen al dejar de leer.

LUGARES ENCANTADOS

En cualquier historia el escenario es algo fundamental. Es donde se mueven los personajes, donde transcurre la trama en términos de espacio. Literariamente, es el lugar en el que el escritor dispone la obra, lugar o lugares, por supuesto, pues los protagonistas, secundarios y antagonistas se pueden ir moviendo de unos a otros, no quedándose anclados en uno solo, aunque existen casos en los que sucede así, y todo el relato, de principio a fin, sucede en un mismo sitio. Del mismo modo, depende del autor y de la narración en sí que el emplazamiento guarde más o menos importancia, se relacione más o menos con los actores de la función y se encuentre conectado más o menos con lo que se cuenta. Al respecto, hay artistas que van de un lado a otro, arrastrados por lo que les solicita el argumento en cuestión. Stephen King, sin embargo, parece más obsesionado con dotar de tal número de detalles a los escenarios que, en ocasiones, adquieren roles tan protagónicos que son un personaje más de la novela y/o del cuento. Una de las marcas más personales de nuestro querido Steve.

Todo esto tiene mucho que ver con el terror cotidiano y costumbrista que trabaja el de Maine, fusionado con su gusto por dar a sus obras ese toque autobiográfico que tan bien las caracteriza en muchos momentos. Como se ha comentado anteriormente en estas páginas, no es habitual que Steven se sumerja en universos fantásticos y experiencias más allá de las estrellas, inventándose por el camino unos decorados que solo se hallan en su imaginación antes de saltar a la página impresa (incluso el mundo de *La Torre Oscura* está basado en el nuestro). Él prefiere aferrar su bibliografía a nuestra realidad, utilizando para ello lugares auténticos, verosímiles y verdaderos, fáciles de reconocer también por aquellos que no los han visitado nunca, funcionando a veces sus manuscritos como guías de viaje con localizaciones que se van convirtiendo en familiares para todo aquel que se deje conquistar durante el suficiente tiempo por sus páginas. Pregúntale a cualquier lector constante si conoce bien Maine, lector, aunque ni siquiera se haya acercado nunca a Estados Unidos. Seguro que te puede dar más de un detalle que te haría pensar que es vecino directo del tío Steve.

Este sello tan particular del novelista también va directamente acoplado a su preferencia por escribir de lo que conoce. Las consecuencias de esto se traducen en numerosos paseos literarios por la zona de Nueva Inglaterra, área de Estados Unidos compuesta por seis estados entre los que se halla el de Maine. Una región conocida por su gran historia y cierto misticismo con sabor a leyendas debido tanto a la presencia en sus orígenes de varias tribus de nativos americanos y la llegada de los primeros europeos al país, un período colonial que el narrador aprovecha bastante bien en no pocas de sus creaciones. Aun así, parece incapaz de dejar a un lado el placer por mezclar la realidad y la ficción, estando basadas muchas de las ciudades pequeñas y pueblos de sus textos en comunidades que sí existen. Jerusalem's Lot, Ludlow, Little Tall, Chamberlain, Chester's Mills... En algunos casos, incluso algunos de los nombres pertenecen a municipios auténticos. Por encima de los nombrados (y los no nombrados) se encuentran Derry y Castle Rock, en especial este último. Mientras que el primero, famoso sobre todo por *It (Eso)*, es una «adaptación» de Bangor, el segundo es la versión de King de la unión de Durham y Lisbon Falls.

Sin embargo, si se quiere ser más minucioso, habrá que utilizar una lupa literaria para comprobar que los lugares encantados de Stephen (los mencionados poseen su buena dosis de terribles acontecimientos, horribles incidentes y sucesos sobrenaturales), como gran escritor de género fantástico, también pueden ser más insignificantes, al menos, en apariencia. Desde el Overlook hasta la habitación 1408, pasando por la casa Marsten, el antiguo cementerio micmac o el bloque de los condenados a muerte de una prisión. Además, la utilización continuada de estos emplazamientos logra que el lector se sienta parte de ellos, que los reconozca con facilidad y comulgue rápidamente con el universo que el autor va creando libro a libro, un universo que así puede conectar sin dificultad. Por ejemplo, moviendo a sus diferentes personajes de una población a otra e incluso construyendo ciclos a su alrededor en los que el pasado, presente y futuro de tales localidades crece conforme avanzan las distintas lecturas.

CICLOS Y SECUELAS ESPIRITUALES

Utilizar de forma recurrente localizaciones concretas hasta convertirlas en familiares para el lector, que haya personajes que se mueven de una historia a otra y que existan temas que recorren constantemente la bibliografía de Stephen King son detalles que han acabado creando un universo conectado, propiciando así que algunas novelas y relatos estén tan unidos que conformen ciclos e incluso secuelas espirituales. En la mayoría de las ocasiones, es el propio autor quien descubre estas relaciones, afianzando su estatus oficial. Sin embargo, a veces son los lectores y críticos quienes llevan a cabo estas uniones, quedándose el escritor a un lado, permitiéndoles que lo hagan, sin quitarles ninguna validez, pero tampoco otorgándosela. Es un ejercicio interesante, sobre todo si viajamos a Castle Rock, un pueblo (o pequeña ciudad) tan recurrente en el Kingverso que ha permitido varias teorías y estructuras literarias al respecto.

Según a quién se le pregunte, el llamado Ciclo de Castle Rock está compuesto por un número variable de obras, lo cual incluye también al Rey. Este llegó a señalar *La zona muerta* (la primera novela en la que se hace referencia a Castle Rock), *El cuerpo* y *Cujo* como la Trilogía de Castle Rock, que pretendía cerrar con el denominado Libro de Castle Rock, formado a su vez por los manuscritos *La mitad oscura*, *La tienda* y *El perro de la Polaroid*. Al final, se llegó a la conclusión de que el verdadero Ciclo de Castle Rock está formado por *La zona muerta*, *Cujo*, *La mitad oscura* y *La tienda*, aunque hay quienes retiran de la ecuación el tenebroso texto de Thad Beaumont y su sádico seudónimo viviente (yo no recomiendo tal acción). Como sabe cualquier lector constante, Steven no solo no cerró esa etapa en Castle Rock, sino que la continuó durante bastantes años más, convirtiéndose esta población, que le debe el nombre a la fortaleza de *El señor de las moscas* de William Golding (*Los herederos*, *La pirámide*), en la más popular de todas las que ha construido.

Pasando de ciclos por emplazamiento a otros por temática, habría que hablar de la Trilogía de la Mujer o Trilogía de las Damas, constituida por *El juego de Gerald*, *Dolores Claiborne* y *El retrato de Rose Madder*, aunque también existe quien ve otro ciclo de títulos al añadir *La chica que amaba a Tom Gordon* y *La historia de Lisey* (hasta la publicación de esta, había quien veía la anterior como un epílogo de la Trilogía de las Damas). Todas ellas son historias feministas, dedicadas por completo a la figura de la mujer desde distintas perspectivas, con la particularidad de que las dos primeras, *El juego de Gerald* y *Dolores Claiborne*, sí que se hallan unidas por la presencia de un eclipse. Sin ir más lejos, la intención original pasaba por configurarse ambas como un solo volumen, pero los planes cambiaron. Regresando momentánea y ligeramente a Castle Rock, también hay expertos que señalan una especie de trilogía de la estupidez humana en la que se encuentran *La tienda*, *La tormenta del siglo* y *La cúpula*. El de Maine se dedica en estos trabajos no solo a enseñarnos la gran cantidad de secretos de una comunidad concreta, sacados a la luz por una serie de acontecimientos conectados con un suceso o personaje poseedor de características paranormales, sino también a mostrar los niveles de imbecilidad que puede alcanzar la raza humana, en especial cuando se la pone en un extremo, en estos casos, en el de la supervivencia, adornada con codicia, ira, envidia, desconocimiento y egoísmo.

No entrarían en estos ciclos el grueso de *La Torre Oscura*, al ser una saga de varios tomos. Tampoco las novelas y cuentos relacionados con ella como *Insomnia*, aunque gracias a alguna de sus entregas sí que se habla de un Ciclo de Salem's Lot, donde también tienen cabida, por supuesto, *El misterio de Salem's Lot*, *Los misterios del gusano* y *Un trago de despedida*. En cambio, las obras unidas a Holly Gibney sí que tienen abierto cierto debate, pues están la trilogía de Bill Hodges, *El visitante*, *La sangre manda* y *Holly*. ¿Saga? ¿Ciclo Holly Gibney? ¿Se cuentan también *Mr. Mercedes*, *Quien pierde paga* y *Fin de guardia*, o van aparte? La que sí que se agregaría claramente más como trilogía que como ciclo es la de Gwendy, formada por *La caja de botones de Gwendy*, *La pluma mágica de Gwendy* y *La última misión de Gwendy*, escrita en colaboración con su colega Richard Chizmar (*Chasing the Boogeyman*, *Becoming the Boogeyman*). No se incorporan narraciones breves como por ejemplo *El cuerpo* y *Marejada nocturna*, consideradas precedentes de historias mayores como *It (Eso)* y *Apocalipsis*, respectivamente. Eso sí, sobre secuelas espirituales tiene mucho que decir la primera.

Poco dado a las continuaciones directas (ni siquiera *Doctor Sueño* podría considerarse como tal, al menos no en el estricto sentido del concepto), el tío Steve sí ha dado buenas muestras de estar encantado con las secuelas que no son tales, pero reúnen parte de la esencia de los textos de los que beben, incluyendo no pocos guiños y referencias a ellos. Tanto es así que a veces alimentan con facilidad las teorías de los lectores, hipótesis que el propio novelista ayuda a extender y explotar no sin añadir buenas dosis de malicia al asunto. Todo parece indicar que el cuento *Popsy* es una secuela de *El piloto nocturno*; *Ventana secreta, jardín secreto* no acalla los ecos de *La mitad oscura*; y la habitación de *1408* bien podría pertenecer al Overlook de *El resplandor*. Con *It (Eso)* casi que se estaría hablando de otro ciclo si contamos *El policía de la biblioteca*, *El cazador de sueños* y *Después*; mientras que el primer título simplemente lo roza, los otros dos son para muchos especialistas y expertos claras continuaciones, donde se dan incluso pistas acerca de cómo acabó el Club de los Perdedores y la criatura conocida como Eso. Saca tú tus propias conclusiones, lector.

EL KINGVERSO

Lugares comunes, personajes que se pasean entre las historias, localizaciones familiares, temas recurrentes... Ante las pruebas obtenidas directamente de la bibliografía de Stephen King, resulta fácil exhibir una serie de evidencias que muestran un universo compartido (no entre todas sus obras, es obligatorio señalar) surgido de la mente del autor, o un Kingverso, como se ha acabado llamando. ¿Se ha ido construyendo poco a poco o lo tenía todo planeado de antemano? Lo primero es más probable que lo segundo, pues hay que recordar que el Rey siempre ha sido más un escritor de brújula que de mapa, algo que no solo no ha escondido, sino que ha proclamado innumerables veces con orgullo. Por ejemplo, el novelista ha admitido que en muy, muy pocas ocasiones conoce el final de sus trabajos. Complicado creer que en los años 70 comenzó a colocar los cimientos de un universo continuista en el que sus personajes se pueden cruzar en cualquier momento.

Al contrario. Parece que el Kingverso, que daría para un ensayo por sí solo, se formó como un cruce entre una broma interna y un regalo para los seguidores del de Maine, los que no tardaron en convertirse oficialmente en lectores constantes. Todo empezó con una serie de guiños y referencias contenidos en las novelas y relatos de Steven hacia otras novelas y relatos. Algunas alusiones eran más grandes que otras, más sutiles o menos, pero ahí estaban. Sin pausa, eso se convirtió en una de las señas de identidad de la literatura del narrador, aumentando de tal manera que se han llegado a confeccionar diseños y esquemas para explicar todas y cada una de las conexiones que existen entre sus libros. Algo similar a esos volúmenes dedicados a los emplazamientos habituales que utiliza con mayor frecuencia, y que ofrecen mapas con indicaciones, fotografías y comparaciones entre unos y otros, sin obviar las poblaciones reales en los que se basan.

Las menciones, alusiones y cruces que erigen el Kingverso pueden ser de todo tipo, y con ello también me refiero a que son capaces de ocupar un importante protagonismo en el libro en cuestión o pasar casi desapercibidos si uno no es un lector constante poseedor de un enciclopédico conocimiento acerca de todo lo que toca nuestro querido Steve. El sheriff Bannerman, personaje secundario de *La zona muerta*, también se pasea por las páginas de *Cujo*; en *It (Eso)*, aparece un joven Dick Hallorann, el cocinero del Overlook de *El resplandor*; una marca de cigarrillos en *La historia de Lisey* sirve para recordar *El misterio de Salem's Lot*; en *22/11/63*, el protagonista visita Derry, topándose con algún que otro personaje de *It (Eso)*; otro sheriff, Alan Pangborn, secundario de *La mitad oscura*, adquiere un rol más relevante en *La tienda*; el rito de Chüd, esencial para el Club de los Perdedores, también lo es para el joven que puede ver a los muertos en *Después*; en *El retrato de Rose Madder* se citan algunas de las novelas de Paul Sheldon, el escritor de *Misery*... Y todos estos son solo algunos pocos ejemplos de cómo se extiende el Kingverso por la bibliografía de King.

Pero el Kingverso no se ha quedado solo en el papel. La cantidad de proyectos audiovisuales basados en la literatura de Stephen es de tal magnitud que, al final, ni el cine ni la televisión han podido resistirse a llevar a cabo su propia versión del llamado Kingverso, en forma de guiños más o menos evidentes. En la película *Cementerio de animales* (*Pet Sematary*, Dennis Widmyer- Kevin Kolsch, 2019) vemos una clara señalación hacia la ciudad de Derry; en la miniserie *22.11.63* (*11.22.63*, Bridget Carpenter, 2016), el Plymouth Fury asesino de *Christine* tiene su pequeño momento de gloria; en la segunda adaptación de *El resplandor*, llevada a la pequeña pantalla, hay una gran referencia a Gage Creed, el niño protagonista de *Cementerio de animales*; en *La Torre Oscura* (*The Dark Tower*, Nikolaj Arcel, 2017) es fácil dar con una fotografía del hotel Overlook... Y, por si fuera poco, existen incluso títulos que ya de por sí parecen una extensión de ese Kingverso. Por ejemplo, *Los ojos del gato* (*Cat's Eye*, Lewis Teague, 1985) es una producción cinematográfica que reúne tres historias del tío Steve, con apariciones especiales de Christine y Cujo. Sin embargo, el plato fuerte es *Castle Rock* (*Castle Rock*, Sam Shaw-Dustin Thomason, 2018), serie de televisión que transcurre en la ficticia localidad en la que convergen numerosos conceptos, personajes e ideas del Kingverso. ¡Su segunda temporada es un cruce entre *Misery* y *El misterio de Salem's Lot*! El Kingverso en toda su gloria.

CAPÍTULO IV

LA HERENCIA DEL REY

Prepárate, lector, porque has llegado al último capítulo del libro que tienes entre manos. No te preocupes. No te apenes. Aún quedan bastantes páginas en las que te hablaré del Rey, pero entramos, juntos, en la recta final del presente volumen, mediante un título que a punto estuve de cambiar por el que recogía los apartados que acabas de dejar atrás. Y es que los temas en los que voy a sumergirte se encuentran muy relacionados con la llamada marca King, aunque desde otro punto de vista. Si anteriormente me he referido a la mencionada «marca» como una manera de analizar las piezas que hacen reconocible su literatura, ahora toca averiguar qué se considera así fuera de su universo de imaginación y letras. ¿Cuál es el alcance del especial toque de nuestro querido Steve?

«Soy el equivalente literario de un Big Mac y patatas fritas». Sé que ya he mencionado estas palabras, una de las citas más célebres del novelista, pero creo que son perfectas para presentarte este capítulo final del libro. El autor no solo está afirmando que es un escritor popular, de consumo rápido y ventas todavía más veloces (y en grandes cantidades, claro), sino también que es una marca, prácticamente como si hablásemos de Disney o Coca-Cola. El tipo pobre de Maine, que construyó *Carrie* en una caravana, sin saber si cumpliría su sueño o terminaría como otro profesor que interiormente se siente un escritor frustrado, hoy puede ver su cara en camisetas, cojines, mantas, toallas, fiambreras, llaveros e incluso juguetes. Sí, también en obras como esta que hablan sobre él, tanto a sus seguidores como a no lo son.

Es de alabar que el propio Steven sea quien primero se llame Big Mac, autor de marca y se ría de sí mismo continuamente. Como he comentado en anteriores páginas, tener los pies en el suelo, su constante humildad, quienes es una de sus grandes virtudes, no solo como narrador de historias, sino también como persona. De ahí que sea muy consciente de lo que han significado para su carrera las innumerables adaptaciones audiovisuales que se han llevado a cabo de sus libros. Películas, series y miniseries, de pequeño y gran presupuesto, han logrado durante años que el legado, la herencia de King se extienda por toda la cultura popular que disfrutamos desde hace décadas, una cultura popular que él mismo consumía antes de que aparecieran sus primeras pesadillas escritas. Qué forma de cerrar el círculo. ¿O de perpetuarlo? Al fin y al cabo, no son pocos los autores modernos que, a su vez, lo toman como referencia, introduciéndose ellos mismos, poco a poco y a todos los niveles, en esa cultura popular que el de Maine ha ayudado a crear.

¿Qué hubiera sido de él sin sus prontas adaptaciones? Esa es una pregunta que se suele realizar bastante a menudo, sobre todo en los círculos de los lectores constantes, y que da para un debate tan extenso como profundo que, lamentable o afortunadamente, no vamos a tener aquí, lector. ¿Mi opinión? ¿Rápida y breve? El éxito y el clamor popular le hubieran alcanzado, aunque no a tanta velocidad ni de forma tan potente. Él mismo ha teorizado acerca del tema en más de una ocasión, admitiendo que el cine y la televisión pueden llegar a veces a lugar donde los libros no.

De todos modos, si cuando alguien ve una serie o disfruta de un filme basado en una de sus novelas o relatos, luego corre a buscar el material original, se podría entender que el «truco» ha funcionado. Sin ir más lejos, recuerda, lector, que yo mismo conocí a Stephen King antes por sus cintas ochenteras de terror que por las obras que más tarde no pude dejar de devorar. Aún hoy no puedo. Ni quiero.

Pero la herencia del Rey va más allá. Videojuegos que trasladan a consolas y ordenadores sus historias; música basada en las mismas; cómics que transitan el mismo camino... Y estoy hablando solamente de las adaptaciones directas, porque también puedo señalar todas aquellas que contienen referencias al universo del autor o que lo usan para crear los suyos propios, utilizando al novelista como una base tal cual él hizo con escritores anteriores, con los que creció. Por supuesto, no me olvido de los guiños dirigidos tanto a su persona como a su trabajo, y que se pueden contar por cientos, aparecidos incluso en series infantiles y comedias cinematográficas. Sin ir más lejos, las producciones televisivas de animación para adultos son muy dadas a mostrar un cariño inmenso por el tío Steve.

Para que te hagas una idea del alcance de Stephen King en la cultura popular contemporánea, voy a llevarte por todas las regiones de las que te he hablado, lector. Pasaré por el cine, por los telefilmes para televisión, por las series y por las miniseries (lo que vendrían a ser las películas y series King; no por que las haga él, claro, sino por que lucen la «marca» de ser adaptaciones de sus trabajos), sin olvidar el fantástico proyecto Dollar Baby, aquellos directores que mejor y más se han acercado a su obra y también te descubriré curiosidades como las veces que Steven se ha atrevido a hacer de actor y las secuelas no oficiales que se han realizado sobre sus creaciones literarias, demostrándose así de nuevo que hay una parte de la industria cinematográfica que ha intentado explotar de él hasta su lista del supermercado. Por supuesto, como hice en el capítulo literario de este volumen, he seleccionado varios títulos muy concretos basándome tanto en la importancia que atesoran para la carrera del narrador como en la curiosidad que puedan despertarte. Espero haber acertado.

A continuación, te traigo un poco de música, videojuegos y cómics como aperitivo de unas páginas sobre el impacto de nuestro querido Steve en la cultura popular, confirmando el recorrido y evolución que durante décadas ha tenido: de escritor frustrado a profesor, de profesor a escritor de terror, de escritor de terror a escritor del fantástico, de escritor del fantástico a escritor serio, de escritor serio a ESCRITOR (en mayúsculas) e icono de la literatura popular y marca destinada a vender todo tipo de merchandising King. De ahí paso a la última parte del libro, donde profundizo en algunos nombres de profesionales de la literatura que lo tienen a él como principal referente o, dicho de otro modo, los llamados hijos de King, y no solo de sangre.

Te he mostrado quién es.

Te he enseñado qué hace.

Te he revelado cómo hace lo que hace. Y por qué.

Ahora toca descubrirte hasta dónde llega lo que hace.

Cuidado. Vamos a ir lejos.

CARRIE
(*CARRIE*, 1976)

Dos años después de conquistar las librerías con la novela *Carrie*, Stephen King dio el salto al cine para hacer lo mismo con la primera adaptación audiovisual de una de sus obras, de su primer libro publicado. Y lo hizo a lo grande, con una producción por todo lo alto que ha acabado convertida en uno de los clásicos del cine de terror, referenciado y homenajeado en mil ocasiones. ¡Menuda entrada en el séptimo arte para nuestro humilde vecino de Maine! Brian De Palma (*La furia, El precio del poder*) como director, un reparto encabezado por Sissy Spacek (*El mendigo, El largo camino a casa*) y Piper Laurie (*Twin Peaks, The Faculty*), un emergente John Travolta (*Grease, Pulp Fiction*) entre los intérpretes... ¿Qué podía salir mal? Nada. Y nada salió mal. Pero quizá me estoy adelantando, lector. ¿Cómo se empezó a gestar la película basada en *Carrie*?

Brian De Palma leyó *Carrie* por sugerencia de un amigo escritor. Quedó fascinado por la historia, en especial por la fuerza que le transmitieron los personajes femeninos. No abandonó la aventura de ir tras los derechos hasta lograr que lo eligieran como director, aportando toda la potencia que posee el filme, sin olvidar los continuos recordatorios a la filmografía de Alfred Hitchcock, de quien siempre se ha dicho que la carrera de De Palma ha bebido una y otra vez. El casting situó siempre a Amy Irving (*Los Patrulleros, El escondite*) como la principal candidata para ser Carrie White, hasta que apareció Spacek arrasando en las pruebas, bien apoyada por una apariencia muy cercana a la que tendría la protagonista en algunas de las escenas. Al reparto se sumaron también William Katt (*Los Patrulleros*, *El hombre de la Tierra*) y Nancy Allen (*El precio del triunfo*, *Poltergeist III*), quienes se meten en la piel de personajes imprescindibles para que avance tanto la trama principal como algunas de las secundarias. El equipo formado por Laurie y Spacek fue esencial para el éxito de la cinta, ambas totalmente entregadas a sus respectivas actuaciones. La segunda incluso permaneció entre tomas con su vestido empapado en sangre, sin cambiarse, y llegó a ser enterrada ella misma, sin ninguna doble, en la famosa escena de la tumba, creando un final bastante imitado desde entonces en el cine de terror. Las dos fueron nominadas en los Óscar; Spacek en la categoría de Mejor Actriz y Laurie en la categoría de Mejor Actriz de Reparto.

Una de las más divertidas anécdotas del rodaje es esa que nos cuenta cómo De Palma invitó a un amigo para que se pasara porque había muchas chicas metidas en la película. Tal «desconocido» trató de ligar con todas con las que se cruzaba, llevándose siempre una negativa por respuesta hasta que, al final del día, la actriz Amy Irving le dijo que sí. Tiempo después se convirtió en su esposa. Su marido fue Steven Spielberg (*El diablo sobre ruedas*, *Salvar al soldado Ryan*) que, por entonces, comenzaba a ser conocido por cierta terrorífica historia con un escualo de por medio. También existe a día de hoy el ¿rumor? de que Brian De Palma y George Lucas (*THX 1138*, *American Graffiti*) hicieron un casting conjunto para *Carrie* y *La guerra de las galaxias* (*Star Wars*, George Lucas, 1977) en el que intercambiaron actores para los personajes protagonistas. Las limitaciones técnicas de la época y el presupuesto impidieron que se realizaran escenas tan impactantes como la destrucción final de todo el pueblo y algunas de las demostraciones de las habilidades telequinéticas de Carrie. Otros pasajes del manuscrito original fueron cambiados, pero nada que destrozara su esencia .

Carrie resultó al mismo tiempo una estupenda adaptación y una excelente película de terror que marcó un antes y un después, y no solo en el género. Las ventas de la novela aumentaron sin medida, viéndose el propio Steven un poco sobrepasado por el reconocimiento que se le daba, aunque agradecido. Siempre se mostró muy interesado en que la gente se acercara a la obra después de visionar el filme, añadiendo que era una buena cosa si de toda una sala de cine al menos unas pocas personas salían con ganas de ponerse a leer. Aun así, ha reconocido con el paso de los años que no llevó del todo bien que Carrie se hiciera más famosa que el libro, porque llegó a taparlo en cierta forma. ¿Qué hubiera sido de la carrera del Rey de no haberse estrenado la producción de De Palma cuando lo hizo? ¿Habría seguido el mismo ritmo? ¿Hubiese tardado un poco más en despegar al cien por cien? ¿Qué opinas tú, lector?

EL RESPLANDOR
(*THE SHINING*, 1980)

De todas las películas y series basadas en obras de Stephen King, el filme de Stanley Kubrick es el que ha dado lugar a más ensayos monográficos. Páginas y páginas de especialistas y expertos analizando los planos, complejidades, presuntos mensajes ocultos y mecanismos que llevaron al realizador a construir una de las mejores producciones de terror de la historia del cine... y una de las peores adaptaciones de una historia del de Maine. ¡Al mismo tiempo! ¿Puede hacerse eso? Por supuesto. *El resplandor* es el mejor ejemplo de que en ocasiones apartarse del material original logra buenos resultados. Y, a la vez, también es un gran ejemplo de que lo importante no es insistir en contar algo supuestamente novedoso, sino contarlo desde otra perspectiva, como

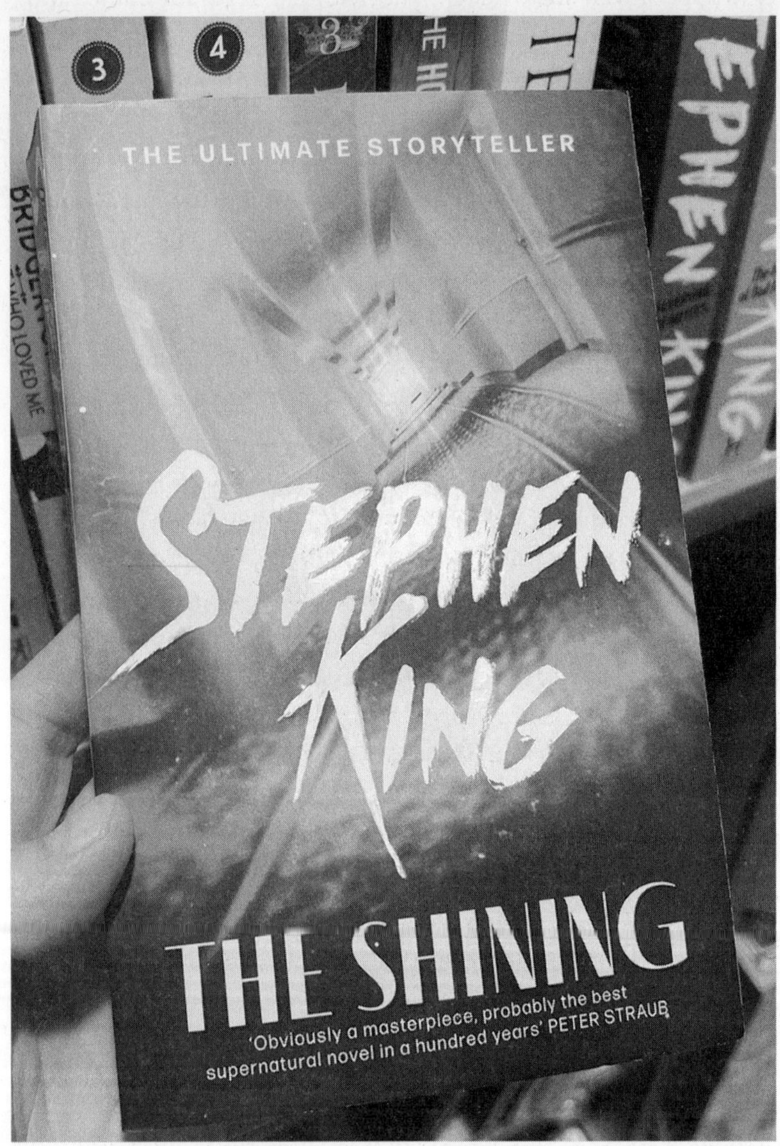

El Resplandor de Stephen King, portada del libro en edición inglesa.
Shutterstock

el propio Steven suele hacer. Kubrick hizo suya por completo la tercera novela publicada del escritor, pero por el camino creó una tormenta alrededor de la cinta que aún hoy permanece en el imaginario popular.

El exorcista (*The Exorcist*, William Friedkin, 1973) fue la principal razón de que el director se pusiera manos a la obra para convertir en arte cinematográfico el trabajo literario del tío Steve. Tras rechazar su realización y comprobar su espectacular éxito, comenzó a sentir los picotazos del bicho del terror, aunque ninguno de los libros que caía en sus manos le convencía. Sin embargo, hubo uno que sí que lo enganchó tanto que acabó admitiendo que era la primera vez que leía hasta el final una de las novelas que le enviaban para una posible adaptación. Se trataba de *El resplandor*, sí. Y lo que empezó como algo fácil se fue transformando en un auténtico infierno (helado), no para el cineasta, que por entonces ya contaba con un gran respaldo en la industria, más bien para el brillante chico nuevo de la literatura de terror. Steven no tenía ningún poder de decisión sobre los proyectos audiovisuales que sobrevolaban su cada vez más creciente bibliografía, así que solo le quedaba protestar, callar, protestar otra vez y continuar callado. Y así ocurrió con *El resplandor*. En numerosas ocasiones, además.

Los desencuentros con Kubrick fueron constantes. Comenzaron con el guion, el cual deseaba redactar el propio Rey. El director, con la última palabra por contrato, lo desechó de pleno: ni le interesaban los fantasmas del Overlook ni ninguna traza de ambiente sobrenatural en el texto. Las llamadas entre él y el futuro maestro del terror incluían preguntas filosóficas sobre Dios y el más allá cuyas respuestas no compartían. Diane Johnson (*Le Divorce*), próxima a Kubrick, fue la encargada final del libreto, una guionista que despreció la novela de King en no pocas ocasiones. Por si no fuera bastante, este tuvo que tragar también con que Jack Nicholson (*Chinatown*, *Batman*) se pusiera en la piel de Jack Torrance, copando un protagonismo que el personaje no tiene en el material original. El narrador prefería a actores como Jon Voight (*Cowboy de medianoche*, *El tren del infierno*) y Martin Sheen (*Apocalypse Now*, *La zona muerta*), quienes hubieran encajado a la perfección en el perfil de hombres ordinarios que son empujados gradualmente a la locura. Por el contrario, pensaba que Nicholson parecía trastornado desde el principio, tanto por el enfoque de Kubrick como por interpretaciones anteriores como la de *Alguien voló sobre el nido del cuco* (*One flew over the Cuckoo's Nest*, Milos Forman, 1975). Sus creencias acerca de que el público ya lo tenía encasillado en ese tipo de trabajos se cumplieron con él mismo al visionar por primera vez el filme y descubrir que le daba la impresión de ser el mismo Jack Nicholson de anteriores obras cinematográficas. El mismo Jack Nicholson por el que tuvo que bajarse el porcentaje de los derechos de *El resplandor*, por consejo de Bill Thompson, para que aceptara involucrarse en la cinta. ¿No es irónico? Tampoco le gustó nada que Wendy Torrance pasara de ser una mujer fuerte, capaz de enfrentarse a su marido y al Overlook para proteger a Danny, a una figura frágil, asustadiza y chillona. A pocos les extrañó que el escritor afirmara que Kubrick había hecho una película poseedora de un vacío total, sin entender los fundamentos del terror. Si la novela es cálida, finalizando en las llamas, la adaptación es gélida, terminando en el hielo. Un gran Cadillac sin motor debajo. Empezó a crearse el mito de que nuestro querido Steve odiaba *El resplandor*. En absoluto. Siempre ha sido más decepción, en realidad. Incluso ha llegado a recomendarla en *Danza macabra*, su excelente ensayo centrado en el género.

Durante el rodaje, Kubrick fue fiel a su estilo perfeccionista y obsesivo, en especial con Shelley Duvall, con quien la emprendía constantemente para aumentar la angustia que sufre su personaje en el filme; lo logró también entre bambalinas, al provocarle graves episodios de estrés. Mientras tanto, Nicholson era tratado como un héroe, aguantando con auténtica paciencia las infinitas tomas en las que se detenía el realizador, nunca contento con el trabajo rodado. La fachada del Overlook pertenece al complejo turístico de Timberline Lodge, pero el empeño del director por controlarlo todo fue más lejos aún, seleccionando él mismo a los actores de doblaje. Como curiosidad relacionada, el ya famoso «Here's Johnny!» que suelta Jack Torrance en la famosa escena del destrozo de la puerta con el hacha, fue doblado al castellano como «¡Aquí está Jack!», dado que su significado original no tenía mucho sentido en España entonces. La expresión provenía del programa norteamericano *The Tonight Show*, y era la manera en la que se daba la bienvenida a su presentador, Johnny Carson. Pese a toda la planificación de Kubrick, la frase fue improvisada por Jack Nicholson en aquel momento y, como ya sabemos, quedó genial. Hay que mencionar también que existen al menos dos versiones de la película (una más larga para los USA y otra más corta para el mercado internacional), que Diane Johnson propuso matar a Danny Torrance al final (en versiones previas del guion era Wendy la que era asesinada) y que llegó a tener un epílogo, que no gustó demasiado, donde el señor Ullman informaba a una convaleciente Wendy que los cadáveres de su marido y Hallorann no habían sido encontrados en el hotel.

A pesar de que el recibimiento inicial para *El resplandor* fue bastante tibio (hubo críticos a los que chirrió la mezcla entre cine de terror y un pretendido cine experimental), con el tiempo se ha convertido en una de las películas más y mejor valoradas dentro de la cinematografía de género. No solo se han realizado ensayos escritos sobre ella, sino también documentales como *Habitación 23*, que intenta desentrañar todos sus significados ocultos y posibles reinterpretaciones. Las gemelas, la escena de la puerta y la ola de sangre del ascensor son conceptos grabados a fuego en los pensamientos de cualquier amante del terror en el séptimo arte, todos ellos añadidos por Kubrick en el filme, trascendiendo así al original literario; el laberinto congelado sustituye a los adornos animales que cobran vida y el hacha ocupa el lugar de un arma menos terrorífica. Como sucedió con *Carrie*, *El resplandor* alcanzó cotas de popularidad que no consiguió la novela, convenciendo a miles de personas de que lo que aparece en la pantalla también se encuentra en el libro, lo cual es una magnífica razón para acercarse a él, como el propio King ha acabado admitiendo. Kubrick dirigió una película CON fantasmas a partir de una historia DE fantasmas. De terror sobrenatural a terror psicológico, logrando que el Overlook pasara a formar parte de la cultura popular. Y lo hizo en sus propios términos, por supuesto.

Atrezzo original de vestuario de la adaptación de *El resplandor*, protagonizada por Jack Nicholson y dirigida por Stanley Kubrick. Se exhibe junto con otras piezas en el Museo de Diseño de Londres, Inglaterra. Shutterstock

CHRISTINE
(*Christine*, 1983)

Stephen King y John Carpenter (*La noche de Halloween, En la boca del miedo*). John Carpenter y Stephen King. Dos maestros del terror, sobre todo en los 80, destinados a encontrarse, destinados a entenderse. Y lo hicieron con *Christine*, aunque antes estuvieron a punto de conseguirlo gracias a *Ojos de fuego*, cuya adaptación le fue encargada al realizador. Sin embargo, el descalabro en taquilla de *La cosa* (*The Thing*, John Carpenter, 1982) provocó que fuera cambiado, quedándose con las ganas de jugar con la bibliografía del escritor. Una nueva oportunidad surgió pronto con *Christine*, cuyos derechos de explotación fueron adquiridos incluso antes de que Steven finalizara el libro. A pesar de que al leerlo al director no le pareció demasiado aterrador, supo que necesitaba eso en su carrera en ese momento, así que se puso manos a la obra, más que dispuesto a mezclar su personal universo con el del Rey. La jugada le salió bastante bien, en especial a la hora de alejarse del material original, pero respetando la esencia de la historia, logrando que novela y película se complementen de manera magistral.

Christine de John Carpenter funciona bien como adaptación y como filme de terror. La trama, en general, es la misma, solo que simplificada en algunos aspectos para que pudiera contarse en las dos horas de metraje que posee. De este modo, se elimina prácticamente todo lo de los LeBay, la relación romántica entre Dennis y Leigh queda casi en nada y los asesinatos cometidos por Christine no son solo menos sangrientos que en el libro, sino que también se suceden a mayor velocidad. De entre todos los cambios entre novela y película, el que adquiere más importancia es el de la verdadera naturaleza del vehículo, comenzando la cinta con una brutal escena a ritmo de *Bad to the Bone* (malo hasta la médula) de George Thorogood y The Destroyers donde asistimos al nacimiento de Christine, descubriendo que ya era malvada desde su concepción, sin fantasmas ni posesiones de por medio. Las diferencias argumentales se acentúan conforme la producción avanza, llegando a ser muy evidente en el último enfrentamiento contra Christine. El final de la película es al mismo tiempo distinto y similar al del libro, dejando una puerta abierta para el regreso del Plymouth Fury... con el *Bad to the Bone* de fondo.

La crítica no fue benevolente con *Christine* cuando se estrenó. El público, en cambio, sí. En la taquilla no le fue nada mal, uno de los motivos por los que Carpenter la recuerda con cariño (también como un encargo de estudio más que como una decisión personal), al contrario que el de Maine, quien llegó a decir de ella que le pareció aburrida, aunque con el tiempo se ha dulcificado bastante al respecto. El reparto invitó a llenar las salas, un elenco que iba a estar encabezado por un por entonces novato Kevin Bacon (*El último escalón*, *Sentencia de muerte*) que prefirió estar en la mítica *Footloose* (*Footloose*, Herbert Ross, 1984). En su lugar tenemos por un lado a Keith Gordon (*Regreso a la escuela*, *Dexter*) como Arnie Cunningham, y por el otro a John Stockwell (*Acción en la sangre*, *La obsesión de Laura*) como Dennis Guilder. Los acompañan Alexandra Paul (*Los vigilantes de la playa*, *Engañada en la Red*) y los veteranos Robert Prosky (*El último gran héroe*, *Pena de muerte*) y Harry Dean Stanton (*Amanecer rojo*, *Los Vengadores*). Tanto la banda sonora como los efectos especiales son puro Carpenter, cuya filmografía es tan notable que *Christine* siempre ha sido considerado uno de sus títulos menores.

Más sobre el rodaje y el uso del Plymouth Fury. Se destruyeron entre quince y veinte coches de este modelo durante la realización del filme, lo que ocasionó múltiples quejas por parte de los fans debido a que ese Plymouth Fury era prácticamente una pieza de coleccionista al haberse construido poco más de 5.000 unidades. El primer Plymouth Fury se creó en 1956 y su producción continuó hasta 1978 (con diferentes cambios de nombre y modelo, e incluso relanzamientos de por medio), convirtiéndose en un vehículo bastante popular durante los años 70, siendo también un automóvil bastante usado por las fuerzas del orden debido a su rendimiento. Precisamente en el filme, el personaje de Rudy Junkins, interpretado por Harry Dean Stanton, viaja en un Plymouth Fury, eso sí, más moderno que el (o la) Christine de Arnie Cunningham. El Plymouth Fury fue creado con un aspecto muy acorde a la época en la que nació, llegando incluso a tener unos alerones laterales de mayor tamaño en la versión de 1959. La mayor de las curiosidades viene por el color de Christine, un rojo brillante muy «sanguinario». En realidad, el modelo que describe King en la novela no posee ese color, sino el blanco o beige, así como tampoco tiene cuatro puertas, sino solo dos, algo que sí se mantiene en la cinta. Fue todo un acierto por parte de Carpenter dejarlo en rojo, y otro mucho mayor el del escritor al elegir ese modelo de coche, ya que al mismo tiempo que Christine nos retrotrae a la época dorada del automóvil en Estados Unidos, también nos aterroriza con esos faros grandes como ojos y esa piel roja en la que cuesta diferenciar la sangre de sus víctimas de la pintura.

LA REBELIÓN DE LAS MÁQUINAS
(*MAXIMUM OVERDRIVE*, 1986)

A Stephen King siempre le ha interesado el cine. Y no me refiero solo al séptimo arte en su vertiente más fantástica, sino en general. Al igual que el terror, la fantasía y la ciencia ficción, lo audiovisual le ha acompañado desde que era niño, criándole, madurándole y evolucionándole. Su pasión ha sido tal que también ha acabado incluyendo cierta curiosidad. ¿Por qué no probar? ¿Por qué no intentarlo? De ahí que haya jugueteado con algunos proyectos cinematográficos de distintas maneras, iniciándose en ellos mediante la actividad artística que mejor se le ha dado siempre: escribir. Sus guiones van más allá de las adaptaciones de sus obras (las que los productores han permitido que toque; al fin y al cabo, son ellos quienes ponen el dinero), alcanzando proyectos que guardan su identidad, pero que no provienen directamente de su bibliografía. *Creepshow* (*Creepshow*, George A. Romero, 1982) es el mejor ejemplo de ello, hija de su tiempo, aglutinadora de todo lo bueno del cine de terror de los 80. Sin embargo, existen otros igual de atractivos, como *Los años dorados* (*Golden Years*, Josef Anderson, 1991), *Sonámbulos* (*Sleepwalkers*, Mick Garris, 1992), *La tormenta del siglo* (*Storm of the Century*, Craig R. Baxley, 1999) y *Rose Red* (*Rose Red*, Craig R. Baxley, 2002), producciones que eran novelas o ideas para ellas en su origen (el guion de *La tormenta del siglo* se publicó como si fuera una). ¡Si incluso ha llegado a escribir un capítulo de la serie de televisión *Expediente X* (*The X Files*, Chris Carter, 1993)! También ha producido y colaborado en vídeos musicales (*Ghosts*), en obras de teatro (*Ghost Brothers of Darkland County*)... ¿Queda algo? Sí, claro. Dirigir. El maestro del terror también ha dirigido. Una película, para ser exacto. Solo una. ¿Por qué? Porque la experiencia fue una pesadilla que daría para uno de sus libros más aterradores.

La rebelión de las máquinas adapta el relato *Camiones*, incluido en la antología *El umbral de la noche*. Un cuento en el que los vehículos adquieren vida propia que usan para asesinar a los seres humanos, subrayando el interés de Steven en criticar la tecnología de maneras poco sutiles (que se lo digan también a Christine). Afirmar que *La rebelión de las máquinas* es uno de los grandes desastres relacionados con el autor es quedarse corto. La expresión «de mala que es, es buena» le va como anillo al dedo a esta aventura de serie Z donde los protagonistas combaten a camiones y otras máquinas con armas de fuego entre las que se incluyen lanzagranadas. Sin olvidar al gran villano de la historia: el camión del Duende Verde, enemigo acérrimo del superhéroe Spiderman. Lo cierto es que se podría escribir todo un ensayo alrededor del rodaje de *La rebelión de las máquinas*, durante el cual el Rey, con control absoluto sobre la producción, se pasaba el día borracho y, en algunos momentos, sin saber con exactitud qué hacer como el completo novato que era en labores de dirección. La película ha ganado premios tanto alabándola como denigrándola (fue nominada a dos premios Golden Raspberry, conocidos popularmente como Razzies o anti-Óscar), nuestro querido Steve la considera la peor adaptación de una obra de su autoría e incluso fue demandado por el director de fotografía al perder un ojo en uno de los múltiples accidentes ocurridos durante el rodaje. Poco importa que la banda sonora esté encabezada por AC/DC y la potente canción *Who Made Who* o un reparto que incluye nombres como los de Pat Hingle (*Batman, Batman vuelve*), Frankie Faison (*Hannibal, The Wire*), Giancarlo Esposito (*Breaking Bad, The Mandalorian*) y Emilio Estévez (*Repo Man, En el punto de mira*). El novelista terminó tan cansado, harto, agotado y decepcionado que nunca más se ha vuelto a poner tras una cámara, aunque ganas no le faltan, como ha indicado en alguna que otra ocasión. El propio Joe Hill ha expresado deseos de llevar a cabo un remake de *La rebelión de las máquinas*, aunque dándole una vuelta de tuerca.

Antes señalaba que todo lo que rodeó la producción de la cinta bien podría haber dado para un ensayo propio. La idea fue más allá en un momento dado, porque se pensó en una película para contar el rodaje. A finales del año 2016, se descubrió que la llamada Hollywood Black List de ese año guardaba dos proyectos la mar de jugosos: *The Kings of Maine* y *Maximum King!* La llamada Lista Negra de Hollywood, en dudoso honor a los profesionales del cine que fueron apartados de su oficio al ser acusados de comunistas a mediados del siglo pasado, es una especie de registro de los más interesantes guiones anuales que la industria hollywoodiense ha descartado para transformarlos en producciones. La Black List de 2016 nos dio una grata sorpresa al mostrarnos las posibles cintas mencionadas con anterioridad, lo que indica que no solo se encontraron próximas a pasar de guiones a películas, sino que existe un verdadero interés en trasladar la vida del Rey a la gran pantalla. ¿Qué nos hubieran contado estas dos obras cinematográficas? *The Kings of Maine* nos narraría la época de pobreza de nuestro querido Steve mientras trataba de sacar adelante a su familia en la ya famosa caravana, al mismo tiempo que trabajaba en cualquier empleo que le diera dinero y se empujaba a continuar escribiendo para ganarse la vida como deseaba en realidad, terminando la historia justo cuando vendió *Carrie* y se inició su ascenso al trono del rey del terror. Y, efectivamente, *Maximum King!* nos sumergiría en el psicodélico rodaje de *La rebelión de las máquinas*. El descubrimiento de estos dos proyectos deja en el aire numerosas preguntas, como quién se hubiese metido en la piel de King, pero también muchas esperanzas de verlos convertidos en filmes en un futuro no demasiado lejano.

CEMENTERIO VIVIENTE
(*Pet Sematary*, 1989)

Una de las preguntas que mas recurrentemente le realizan a Stephen King es sobre sus historias favoritas. Me refiero a las que ha escrito. ¿Cuáles son sus preferidas? Como es habitual en él, no es tímido a la hora de contestar, y menos si le apetece. A menudo desvela cuáles son sus ojitos derechos, aquellos manuscritos a los que mima por encima del resto, y más a la hora de asegurarse de que sean trasladados con respeto al cine y/o a la televisión. Uno de ellos es *Cementerio de animales*, a pesar de la oscuridad que lo embadurna, a pesar de que estuvo a punto de no ser publicado por decisión del propio autor. La carga personal que soporta la novela es tal, que cuando vendió los derechos para que se hiciera una película, tenía bastante claro que iba a intentar controlar el máximo de detalles posibles a su alrededor. Y cuando ocurrió, podía hacerlo. Cuando sucedió, nuestro querido Steve ya era el maestro del terror, un título que ayudó a apuntalar *Cementerio de animales*.

No parece casualidad que George A. Romero (*La noche de los muertos vivientes, La mitad oscura*), padre del zombi moderno y gran amigo del escritor, fuera el mejor posicionado para hacerse con una historia que tiene a la muerte y las resurrecciones como grandes protagonistas. El realizador, al que no dejaban de llegarofertas para adaptar las obras del narrador, tampoco pudo en este caso. Se pasó de un maestro en muertos vivientes a otro, pues también se pensó en Tom Savini (*La noche de los muertos vivientes, Creepshow*), quien declinó la oferta educadamente. Fue el propio Rey el que se acercó a Mary Lambert (*Relación fatal, Arrow*), la cual, a pesar de contar en su filmografía con una sola cinta, se lo ganó con el entusiasmo que demostró por su universo literario y la promesa de mantenerse fiel a *Cementerio de animales*. También hubo un detalle bastante importante que inclinó mucho la balanza a su favor: conocía a los Ramones. En realidad, mantenía una amistad muy especial con ellos gracias a la dirección de vídeos musicales. La banda de punk rock sobrevuela el texto de Steven de principio a fin, así que daba la impresión de ser una señal. La producción iba bien encaminada.

Por supuesto, el novelista hizo valer sus peticiones. *Cementerio viviente* se rodó en Maine, escenario del libro. Estuvo a cargo del guion, demasiado largo para los ejecutivos, por lo que tuvo que acortarlo, en lo relacionado con el Wendigo, que desaparece, al igual que Norma, la esposa de Jud Crandall. Aunque la ausencia total de la criatura que infecta las tierras de los micmacs no gustó demasiado a los lectores constantes, lo cierto es que el tronco de la historia se mantiene en pie. Stephen se implicó muchísimo en

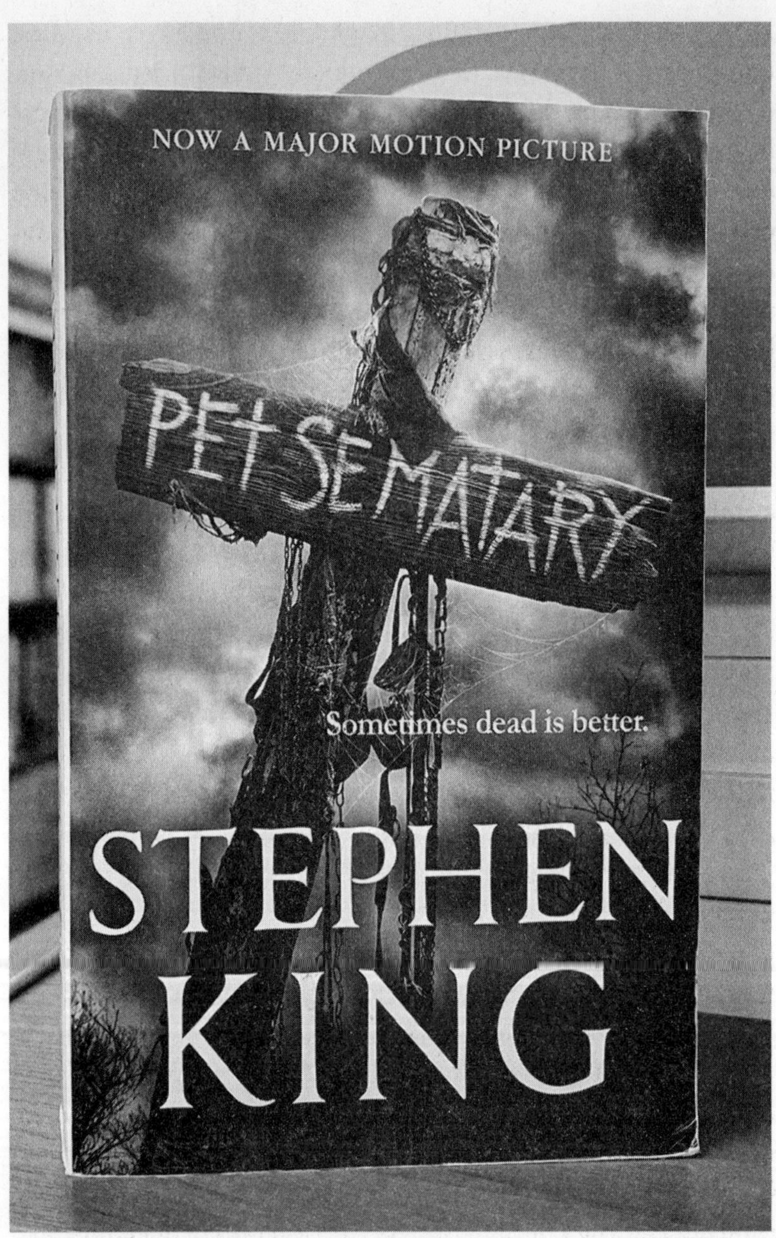

Pet Sematary de Stephen King, portada del libro en edición inglesa.
Shutterstock

la producción, rodaje incluido, ayudando a una Mary Lambert que tuvo que enfrentarse al estudio en varias ocasiones, por ejemplo, a causa del final; mientras que la directora deseaba trasladar el clímax de la novela, desde las altas instancias se solicitó que fuera más gráfico, ganando esta opción. Lambert lo hizo con la elección del jovencísimo Miko Hughes (*La nueva pesadilla de Wes Craven, Spawn*), a quien seleccionó por su talento natural, desechando la idea de usar gemelos, una práctica habitual y rentable en casos de niños. También escogió a un hombre para interpretar a Zelda, la hermana de Rachel Creed, creyendo que eso haría que su personaje, afectado de meningitis espinal, fuera más aterrador; no le faltó razón. El reparto se encuentra encabezado por Dale Midkiff (*Ruta 666, Dexter*), Denise Crosby (*Expediente X, The Walking Dead*), Brad Greenquist (*Pretender, El Llanero Solitario*) y un Fred Gwynne (*Patrulla 54, Mi primo Vinny*) al que los ejecutivos se resistieron porque creían que el público no se lo tomaría en serio debido a su papel recurrente de Herman Monster en la serie de televisión *La familia Monster* (*The Munsters*, Ed Haas, 1966). Para el papel de Louis Creed se llegó a pensar en el actor experto en cine de género Bruce Campbell (*Terroríficamente muertos, Ash vs Evil Dead*).

Cementerio viviente (como se tituló en España, con un pequeño «spoiler») se estrenó cuando muchos estudios ya no confiaban en la rentabilidad fácil, rápida y automática de las adaptaciones de obras de King, debido a la sobreexplotación sufrida en una década de los 80 que se acababa. El filme fue un taquillazo, conquistó a la crítica e impactó con fuerza en la cultura popular, sobre todo en la relacionada con el cine de terror; al igual que *Carrie, El resplandor* y *Christine*, dejó varias imágenes icónicas para el género, como la de Gage Creed en la carretera, el repaso al propio cementerio micmac, las apariciones de Church, el aspecto de Zelda y el inquietante Gage Creed resucitado. Aportó bastante a su éxito la banda sonora liderada por *Pet Sematary*, su tema principal (aunque también aparece

Sheena is a Punk Rocker), incluido en el álbum *Brain Drain* de los mencionados Ramones. Gracias a Mary Lambert, Stephen pudo invitar al grupo a su casa, donde, mientras charlaba con Johnny Ramone, Dee Dee Ramone compuso *Pet Sematary* en aproximadamente media hora. Imprescindible es su vídeo musical, así como el documental *Unearthed & Untold: The Path to Pet Sematary* (*Unearthed & Untold: The Path to Pet Sematary*, John Campopiano-Justin White, 2017), el perfecto complemento a la cinta.

LA FOSA COMÚN
(*GRAVEYARD SHIFT*, 1990)

Algo mágico ocurrió cuando se publicó *El umbral de la noche*. El tono, la energía y las principales características de sus cuentos, la mayoría de ellos publicados previamente en las llamadas por entonces «revistas para hombres», daban la sensación de adelantarse a lo que serían los años 80 en cuestiones de literatura y cine de género fantástico. ¿Vio el futuro un joven Stephen King? ¿O ayudó a crearlo? ¿Qué fue antes, lector, el huevo o la gallina? La antología se lanzó en 1978, por lo que no es disparatado pensar que, en realidad, aportó bastante a lo que vendría más tarde. De ahí que muchas de las adaptaciones audiovisuales de relatos de esta recopilación funcionaran también en aquella época, como si encajasen a la perfección en ella (sin hilar fino, como gran parte de la bibliografía del Rey, en una especie de maravillosa simbiosis temporal y artística). De entre todas, *La fosa común* es un ejemplo idóneo, en forma y fondo, para dar fuerza a mis palabras.

Basada en el cuento *El último turno* (en España perdimos el título que se le dio originalmente al texto, cambiado por un muy ochentero *La fosa común*), la película expande con acierto una historia que trasladada palabra por palabra no daría más que para un cortometraje. El guion sigue la estructura básica de lo escrito por nuestro querido Steve, con un grupo de trabajadores tratando de limpiar las zonas inferiores de un edificio repleto de ratas, una labor que los lleva a descubrir algo más antiguo y peligroso. En la cinta se desarrollan diferentes relaciones entre los personajes, sobre todo entre el protagonista y una de las empleadas; da más tiempo a conocerlos mejor; la construcción es una clase de molino textil; y el final es bastante distinto. Siendo sincero, resulta más hollywoodiense, no apartándose ni un milímetro de los parámetros de un buen filme de serie B, donde el héroe salva el día (o más o menos) en la *monster movie* de turno. La ambientación, los efectos especiales y el diseño de producción van también en ese sentido; que no engañe el hecho de que se estrenara en 1990, porque es cien por cien de los 80. Como muchas de por entonces, en especial las que no tuvieron éxito comercial, se ha convertido en una obra de culto. Y no es para menos.

La fosa común es el único largometraje del director Ralph S. Singleton. Cuenta con un reparto formado por David Andrews (*House of Cards*, *The Boys*), Kelly Wolf (*Un día de octubre*, *El rancho*), Stephen Macht (*Alas en la noche*, *Una pandilla alucinante*) y Andrew Divoff (*Wishmaster*, *Perdidos*), donde destaca el personaje del exterminador de ratas (creado para la película) interpretado por Brad Dourif (*Muñeco diabólico*, *Chucky*), toda una institución del cine de terror. A pesar de que Stephen quedó muy contento con que la cinta se rodase en su Maine natal, y no digamos ya con el gran guiño a Richard Bachman (el molino/fábrica textil lleva su apellido), suele nombrarla como una de las peores adaptaciones de uno de sus escritos.

EL CORTADOR DE CÉSPED
(*The Lawnmower Man*, 1992)

Lector, permíteme narrarte en pocas líneas uno de los relatos más conocidos de *El umbral de la noche*; tranquilo, que no te desvelaré detalles importantes de la trama. ¿Preparado? El doctor Lawrence

Angelo es un brillante científico que estudia las propiedades de la realidad virtual en la inteligencia del ser humano, buscando curar enfermedades relacionadas, gracias a los fondos de una agencia que, en realidad, tiene objetivos militares para tal investigación. Ansioso por dar el siguiente paso, decide acercarse a Jobe Smith, el cortador de césped de la urbanización, para probar en él el tratamiento, pues es una persona con discapacidad intelectual. En muy poco tiempo, Jobe adquiere una inteligencia superior, convirtiéndose en una amenaza incluso para el planeta entero. Y hasta aquí te puedo contar. Si no eres un lector constante, o no demasiado asiduo a la literatura del Rey, tampoco te habrá sorprendido esta breve «sinopsis», más allá de que se trata más de una historia de ciencia ficción que de terror. Sin embargo, si eres un lector constante, sabes que te estoy engañando: lo que acabo de compartir contigo no tiene que ver con nada creado por Stephen King.

Cuando se adquirieron los derechos de *El umbral de la noche*, se pretendía llevar a cabo una película antológica formada por las adaptaciones de *La trituradora*, *Camiones* y *El hombre de la cortadora de césped*, conectando los tres cuentos gracias a la relación del hombre con la tecnología. Pudo terminarse un guion, que compró el famoso productor Dino De Laurentiis (*Ojos de fuego*, *La zona muerta*) con la intención de que fueran una serie de cintas antológicas que comenzaría con *Los ojos del gato* (*Cat´s Eye*, Lewis Teague, 1985). Más tarde, al comprobar el potencial de los tres relatos, decidió que podían ser filmes individuales. *La rebelión de las máquinas* y *Alianza macabra* (*The Mangler*, Tobe Hooper, 1995) nacieron con mucha mayor facilidad que *El cortador de césped*. Ni la obra original ni el guion daban para un largometraje. ¿Qué hacer? A los encargados no se les ocurrió mejor idea que mezclar el libreto con uno titulado *Cyber God*, escrito por Gimel Everett (*El foso de la muerte*) y Brett Leonard (*Virtuosity*, *Man-Thing*), convirtiéndose este, además, en el director de tan extraña fusión de historias. Poco quedó de la del maestro del terror; una escena concreta, en la que una cortadora de césped, manejada mentalmente por Jobe, asesina a un personaje con el mismo nombre que el del texto de Steven; y una misteriosa agencia muy próxima en métodos y secretos a las que aparecen en las novelas *Ojos de fuego* y *El Instituto*. Nada de dioses paganos ni de «hombres» desnudos cortando el césped.

Como era de esperar, el maestro del terror no se tomó nada bien la dirección del proyecto en cuanto llegó a la pantalla grande. Lógico. La película se anunciaba con su nombre (*Stephen King's Lawnmower Man*), pero poco (y estoy siendo amable) encontró de su trabajo en ella. Debido a esas claras diferencias significativas, el escritor demandó a los implicados, fallando el juez a su favor, eliminando así su nombre de toda publicidad, aunque se mantendría en los créditos. Aun así, cuando New Line Cinema lanzó el filme en formato doméstico, mantuvo el nombre del novelista, cometiendo un claro desacato judicial, en un movimiento complicado de entender. Esta acción consiguió que New Line fuera castigada con una cuantiosa multa diaria hasta que retirase de una vez por todas el nombre del autor. En taquilla no le fue nada mal, superando por mucho su presupuesto, gracias al interés que se vivía entonces por la realidad virtual, sin olvidar que la publicidad alrededor del de Maine funcionó bastante bien.

La salida en vídeo se aprovechó para sacar una versión del director con varias escenas eliminadas, muchas de ellas comentadas durante la promoción de la cinta. Cabe destacar toda una secuencia de apertura en la que el chimpancé objeto de los experimentos de Angelo se escapa, siendo socorrido por Jobe, quien es testigo poco después de cómo lo acribillan. Las críticas del momento alabaron el trabajo de Pierce Brosnan (*La maldición de Dark Lake*, *El último soldado*) y Jeff Fahey (*Psicosis III*, *Perdidos*), así como los efectos especiales realizados por ordenador, bastante llamativos en aquella época, en especial en los momentos en los que los personajes se internan en la realidad virtual. Sin embargo, envejecieron pronto y mal, quedándose muy atrás con respecto a los resultados que mostraban otras películas en ese aspecto, ayudando a que *El cortador de césped* acabara siendo una producción cercana a la serie B y de muy bajo nivel en comparación a las demás adaptaciones de obras de nuestro querido Steve que iban saliendo.

EL CAZADOR DE SUEÑOS
(*DREAMCATCHER*, 2003)

Atento, lector, porque te voy a hablar de una película cuyo estreno supuso un antes y un después en las adaptaciones audiovisuales de obras de Stephen King, en especial si hablamos de las dirigidas a la pantalla grande. Un antes y un después, sí, pero no en el buen sentido de la idea, porque *El cazador de sueños* fue un fracaso a todas luces, tanto de público como de crítica. Con un presupuesto de entre 68 y 70 millones de dólares recaudó poco más de 80, apenas recuperando los costes. Sí, se la considera uno de los títulos más taquilleros basados en la bibliografía del narrador, siendo sus elevados gastos los que provocaron que no resultase rentable. Qué contradictorio, ¿verdad? Los espectadores y analistas no fueron nada amables con ella, y ha acabado convertida en una especie de cinta de culto, algo similar a lo que sucedió con la novela en la que se basa, una historia cuyas debilidades el propio autor ha terminado admitiendo con el tiempo. Unos puntos flojos que se ven aumentados en el filme, añadiéndose otros habituales a la hora de llevar al lenguaje cinematográfico una narración literaria, como la simplificación excesiva del texto. Cortes por todas partes con respecto al manuscrito, añadidos algo extraños para explicar el carácter «especial» de Duddits (y que dieron lugar a finales alternativos) y una puesta en escena demasiado literal de conceptos que funcionan mejor en la página impresa. Nada de eso ayudó.

Desde el punto de vista de todos los implicados, que *El cazador de sueños* no funcionara dolió mucho y se cobró alguna que otra víctima. Se trataba de un proyecto ambicioso, con un presupuesto abultado para la época, una especie de superproducción dirigida a recuperar al King más King (nunca está de más recordar que el libro es una especie de secuela espiritual de *It (Eso)*, con muchas de las características propias del escritor), mezclando el terror con la ciencia ficción. Llegó poco después del exitazo que supuso *La milla verde* (*The Green Mile*, Frank Darabont, 1999), y los productores creyeron que muy mal les tenía que ir para no apuntarse un buen tanto. El mítico Lawrence Kasdan (*Silverado, Wyatt Earp*), guionista de las dos primeras secuelas de la saga *Star Wars* y de la primera entrega de las aventuras del popular aventurero Indiana Jones (muchos lo señalan como cocreador del personaje), se sentó en la silla del director; ayudó en el libreto al también guionista, dramaturgo y novelista William Goldman (*La princesa prometida, Heat*), quien ya tenía experiencia con el de Maine al haber trabajado en el guion de *Misery* (*Misery*, Rob Reiner, 1990) y en el de *Corazones en Atlántida* (*Hearts in Atlantis*, Scott Hicks, 2001), además de ser ganador de dos premios Óscar; al reparto se sumaron nombres tan reconocibles como los de Tom Sizemore (*Asesinos natos, Salvar al soldado Ryan*), Donnie Wahlberg (*El sexto sentido, Saw II*), Thomas Jane (*Deep Blue Sea, Predator*), Jason Lee (*Dogma, Me llamo Earl*), Timothy Olyphant (*Hitman, The Crazies*), Damian Lewis (*Homeland, Un espía entre amigos*) y Morgan Freeman (*Sin perdón, Seven*), quien también regresaba al universo audiovisual de Steven tras la fantástica experiencia de *Cadena perpetua* (*The Shawshank Redemption*, Frank Darabont, 1994); y el maestro James Newton Howard (*King Kong, Los Juegos del Hambre*), habitual colaborador de M. Night Shyamalan, se encargó de componer la banda sonora. ¡Menudo equipo!

A pesar de que al Rey le gustó la película (al menos, eso comentó tras su estreno), el batacazo comercial hirió la carrera

Stephen King en 2007. Wikimedia commons

de Kasdan de tal forma que muchos de sus siguientes proyectos se cancelaron de repente. La mayoría de los intérpretes salieron bien parados, bastante bien parados en algunos casos (Jane repetiría en lo referente a películas King, por ejemplo). Sin embargo, a partir de entonces, los productores se pensarían más lo de adaptar al maestro del terror a la gran pantalla. Daba la sensación de que ya no era un valor seguro. Se podría decir que *El cazador de sueños* fue esencial para la convulsa época que viviría el Kingverso durante los primeros años del presente siglo. Sería injusto apuntarla como la única causante; a la mencionada *Corazones en Atlántida* tampoco le fue demasiado bien, aunque al tener un perfil bajo, ser menos ambiciosa y buscar jugar más en la liga de producciones como *Cadena perpetua* y *La milla verde*, el impacto fue menor, sin olvidar que recaudó prácticamente lo mismo que costó. Eran tiempos en los que la televisión llamaba con fuerza a las puertas de quienes poseían los derechos de las novelas y cuentos del tío Steve. Lo que ocurrió con *El cazador de sueños*, a pesar de que todas las piezas tendrían que haber funcionado y encajado a la perfección, ayudó a que prestaran atención al reclamo de la pequeña pantalla.

1408

(*1408*, 2007)

Este filme comenzó a gestarse en el año 2003, cuando se vivían momentos algo desconcertantes alrededor de los proyectos audiovisuales relacionados con nuestro querido Steve. Como acabas de comprobar, lector, ni *Corazones en Atlántida* ni *El cazador de sueños* funcionaron demasiado bien. Sin embargo, *La ventana secreta* (*Secret Window*, David Koepp, 2004), basada en una de las novelas cortas del autor, sí que lo hizo, convirtiéndose en uno de los grandes éxitos de taquilla relacionados con su obra. El «truco» parecía estar en el hecho de que menos es más, por lo que se mantuvieron todas las virtudes con las que contaron las cintas mencionadas, pero ajustando tanto su presupuesto como su ambición. *1408* seguiría ese camino, y lo hizo tan bien que conquistó a la crítica y al público, obteniendo incluso mejores resultados que la producción protagonizada por Johnny Depp (*Ed Wood, Tusk*).

1408 no nació como un cuento. En realidad, el objetivo del Rey con él era incluirlo en *Mientras escribo* para mostrar el esbozo de una historia corta, las correcciones que se le pueden aplicar y cómo hacerla avanzar. De ahí pasó a formar parte de la colección de audiolibros *Blood and Smoke*, para después incorporarse a *Todo es eventual: 14 relatos oscuros*. Un verdadero viaje para el aterrador relato de cómo Mike Enslin, escritor de obras de no ficción basadas en lugares encantados, se enfrenta a la monstruosa habitación 1408 del hotel Dolphin. Buen material para una película; terror psicológico, pocos protagonistas (la habitación es uno de ellos, el principal, podría decirse) y un aire a *El resplandor* que sirvió de excelente marketing para atraer a los espectadores. Todo estaba a su favor, y esta vez sí salió bien la jugada.

Originalmente, iba a ser Eli Roth (*Cabin Fever, Black Friday*) quien dirigiera *1408*. Sin embargo, debido a problemas de agenda tuvo que declinar el ofrecimiento, dejando libre el puesto para Mikael Håfström (*El rito, Plan de escape*), quien aceptó encantado el desafío de utilizar un mismo escenario que, a la vez, fuera el personaje que domina la historia. Tal fue su entrega que terminó dándole nada más y nada menos que cuatro finales distintos al filme, quedándose para su visionado en cines el más feliz y satisfactorio (cosas de Hollywood); los otros pueden disfrutarse en ediciones domésticas y gracias también a algunos servicios de streaming. Con Samuel L. Jackson (*Pulp Fiction, Invasión Secreta*) como secundario de lujo y John Cusack (*Alta fidelidad, Grand Piano*) como protagonista, la adaptación recibió excelentes críticas, colocándola algunas como una de las mejores películas de terror de 2007. La comunidad de lectores constantes del de Maine reaccionó muy bien, y hoy no es raro encontrarla en muchas de las listas de los mejores proyectos audiovisuales relacionados con el trabajo del novelista, a pesar de haber quedado un poco sepultada por la enorme popularidad de otros, poseedores de mayor fama y alcance.

EL CADILLAC DE DOLAN
(*DOLAN´S CADILLAC*, 2009)

A pesar del tremendo éxito que supusieron producciones como *La ventana secreta* y *1408*, dirigidas a la gran pantalla, ya parecía tarde para que el maestro del terror viviera una nueva época dorada en cuanto a adaptaciones de sus obras. Si antes de los primeros años del presente siglo, llevar su imaginación al cine era una apuesta cien por cien segura, algunos pinchazos llevaron a hacer dudar a los responsables de las películas. En un mundo donde arriesgarse cuesta dinero, les entró el miedo, y no de buena forma. Además, el interés televisivo por Stephen King crecía desde los 90, y daba la sensación de que aumentaba con cada nueva miniserie, serie o cinta, más allá de la sana obsesión de Mick Garris (*Critters 2, Psicosis IV: El comienzo*). No era el único ávido de sumergirse en la mente del tío Steve sin tener que cargar con las presiones cinematográficas. Las vacilaciones de los inversores también caminaban por un sendero en el que los tiempos en los que hasta la lista de la compra del autor resultaba adaptable habían pasado.

El cadillac de Dolan, interesante relato de la antología *Pesadillas y alucinaciones*, acabó lanzándose directamente al mercado doméstico, con todo lo que eso conlleva, con lo malo y lo bueno que eso ha supuesto siempre para el Rey en el campo audiovisual. Un presupuesto ajustadísimo (aunque notable para el tipo de producción), una realización muy de telefilme barato, un montaje deficiente y una ambición que la ha llevado a pasar desapercibida incluso para los lectores más constantes del creador de *La tienda*. Y, sin embargo, de todos los proyectos televisivos de aquellos años, *El cadillac de Dolan* se ha ido transformando en uno de los más interesantes, con esa dosis de suspense mezcladacon la marca de Edgar Allan Poe. Además, al ser el texto original una novela corta, poco se añade más allá de una trama secundaria sobre tráfico de mujeres que, en un giro curioso, otorga al personaje de Dolan más humanidad.

Ayuda tener a Christian Slater (*Entrevista con el vampiro, Mr. Robot*) y a Wes Bentley (*American Beauty, Parking 2*), actores sólidos que saben dar lo mejor de sí mismos en cualquier circunstancia, como Robinson y Dolan, respectivamente. En un plano más secundario permanecen Emmanuelle Vaugier (*Smallville, Saw II*) y Greg Bryk (*Una historia de violencia, Channel Zero*). Crystal Kay, popular cantante de J-Pop (pop japonés), pone el tema que suena en los créditos finales, *Hold On*. Tomando el resultado final de *El cadillac de Dolan*, hay que reconocer que hubiera sido complicado invertir en ella para convertirla en un filme para la pantalla grande. No le hubiera venido mal algo más de talento en la dirección y el montaje, pero es un buen ejemplo de que no todo lo de Steven que terminaba en televisión por entonces era fácilmente desdeñable.

CARRIE
(*CARRIE*, 2013)

Es irónico que a Stephen King nunca le haya caído bien Carrie White, pero esta siempre le ayude, sobre todo cuando da la impresión de que lo necesita. Sin hacer de menos la labor de Tabitha King, fue Carrie White quien le abrió las puertas del éxito literario a nuestro querido Steve; dos años después, fue la misma Carrie White quien volvió a abrirle otras puertas, esta vez las del séptimo arte, protagonizando la primera adaptación audiovisual de una de sus obras; y fue Carrie White la que en el año 2013 logró que el cine basado en el Kingverso iniciara una nueva época de oro.

Parece que ocurrió en el momento oportuno, justo cuando los productores cada vez veían con menos buenos ojos lo de llevar la imaginación del novelista a la pantalla grande. La televisión era su sitio, pensaban. Presupuestos más manejables y menos arriesgados, la oportunidad de que sus a veces extensas historias pudieran ser mejor versionadas gracias a la posibilidad de fragmentarlas en varios capítulos de series y miniseries, el gran interés de los realizadores televisivos y la supuesta escasa demanda de quienes llenaban las salas. Una tormenta perfecta, aunque en el peor de los sentidos. Incluso *El resplandor*, *El misterio de Salem's Lot*, *It (Eso)*, *Christine* y *Cementerio de animales*, entre otros buques insignia de la bibliografía del autor, se acomodaban en la pequeña pantalla o, directamente, alejaban a los que compraban y renovaban los derechos. Años en los que el propio escritor bromeaba acerca de ser veneno para la taquilla y lo cómodos que se encontraban sus libros en medios distintos al cinematográfico más puro. Un desastre.

Sin embargo, para sorpresa de muchos (también para Steven, por cierto), en 2011 se anunció la producción de una nueva versión de *Carrie*, casi diez años después de la última, precisamente, un telefilme. Dejando de lado las motivaciones económicas (no lo señalo como algo peyorativo, que conste), dos fueron las razones que empujaron el inicio del proyecto: las mejoras en los efectos especiales desde la versión de Brian De Palma y poder ofrecer una nueva mirada al acoso escolar. El Rey incluso bromeó afirmando que Lindsay Lohan (*Chicas malas*, *Sé quién me mató*) era adecuada para el papel, un comentario que compartió la mismísima Sissy Spacek, argumentado el parecido de la actriz con ella, alejado del físico que Carrie White luce en el manuscrito original. La elegida fue Chloë Grace Moretz (*Kick-Ass*, *Pasajero oculto*), acompañada por la siempre estupenda Julianne Moore (*Hannibal*, *Las horas*) como Margaret White, un dúo que es, sin duda, de lo mejor del filme. Dirigiendo tenemos a Kimberly Peirce (*Boys don't cry*, *Kidding*) y en el libreto a Roberto Aguirre-

Sacasa (*Glee*, *Las escalofriantes aventuras de Sabrina*), guionista de series y de cómics, quien declaró su deseo de llevar a cabo una adaptación más fiel a la novela.

Y lo consigue, aunque solo a ratos. Son breves fogonazos, pues estamos ante el curioso caso de que la cinta está más basada en la de 1976 que en el texto del de Maine. Lo habitual es que una película de estas características sea una adaptación, a pesar de que existan otras anteriores; todo depende del material de base elegido. En esta ocasión, ese es el trabajo de De Palma, pero no hay que olvidar que *Carrie* no es una obra larga, así que resulta complicado que cualquier versión audiovisual se desvíe demasiado de lo narrado por Stephen. Con un ajustado presupuesto de 30 millones de dólares, la *Carrie* de Peirce alcanzó los 84, superando el doble de lo que costó. Por el camino se dejó un comienzo y un final alternativos, además de varias escenas eliminadas que pueden visionarse en la edición doméstica. A destacar la actualización de la historia, sobre todo desde el punto de vista tecnológico; las humillaciones que sufre Carrie son grabadas por sus verdugas con los teléfonos móviles y la joven protagonista descubre información acerca de sus poderes gracias a Internet. El éxito del filme reveló a los productores lo atractivo que aún podía resultar el universo del tío Steve.

LA TORRE OSCURA
(*THE DARK TOWER*, 2017)

La tercera versión de *Carrie* fue todo un golpe sobre la mesa justo cuando los proyectos audiovisuales alrededor de Stephen King parecían estar a punto de desaparecer casi por completo. De la pantalla grande estaban prácticamente alejados, y aunque diera la sensación de lo contrario, también comenzaban a encontrarse de igual forma con respecto a la televisión. El regreso de Carrie White a los cines logró que quienes ponen el dinero desearan hacerlo de nuevo con la imaginación del maestro del terror, y no se iban a andar con tonterías, pues ansiaban ir a lo grande. Eso incluía desempolvar libros que ya habían dado para películas, series y/o miniseries y, por supuesto, recuperar proyectos dilatados en el tiempo hasta el hartazgo. Uno de ellos fue el de *La Torre Oscura*, que vivió un periplo de diez años para ver la luz, una odisea solo similar a la del propio Roland en busca del Hombre de Negro y la mismísima Torre Oscura.

A pesar de todos los rumores y cuchicheos que entraban y salían de Hollywood durante los 90, la producción sobre la saga más ambiciosa de Steven no empezó a ser una realidad hasta el año 2007. En plena fiebre de *Perdidos* (*Lost*, J. J. Abrams-Damon Lindelof, 2004), sus creadores, J. J. Abrams (*Star Trek*, *Super 8*) y Damon Lindelof (*Prometheus*, *Watchmen*), junto al productor ejecutivo Carlton Cuse, le compran a King los derechos de las novelas por la simbólica cifra de diecinueve dólares. Tras dos años dando declaraciones acerca de lo fans que son de *La Torre Oscura* y la intención de llevar a cabo siete películas, una por libro (por entonces aún no se había publicado *La Torre Oscura: El viento por la cerradura*), en 2009 deciden abandonar el proyecto. La principal razón fue que requería un tiempo que no tenían debido a que toda su atención se hallaba puesta en los últimos compases de *Perdidos*. Finalizaba así lo que podría conocerse como la primera fase de la travesía de *La Torre Oscura* cinematográfica.

En 2010 entran en escena Universal Pictures y el director Ron Howard (*Willow*, *Una mente maravillosa*), con la intención de que sea una trilogía para la gran pantalla y dos temporadas para la pequeña, completando estas los huecos entre los filmes. Los planes parecían estar cristalizándose al fin, sobre todo cuando se anunció que Javier Bardem (*Mar adentro*, *Skyfall*) se metería en la piel del último pistolero. Sin embargo, todo se comenzó a torcer (de nuevo) cuando Universal, al comprobar los elevados gastos que conllevaba la ambiciosa adaptación, anunció que era posible que al final acabara en manos de otro estudio como Warner Bros.

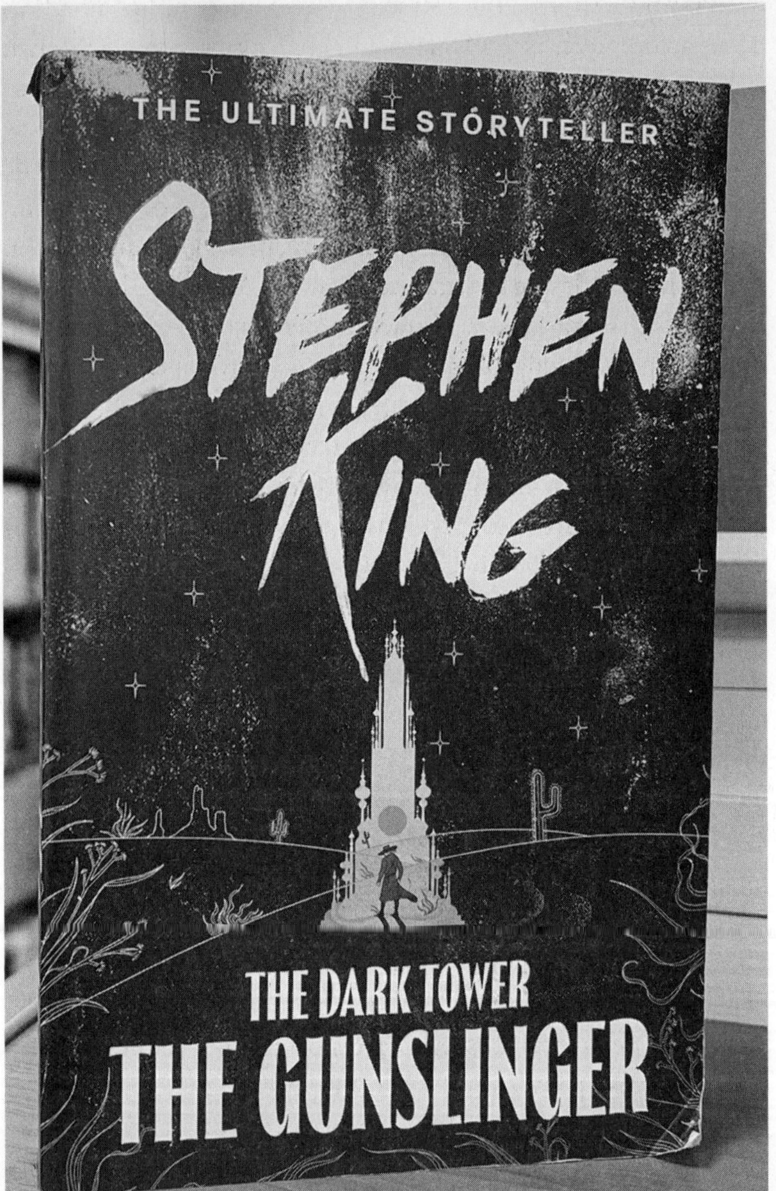

Portada del libro de Stephen King *La Torre Oscura: El Pistolero* en inglés. Shutterstock

o Columbia Pictures. Los retrasos se acumulaban. Los nombres de los actores que interpretarían a Roland cambiaron: de Bardem a Russell Crowe (*Gladiator, El Hombre de Acero*), pasando por Viggo Mortensen (*El Señor de los Anillos: El retorno del rey, Una historia de violencia*) e incluso Liam Neeson (*Darkman, La lista de Schindler*), aunque siempre se ha comentado que lo de este último nunca pasó de ser un simple chisme sin apenas fundamento. En 2014, la noticia de que se estaba tanteando a Aaron Paul (*Breaking Bad, Black Mirror*), para el querido personaje de Eddie Dean, insufló renovada vida a la producción. No duró mucho.

Se llega a la fase final en 2015, año en el que se acelera el proyecto gracias a Sony Pictures, que ve la ocasión perfecta para ello gracias al éxito de la *Carrie* de 2013. Se trabaja sobre un tercer guion con Nikolaj Arcel (*El juego del rey, Un asunto real*) sustituyendo a Howard en la dirección, aunque este sigue en el proyecto como productor. Idris Elba (*The Wire, El Escuadrón Suicida*) y Matthew McConaughey (*True Detective, Serenity*) no tardaron en unirse a un reparto en el que también encontramos a Abbey Lee (*Mad Max: Furia en la carretera, Territorio Lovecraft*), Tom Taylor (*El niño que pudo ser rey, The Bay*), Jackie Earle Haley (*Watchmen, Shutter Island*), Fran Kranz (*Dollhouse, La cabaña en el bosque*), Dennis Haysbert (*Poder absoluto, 24*) y Nicholas Hamilton (*It, Un amor sin fin*). Antes de que aparecieran los números de taquilla y las primeras críticas, se planteó la idea de una secuela y una serie de televisión. El propio King deslizó la idea de que la nueva película se centraría en el segundo volumen de la saga literaria, *La llegada de los tres*. Los intérpretes principales retomarían sus papeles incluso para la producción televisiva.

Sin embargo, todo se torció demasiado rápido. A pesar de que no le fue mal en taquilla, las cifras no fueron suficientemente sólidas para plantear una franquicia similar a la de *El Señor de los Anillos*. Las opiniones, en general, la destrozaron; muchas señalaron que, a ratos, resultaba incomprensible si uno no era lector de los libros; otras, protestaban por su simplicidad y mal montaje. Quienes la disfrutaron no pasaron de definirla como entretenida, una especie de batiburrillo de conceptos del Kingverso unidos por la trama principal de la Torre Oscura, fusionados con un filme de superhéroes y acción desenfrenada. El de Maine tuvo claro que parte del «fracaso» se debía a que se había disminuido bastante la violencia y crudeza del material original. En el recuerdo quedan detalles tan interesantes como los guiños a *It (Eso)*, *Misery*, *1408*, *Christine* y *El resplandor*, e incluso la confirmación de que, en realidad, se trata de una secuela de la historia creada por el tío Steve.

Pero ese no fue el final de *La Torre Oscura* audiovisual. Amazon compró en 2018 los derechos para hacer la tan anunciada serie de televisión que debía narrar la juventud de Roland al mismo tiempo que adaptaba en orden cada volumen de la saga. Hubo rodaje, aparecieron varias imágenes y el reparto prometía mucho, con nombres como los de los veteranos Michael Rooker (*The Walking Dead*, *Creepshow*) y Jerome Flynn (*Juego de Tronos*, *Black Mirror*), sin olvidar a Sam Strike (*Leatherface*, *Mindhunter*) y Jasper Pääkkönen (*Jet Trash*, *Vikingos*) como Roland Deschain y el Hombre de Negro, respectivamente, en su versión de Marten Broadcloak. Se realizó un capítulo piloto que no convenció a los ejecutivos. Las cuentas no salían al evaluar los costes y el resultado final, así que en 2020 se canceló. Una verdadera lástima, porque la intención era buena.

IT
(*It*, 2017)

La que para muchos es la obra maestra de Stephen King tampoco quiso faltar a la resurrección de su universo audiovisual. Sin embargo, a diferencia de otros títulos, algunos de ellos ya tratados en anteriores páginas, no se había puesto mucho interés en *It*

(Eso), sobre todo por lo bien que funcionó la miniserie de los 90. Daba la sensación de que salió tan bien adaptar una de las novelas más complicadas del escritor que nadie quería arriesgarse a que se hiciera de nuevo y, después de todo, no se corriera la misma suerte. ¿Para qué jugársela? Siempre ha resultado evidente que hay trabajos de Steven que son más fáciles de llevar al cine y a la televisión que otros, y ni siquiera de forma completa; no todo el lenguaje literario funciona igual de bien fuera de las páginas, ya hablemos de la pantalla grande o de la pequeña. Aun así, poco a poco, productores y guionistas fueron perdiendo la vergüenza (lo mismo que ocurrió al llevar *El resplandor* al terreno de las miniseries, tras años sin tocar el libro después de la versión de Kubrick), poniéndose de acuerdo para devolvera Pennywise el trono que le correspondía.

En realidad, también había un poco de miedo a tocar lo que significaba (y significa) esa miniserie para toda una generación, como ocurría con *Carrie* de Brian De Palma, y *El resplandor* de Stanley Kubrick. La producción televisiva descubrió lo bien que podía funcionar la imaginación del de Maine en la pequeña pantalla en proyectos similares, al mismo tiempo que creó un icono del cine de género, con la figura del Pennywise del camaleónico Tim Curry (*The Rocky Horror Picture Show, Legend*), capaz de medirse cara a cara con celebridades como Freddy Krueger, Michael Myers, Cara de Cuero, Chucky y Jason Voorhees. Las segundas adaptaciones de *Carrie*, *El resplandor* y *El misterio de Salem's Lot* no habían funcionado tan bien como se esperaba, a pesar de sus muchos aciertos, aunque la de 2013 dedicada de nuevo a Carrie White, sí. ¿Qué hacer? Arriesgarse. Ponerse manos a la obra. Y así se entraría en una serie de fases de producción que nada tuvieron que envidiar a las de *La Torre Oscura*.

La primera comenzó en el año 2009, cuando el interés en una producción cinematográfica basada en *It (Eso)* empezó a ser muy real. Warner Bros. Pictures sería la encargada de hacerlo posible, pero para ello hacía falta un guion. El elegido fue David «Dave» Kajganich (*La masacre de Town Creek*, *The Terror*), quien se puso manos a la obra para acomodar la historia en una sola película, el objetivo de la productora y una misión imposible, como pronto se pudo comprobar. El guionista añadió detalles como el cambio a los años 80 durante la juventud del Club de los Perdedores, respetando también los deseos de Warner de un filme con clasificación R (calificación restringida, dirigida a un público adulto). Sorprendentes fueron sus declaraciones sobre el que hubiera sido su actor favorito para interpretar a Pennywise: el mítico Buster Keaton (*El maquinista de La General*, *El cameraman*).

Llega la segunda fase del proyecto en 2012, uniéndose el realizador Cary Joji Fukunaga (*Sin tiempo para morir*, *Los amos del aire*). A pesar de que aún no lo había alcanzado el arrollador éxito de *True Detective* (*True Detective*, Nic Pizzolatto, 2014), lo avalaban un par de títulos bastante interesantes, además de su deseo de coescribir el guion, usando como base lo construido por Kajganich. Con Fukunaga todo empezó a ir rodado, quizá demasiado rápido; Warner Bros. trasladó la película a New Line Cinema; se aseguró que el libro sería finalmente adaptado en dos partes, firmando el cineasta solo por la primera; Chase Palmer (*El alienista*, *Con su propia justicia*) también intervendría en el proceso de escrituran; el actor Ty Simpkins (*Iron Man 3*, *Insidious: La puerta roja*) estaba en negociaciones para formar parte del Club de los Perdedores; Will Poulter (*El renacido*, *Guardianes de la Galaxia Vol. 3*) fue elegido para interpretar a Pennywise por encima de profesionales más veteranos como Hugo Weaving (*Matrix*, *Hasta el último hombre*), Mark Rylance (*El puente de los espías*, *El sastre de la mafia*) y Ben Mendelsohn (*El visitante*, *Cyrano*), a pesar de que el director prefería opciones más maduras, pero salió tan contento del casting de Poulter que lo tuvo claro con él; y, puede que lo más importante, el mismísimo Stephen King les dio su bendición.

Por sorpresa, a principios del año 2015 se anunció que

Fukunaga abandonaba la producción. El motivo parecía ser el recorte de presupuesto que habría sufrido el filme, con una Warner ya más que versada en ajustar el dinero para que la recaudación final hiciera rentable el proyecto en cuestión. En 30 millones (unos cuantos más después) se quedó *It*, aunque no fue eso lo que empujó al director a alejarse de ella. En realidad, su visión artística se enfrentaba bastante a la de Warner Bros. y New Line. En pocas palabras, que no tardó en descubrir el propio realizador no mucho más tarde, él buscaba algo más de «terror elevado», mientras que quienes tomaban las decisiones más importantes deseaban un terror más convencional. Tirando de ejemplos, el cineasta afirmó que quería más drama humano, algo en la línea de la adaptación de *El resplandor*, de Stanley Kubrick, pero que Warner y New Line aspiraban a una especie de *Los Goonies* (*The Goonies*, Richard Donner, 1985) con monstruos, lo que vendría a ser el clásico de culto *Una pandilla alucinante* (*The Monster Squad*, Fred Dekker, 1987), sin perder de vista el universo cinematográfico del matrimonio Warren y la muñeca Annabelle, formado por títulos como *Expediente Warren: The Conjuring* (*The Conjuring*, James Wan, 2013) y *Annabelle* (*Annabelle*, John R. Leonetti, 2014).

¿Cómo hubiera sido la versión de *It* de Cary Joji Fukunaga? El paso del tiempo nos ha ido dejando detalles al respecto, ideas y conceptos que, a pesar de lo que muchos aseguraban, no pintaban demasiado bien, sobre todo a la hora de mantener cierto respeto hacia la esencia del libro. Hay dos versiones del guion del realizador y Chase Palmer; una de 2014 y otra de 2015, siendo esta última la que más coincidencias tiene con el que se acabó rodando. En la primera, Pennywise aparece bastante poco, los momentos de terror son anecdóticos, los Perdedores se unen más por conveniencia que por amistad, la madre de Bill padece una enfermedad, existe una escena del payaso tocando un piano, en el enfrentamiento final los jóvenes protagonistas se sirven de una

Retrato de un cosplayer con la imagen de *Pennywise*, el payaso bailarín de la película de terror *IT*. Shutterstock

motosierra y un spray-lanzallamas (como el que usa el personaje de Patrick Hockstetter en el guion definitivo) para derrotar a Eso y este (o esta) aparece como una estrella de mar gigante (no hay araña) a través de un portal en forma de charco.

La versión de 2015 es más potable que la anterior, aunque introduce numerosos cambios, bastante absurdos, con respecto a la novela. Stan aparece completamente eliminado, salvo por su nombre, que recibe un pez dorado que tiene Bill, en una especie de guiño sin gracia; Richie es el judío de la pandilla, jugándose también con su homosexualidad oculta; aparece la madre de Beverly, mostrándose que tolera los abusos que sufre por parte de su padre; este es una marioneta de Pennywise, con quien habla en algunas escenas; no hay pelea de piedras, sino un petardo en el coche de Henry Bowers (Travis en este libreto); en Derry existe un culto que adora a Eso, tratando de calmarlo con sacrificios (hay alguna referencia a esto en el guion final); y en la última confrontación, el monstruo se transforma en un extraño gas naranja. La parte más interesante es la del interludio en el que observamos el primer encuentro entre nativos y colonos en las tierras que serán Derry, con los primeros asustándose al descubrir a los niños de los segundos. Se nos cuenta que el mal de la región se trata como si fuera algo similar al Wendigo de *Cementerio de animales*, alcanzando su clímax con un terrorífico pasaje en el que una madre, miembro de los colonos, halla a Eso en una transformación semihumana, tratando de comerse a sus hijos en su propia habitación, siendo entonces cuando hacen un trato: se comerá al bebé, dejando a los demás críos en paz. Una manera magnífica de escenificar el «pacto» que la criatura tiene con Derry y su gente, explicando también así cómo de arraigado se encuentra el mal en la localidad.

Poco después de la marcha de Fukunaga, llegó Andy Muschietti (*Nostalgia en la mesa 8*, *Flash*), director y guionista argentino que venía de conquistar tanto al público como a la crítica gracias a la cinta de terror *Mamá* (*Mama*, Andy Muschietti, 2013), basada en su corto homónimo de 2008, que ayudó a que el mismísimo Guillermo del Toro (*El espinazo del diablo*, *El laberinto del fauno*) produjera el filme con el que se dio a conocer mundialmente. A pesar de que podría pensarse que el realizador solo tenía que aparecer y obedecer las órdenes de Warner Bros. Pictures y New Line Cinema, con todo ya hecho, el asunto estaba bastante lejos de ser así. Quienes ponían el dinero volvieron con una idea casi desechada desde el inicio del proyecto, pero que les atrajo mucho al principio: que la nueva *It* se convirtiera en una serie de varias temporadas. Muschietti se negó, poniéndose manos a la obra para sacar adelante la película, con interés por hacerse cargo también de la segunda parte. Bárbara Muschietti, su hermana, entró como productora al mismo tiempo que Gary Dauberman (*Annabelle vuelve a casa*) trabajaba en la versión definitiva del guion después de haber colaborado con Warner en la mencionada *Annabelle* y su precuela (Fukunaga siempre tuvo razón al respecto). El resto salió rodado. Esta vez sí.

El casting fue una de las partes más complicadas de la producción, teniéndose sumo cuidado a la hora de seleccionarlo, lo cual terminó por demostrarse como todo un acierto. Debido a la salida de Fukunaga, el proyecto se retrasó, lo que provocó que Will Poulter, el Pennywise elegido, tuviera problemas de agenda para participar; otro golpe de suerte para la cinta, pues el nuevo seleccionado fue un Bill Skarsgård (*El cuervo*, *Nosferatu*) que parece haber nacido para interpretar a uno de los monstruos más populares del Rey. Sus movimientos, gestos y «trucos» oculares, sin efectos especiales de ninguna clase de por medio, forman ya parte de la historia del cine de terror. El Club de los Perdedores está a su altura; desde el Bill Denbrough de Jaeden Martell (*Puñales por la espalda*, *El teléfono del señor Harrigan*) hasta la Beverly Marsh de Sophia Lillis (*Mi tío Frank*, *Asteroid City*), pasando por el Richie Tozier de Finn Wolfhard (*Otra vuelta de tuerca, Cazafantasmas: Más allá*), el Eddie Kaspbrak de Jack Dylan Grazer (*¡Shazam!, Luca*), el Ben Hanscom de Jeremy Ray Taylor (*Pesadillas 2: Noche de Halloween, Vuelta al insti*), el Mike Hanlon de Chosen Jacobs (*Castle Rock, Corazones malheridos*) y el Stanley Uris de Wyatt Oleff (*Stay Awake, Ciudad en llamas*).

Por supuesto, como estaba planeado, el filme se centra en los años 80, en la juventud de los protagonistas, sin una sola mención al período como adultos, que se guarda para su continuación. A Warner Bros. y a New Line la jugada les salió estupendamente, pues con un presupuesto de 35 millones de dólares lograron más de 700 en la taquilla mundial, convirtiéndola en la película de terror más taquillera de la historia, una especie de blockbuster del cine de género. No pocas críticas señalaron ese aire a *Los Goonies* y *Una pandilla alucinante* mencionado con anterioridad, pero más coincidieron en señalar la serie *Stranger Things* (*Stranger Things*, Matt Duffer-Ross Duffer, 2016), de rabiosa actualidad en ese momento, coincidiendo incluso en la presencia del actor Finn Wolfhard. Lo curioso es que *Stranger Things* bebe bastante de los mecanismos y características de la obra de Stephen King, y no al revés, aunque muchos crean lo contrario. Qué ironía.

CEMENTERIO DE ANIMALES
(*PET SEMATARY*, 2019)

Si la *Carrie* de 2013 fue lo que necesitaban los proyectos audiovisuales relacionados con Stephen King para comenzar a vivir una nueva edad de oro, la *It* de 2017 fortaleció los cimientos, volviendo sólidos numerosos títulos que no terminaban de materializarse. No regresaban los 80 para Steven, pero casi, gracias a las dos películas mencionadas, sin hacer ascos a las demás producciones que iban surgiendo alrededor, quizá de menor importancia y ambición, aunque buenos recordatorios de que la imaginación del maestro del terror aún tenía mucho que decir en el cine y la televisión.

Cementerio de animales sería el siguiente paso y, afortunadamente, lo tuvo bastante más fácil que la búsqueda de la Torre Oscura o el nuevo enfrentamiento entre Eso y el Club de los Perdedores.

Paramount Pictures anunció en 2010 que estaba preparando una nueva adaptación de *Cementerio de animales*, para muchos lectores constantes la mejor obra del Rey junto a *It (Eso)*. Las noticias no pasaron de algunas confirmaciones en torno a la producción y un par de rumores que situaban a Alexandre Aja (*Las colinas tienen ojos, Reflejos*) y a Johannes Roberts (*Los extraños: Cacería nocturna, Resident Evil: Bienvenidos a Raccoon City*) como posibles directores. En 2013 las novedades alrededor del filme parecieron resucitar al señalaral español Juan Carlos Fresnadillo (*Intacto, Damsel*) para ponerse tras la cámara. Más silencio a partir de entonces, hasta que, poco después de erigirse como realizador de la nueva *It*, Andy Muschietti, en 2017, expresó el deseo, junto a su hermana, de encargarse de *Cementerio de animales*. No mucho más tarde, Paramount Pictures dio luz verde a la cinta, con Dennis Widmyer y Kevin Kolsch (*Starry Eyes, Holidays*) como los finalmente elegidos para regresar al cementerio micmac. En los siguientes meses el reparto fue anunciándose, compuesto por Jason Clarke (*El amanecer del planeta de los simios, Oppenheimer*), John Lithgow (*Dexter, Los asesinos de la luna*), Amy Seimetz (*Tú eres el siguiente, The Sacrament*) y Jeté Laurence (*El muñeco de nieve, Gotham*). Jeff Buhler (*El vagón de la muerte, The Prodigy*) escribió el guion a partir de una base construida por David Kajganich.

De manera incomprensible, no fueron pocos los medios que comentaron que *Cementerio de animales* (por fortuna la encontramos en España con su título original; se acabó eso de *Cementerio viviente*) era un remake, cuando resulta evidente que es una nueva visión del libro del tío Steve. Tenemos a la familia Creed mudándose a Ludlow, poco después conocen a Jud Crandall, visitan el cementerio de mascotas, Church es atropellado... Como la primera adaptación, hay cambios, por ejemplo, aquí se nos ofrece más información sobre el Wendigo, el mal que contamina las tierras de los micmacs, pero también pierden importancia Víctor Pascow y Timmy Baterman. No se desvía ni de la estructura principal de la novela ni de su mensaje, aunque sí en diversos detalles y en uno de los puntos álgidos del texto, lo cual cambia el tercer acto por completo. No te diré a qué me refiero, lector, pues tendría que haber sido una sorpresa para el espectador. Sin embargo, el marketing manda, y los avances de la película arruinaron ese giro; con cierta lógica, claro, porque hubiera sido complicado publicitar la cinta sin referenciar esa muerte en concreto.

Cementerio de animales fue todo un éxito en el año 2019, treinta años después del estreno de *Cementerio viviente*. Costando poco más de 20 millones de dólares, se embolsó poco más de 110, convirtiéndose así en uno de los filmes más taquilleros basados en la bibliografía del de Maine. A modo de curiosidad, desde las primeras ideas al respecto, en 2010, Guillermo del Toro no ha dejado de mencionar su interés en llevar a cabo su propia adaptación del manuscrito. Como si hubiera querido sacarse la espinita (o demostrar de lo que es capaz con el universo de Stephen), en 2021 fue el productor de *Antlers: Criatura oscura* (*Antlers*, Scott Cooper, 2021), película de terror centrada en el Wendigo, basada en el relato *The Quiet Boy*, de Nick Antosca (*Hannibal, Channel Zero*).

IT: CAPÍTULO 2
(*IT: CHAPTER TWO*, 2019)

Después del gran éxito que supuso *It*, no quedó ninguna duda de que su continuación, centrada ya en unos adultos miembros del Club de los Perdedores, se haría realidad. El mismo equipo que llevó a cabo la primera película (con la incorporación de Jeffrey Jurgensen en el guion de Gary Dauberman), se puso en marcha para la nueva, aclarando varias veces el propio director, Andy Muschietti, que no se trataba de una secuela, sino de la segunda parte de una misma historia. Para constatarlo, comienza con una escena que enlaza con el final de la anterior, además de no olvidarse de los jóvenes protagonistas de aquella, a los que vemos en flashbacks relacionados con diversos encontronazos con Eso. Debido a que los intérpretes habían crecido entre rodaje y rodaje, detalle que no pasaba desapercibido, fueron rejuvenecidos digitalmente.

Durante el desarrollo y promoción de *It* se les preguntó a los protagonistas por las mejores opciones para ser sus versiones adultas. Sophia Lillis y Finn Wolfhard fueron los más claros, señalando a Jessica Chastain (*La noche más oscura*, *La cumbre escarlata*) y a Bill Hader (*Y de repente tú*, *Barry*). Curiosa fue la elección de Lillis, pues Chastain, además de haber trabajado ya con los Muschietti en *Mamá*, era la más solicitada por los lectores constantes para interpretar a la Beverly Marsh adulta. No tardó en unirse al proyecto, tanto por su interés como por el de Andy y Bárbara. Hader y James McAvoy (*Multiple*, *No hables con extraños*), este como el adulto Bill Denbrough, fueron los siguientes. James Ransone (*Sinister*, *Black Phone*), Jay Ryan (*La bella y la bestia*, *No escape*) y Andy Bean (*La Cosa del Pantano*, *Maligno*) llegaron después para los papeles de Eddie Kaspbrak, Ben Hanscom y Stanley Uris, respectivamente. El último en ser elegido fue Isaiah Mustafa (*Kill Boy*, *Cross*) para ser el Mike Hanlon adulto. Un casting tan perfecto que es imposible pasar por encima del tremendo parecido que guardan muchos de los intérpretes jóvenes con los adultos.

Como ocurrió con la primera parte, los cambios con respecto al material original no se hicieron esperar, aunque también se mantuvieron algunos pasajes que nadie esperaba ver en una película sobre *It (Eso)* como, por ejemplo, el ataque a la pareja formada por Adrian Mellon y Don Hagarty. También aparece el enfrentamiento final contra Eso en su forma de araña, aunque con algunos añadidos que lo acercan más a una versión gigantesca y monstruosa de Pennywise. Las variaciones más destacables están relacionadas con el rito de Chüd, aquí un ritual nativo americano que vuelve a proponer similitudes entre la criatura y la leyenda del Wendigo, conectado con una «búsqueda del tesoro» por parte de los protagonistas, relacionada a su vez con traumas del pasado; y la conclusión de la historia, aquí mucho más satisfactoria que en la novela al acercarse, casualmente (o no), a la del filme *Cuenta conmigo* (*Stand by Me*, Rob Reiner, 1986). El propio King quedó muy satisfecho con el resultado, entre varias razones, por ese enlace entre dos de las obras de su bibliografía que más puntos en común comparten.

A pesar de que *It: Capítulo 2* no logró del todo el éxito de su predecesora, sí que fue otro taquillazo. Al igual que siempre ha ocurrido con el libro, por las críticas y análisis dio la sensación de que esta parte con los adultos palidece en comparación a la de los niños, incluso con el impresionante reparto. Entre las curiosidades a señalar tenemos los cameos de Andy Muschietti, el mismísimo director Peter Bogdanovich (*La última película, Así empezó Hollywood*) y Brandon Crane (*Aquellos maravillosos años, Defensa en juego*), el actor que interpreta al joven Ben Hanscom en la primera adaptación del manuscrito de Steven; las continuas referencias a este en la figura de Bill Denbrough, con las bromas hacia los malos finales de sus escritos y la primera vez que vemos a su esposa, Audra, con una apariencia similar a la de Carrie White en uno de los momentos más icónicos de su primer filme; la presencia de Molly Atkinson (*Haven, Copper*) como la esposa de Eddie Kaspbrak, después de haber interpretado en la anterior cinta a su madre, reflejando así el detalle de que acabó casándose con una mujer igual a la que lo crio; y más tiempo en pantalla del actor español Javier Botet (*Slender Man, El Hombre del Saco*), experto en meterse en la piel de monstruos. Lamentablemente, se quedaron fuera tanto el cameo de Guillermo del Toro, como el conserje que se tropieza con Ben Hanscom cuando huye de Eso, como el de Joe Hill, hijo del Rey, quien hubiera sido la versión más joven del dueño de la casa de empeños que, sí, está representado por su padre. Y aunque los rumores eran bastante grandes al respecto, al final tampoco tuvimos el flashback de la madre entregando a uno de sus hijos a un primigenio Eso para salvar al resto de sus retoños, comenzando así el «pacto» del pueblo de Derry con la criatura.

OJOS DE FUEGO
(*FIRESTARTER*, 2022)

Ser un lector constante no quiere decir estar de acuerdo siempre con Stephen King, como hemos ido comprobando en anteriores páginas. La segunda adaptación de *Ojos de fuego* es otro buen ejemplo de ello, pues le encantó, a pesar de todos los defectos que reúne y la ensalada de malas críticas y peor recibimiento de público que se llevó solamente en las primeras semanas de estreno. En una entrevista que se le hizo al autor, aprovechando la llegada del filme, recordó que había cambiado mucho con el tiempo a la hora de juzgar las adaptaciones audiovisuales de sus obras y señalarlas de una forma negativa. En pocas palabras, en los últimos años, el de Maine ha decidido centrarse en lo bueno y abandonar lo malo en una cuneta, más interesado en ver qué son capaces de hacer directores, guionistas y productores con sus libros que en una traslación minuciosa y exacta del manuscrito a otros medios.

La verdad es que esta *Ojos de fuego* es un proyecto fallido en todos los aspectos, como adaptación y como película. Se aleja demasiado, y continuamente, de la historia original de Steven, hasta alcanzar un final inventado para la ocasión que en absoluto tiene nada que ver con la novela, ni en fondo ni en forma. A pesar de que se agradece la intención del director, un Keith Thomas (*The Vigil*) del que se esperaba mucho más por sus anteriores trabajos, lo único que consigue con los cambios es naufragar, pues algunos de los personajes más importantes del volumen aparecen demasiado difuminados, así como también sus objetivos, intenciones y desarrollo. John Rainbird, el villano principal, es quien más sufre esto, consiguiendo incluso poderes en ese proceso, aunque hay que agradecer que en esta ocasión sí esté interpretado por un actor indígena, el solvente Michael Greyeyes (*V Wars, True Detective*). Curiosamente, al mismo tiempo, el capitán Hollister, el otro villano, tiene aquí el aspecto de la actriz Gloria Reuben (*El viaje más largo, Capa y Puñal*), cambiando de sexo en el proceso de adaptación.

Los principales halagos del Rey se los llevaron tanto Zac Efron (*Extremadamente cruel, malvado y perverso, Gold*) y Ryan Kiera Armstrong (*It: Capítulo 2, American Horror Story: Double Feature*), los nuevos Andy y Charlie McGee, respectivamente. En eso sí le doy la razón a nuestro querido Steve, pues son lo mejor de una cinta que parece hecha sin ganas, más confeccionada que construida y que, en ocasiones, parece más un telefilme, tan habituales alrededor de la obra del novelista en los 90, que una película capaz de aprovechar el material que tiene entre manos. Por poner un ejemplo rápido, la parte final del libro es una explosión que inicia un auténtico infierno al más puro estilo *Carrie*. Sin embargo, aquí, se queda a medio gas, cuando con menos medios la adaptación de 1984 sí intentó mostrar con mayor precisión y mucha más ambición la destrucción que lleva a cabo Charlie.

En lo personal, me vi sorprendido por su estreno en cines porque el marketing alrededor del proyecto había sido mínimo, llevándome a pensar que llegaría en exclusiva a alguna plataforma de streaming (en realidad, casi ocurrió eso, porque a la vez que debutaba en la gran pantalla lo hacía también en el canal Peacock). Poco importó que King la viera tres veces antes de dar la mencionada entrevista, que su director tuviera planes para una secuela e incluso una precuela y que Blumhouse Productions, responsable de algunos de los más grandes y rentables éxitos del cine de terror de los últimos años, supervisara el proyecto. *Ojos de fuego* no despegó, aunque ahora tiene el honor de situarse en el equipo de aquellas obras del escritor que han sido adaptadas varias veces.

THE BOOGEYMAN
(*THE BOOGEYMAN*, 2023)

Lo habitual en las adaptaciones de obras de Steven es que provoquen mucha polarización; o son muy deseadas o se miran con bastante desconfianza. También a la hora de que los lectores en concreto y el público en general muestren su asombro o cierta normalidad cuando son anunciadas; que haya una nueva película sobre *El misterio de Salem's Lot* va a sorprender a muy pocos, pero que se realice una a partir de un relato como *Marejada nocturna* sí que resultaría un giro de guion muy interesante. Por eso es tan curioso el caso de *El Coco*, uno de los relatos de *El umbral de la noche*, para quien esto escribe, uno de los mejores de dicha antología y de los escritos por el autor. Nadie esperaba ya un proyecto audiovisual con él, y menos uno tan ambicioso. ¿La principal razón? No es la primera vez que el particular hombre del saco de King toma forma.

En realidad, son varias las veces que *El Coco* (me sigue fascinando que en nuestro idioma se mantenga el apelativo que le damos en España al Hombre del Saco/Boogeyman norteamericano) ha sido adaptado, aunque todas como un Dollar Baby, esa fantástica iniciativa de cortos a un dólar. Sin ir más lejos, el primer Dollar Baby fue, precisamente, un cortometraje basado en este cuento, algo lógico, pues la naturaleza, narración y argumento del mismo invitan a ello, haciendo muy complicado su traslado a un largometraje. Aun así, aquí lo tenemos: la producción empezó en 2018 y se canceló en 2019 debido a la compra de la Fox por parte de Disney. En 2021 se retomó el proyecto con Rob Savage (*Strings, Dashcam*), director de cortos (el círculo se cierra... de nuevo) hasta que logró un gran impacto con *Host* (*Host*, Rob Savage, 2020), cinta de terror rodada y lanzada en plena pandemia del covid-19, donde unas amigas quedan *online* para hacer una sesión espiritista por Zoom que sale bastante mal. Las productoras se interesaron por el realizador instantáneamente.

A pesar de que hubiera sido un gran detalle que *The Boogeyman* se hubiera titulado como el relato en nuestro país, al final se ha quedado con su denominación original, incluso dentro de la propia historia (uno de los personajes lo confirma), siendo llamativo que en uno de los primeros avances en castellano fuera *The Boogeyman: El Hombre del Saco*, lo cual se cambió en los siguientes. Entrando más a fondo en el filme, funciona mejor como película de terror que como adaptación, hallándose el material original en una parte de la cinta que es la que provoca que la familia protagonista se vea acosada por la criatura. No hay que llevarse las manos a la cabeza, pues, insisto, *El Coco* es un relato más dirigido a formar parte de series antológicas como *Pesadillas y alucinaciones* por las características que presenta. Afortunadamente, aprovecha mejor el trabajo del Rey que otros proyectos similares, usando la base para ampliar el argumento principal, adornarlo con algunas tramas secundarias y darnos más del monstruo debajo de la cama que tan bien supo describir el novelista.

THE MONKEY
(*THE MONKEY, 2025*)

¿Qué hubiera pasado si Frank Darabont (*La milla verde, La niebla*) se hubiera encargado finalmente de la adaptación de *El mono*, uno de los cuentos más extraños de la bibliografía de Stephen King? Está bastante claro que le habría salido algo diferente a la locura que nos presenta el actor, guionista y director Osgood «Oz» Perkins (*La enviada del mal, Soy la bonita criatura que vive en esta casa*). El hijo del mítico Anthony Perkins (*Psicosis, Los pecados de Dorian Gray*) logró el proyecto después de años sin saberse nada de él, a pesar de que Darabont compró los derechos del relato con la intención de llevar a cabo la película tras estrenar *La niebla* (*The Mist*, Frank Darabont, 2007). Auspiciado por el tremendo éxito de crítica y público del thriller de terror *Longlegs* (*Longlegs*, Osgood Perkins, 2024), el realizador mete de lleno el trabajo de Steven en su propio universo, añadiéndole enormes gotas de humor negro y muertes que se vuelven más y más locas conforme avanza el metraje. Por supuesto, amplía el número de personajes y situaciones, con un trasfondo familiar que le toca muy de cerca en lo personal y cierta oda a la vida más que a la muerte, aunque esta sea la protagonista absoluta del filme, junto al mono de juguete que le da título.

Carne de Dollar Baby, *El mono* pasa a engrosar la larga (¿infinita?) lista de obras del de Maine que pasan a lo audiovisual. El catálogo de las mismas se va acortando, y no son pocos los lectores constantes que aplauden ante la decisión de que este texto de *Skeleton Crew* forme parte de él. La historia de un juguete que cada vez que se activa provoca la muerte a su alrededor resulta tan rara y atractiva que asombra que solo se haya recurrido a ella en cortometrajes, cuando es fácil dar con otras con menos potencial que incluso acaban repitiendo en el cine y la televisión. Con un reparto en el que se encuentran Theo James (*El final de todo, Dual*), Tatiana Maslany (*Orphan Black, She-Hulk: Abogada Hulka*), Elijah Wood (*El buen hijo, El Señor de los Anillos*) y Adam Scott (*Krampus, Severance*), y el mismísimo James Wan (*Saw, Expediente Warren: The Conjuring*) en la producción, *The Monkey* convence tanto a la taquilla como a los analistas, subrayando la importancia de su responsable en el cine de género contemporáneo. Como curiosidad queda el ligero rediseño del mono de juguete respecto a lo escrito por el Rey, pasando de llevar platillos a un tambor. Al existir un mono similar en *Toy Story 3* (*Toy Story 3*, Lee Unkrich, 2010), tremendamente popular gracias a la cinta animada, desde producción avisaron a Perkins de que cambiara los platillos por un tambor. Salió ganando, pues le gustó más el efecto del tambor precediendo cada desastre mortal que el de los platillos. Una mejor manera de acompañar las apariciones de la Parca con toneladas de suspense.

CARRIE
(*CARRIE*, 2002)

Los 90 fueron años dorados para las obras de Stephen King adaptadas a la pequeña pantalla. Las miniseries basadas en *It (Eso)* y *Apocalipsis* demostraron lo que no hizo del todo la de *El misterio de Salem's Lot*: el universo del de Maine también funcionaba en la pequeña pantalla. ¡Y de qué manera! Pronto, productores, directores y guionistas se pusieron manos a la obra para que no solo el novelista fuera el rey del terror en los cines, sino también en un medio más humilde y que comenzaba a ser igual de respetado gracias a las series que empezaban a adquirir cada vez más una calidad que nada tenía que envidiar a las producciones de la gran pantalla. Sin embargo, la década terminó, llevándose con ella un sinfín de alegrías al respecto.

A pesar de que las producciones de varios capítulos o serializadas no se dejaron de lado, lo que mejor le funcionó al trabajo de Steven fueron las miniseries, que prácticamente parecían películas largas fragmentadas endos o cuatro trozos, a modo de episodios de una duración que oscilaba entre la hora y media e incluso las tres horas. Acabaron siendo tan similares a cualquier otra cinta convencional que a la hora de venderse en formato doméstico no es difícil encontrarlas como si lo fueran, confundiendo a veces a propios y extraños, por culpa de una difusa línea que las sitúa a medio camino entre la serie televisiva y el filme de toda la vida. Pero, como decía, eso no duró demasiado.

A finales de los 90, algo cambió alrededor del Rey, algo iniciado en el campo literario a principios de dicha década, como he comentado en páginas anteriores. Esas novelas y relatos más serios y con mayor calidad literaria, según la crítica «especializada», no tardaron en ser trasladados al séptimo arte. El terror cinematográfico del King de los 80 empezó a diluirse, y el espectador comenzó a interesarse, tanto como el lector ya se había acostumbrado, a historias como *Dolores Claiborne* y *El pasillo de la muerte* donde el horror era menos sobrenatural y más real y el thriller se mezclaba con el fantástico. Fue entonces cuando esa oleada televisiva de adaptaciones decreció; las primeras víctimas resultaron ser las miniseries; las películas directas a la pequeña pantalla las siguieron. La siguiente década se convertiría en la peor para los proyectos audiovisuales basados en obras de nuestro querido Steve, casi desapareciendo del mapa. Y parece que la segunda versión de *Carrie* ayudó un poco.

En realidad, soy algo injusto. No es que esta incursión en el mundo de Carrie White se convirtiera en la principal causa del mencionado declive; los otros aspectos comentados fueron más decisivos y, para no mentir, el filme funcionó bastante bien con los espectadores, aunque no así con los críticos, que ya vieron en él algunos de los defectos que sufrirían las siguientes adaptaciones a la pequeña pantalla. Efectos especiales pobres, extrema simplificación de la trama principal, borrado (en la mayoría de las ocasiones) de las subtramas y demasiados cambios y cortes en el manuscrito original. *Carrie*, esta *Carrie*, tiene todo eso, pero también unas cuantas virtudes que me vas a permitir comentarte, lector.

¿Qué hizo que alguien se atreviera a llevar a cabo una segunda película sobre la primera novela publicada de Steven, cuando el trabajo de Brian De Palma parece incapaz de envejecer? El gran éxito que tuvo la miniserie de *El resplandor* en 1997, superando el miedo a realizar una adaptación más fiel del libro que dio lugar a una de las mejores cintas de terror de la historia del cine. Y funcionó. El valor de los productores y sus productoras se abrió paso. La división televisiva de Metro-Goldwyn-Mayer (MGM) se puso manos a la obra con la cadena NBC, surgiendo los primeros roces por el objetivo del proyecto. Mientras el estudio quería que fuera una especie de piloto para una serie de televisión, en la que Carrie y Sue Snell viajaran por todo el país ayudando a adolescentes con habilidades psíquicas y telequinéticas como la primera, la cadena deseaba solamente un filme semanal para televisión. Ganó MGM, aunque la serie nunca tomó forma.

La dirección corre a cargo de un David Carson (*El regreso de Sherlock Holmes, Smallville*) que hace lo que puede; correcto, con poca personalidad y tan olvidable que no es extraño que incluso en el círculo de lectores constantes esta *Carrie* sea casi una desconocida. El guion funciona mejor, y resulta evidente la razón cuando se comprueba que es de Bryan Fuller (*Tan muertos como yo, Hannibal*), hoy uno de los guionistas más reputados de la televisión, pero entonces no contaba con demasiados trabajos. A pesar de que tuvo en mente la versión de Brian De Palma, el libro del de Maine es quien ganó el pulso, añadiéndose partes que no estaban en la primera adaptación, como todo el tema de las rocas que caen del cielo y las entrevistas que nos dan pistas acerca de las terribles consecuencias de enfadar a Carrie White, además de ampliar la destrucción final (uno de los mejores momentos del telefilme) y mantener el destino que recibe Margaret White en la novela. Para no tener que cambiar el final de esta, debido a los deseos de MGM de continuar la producción con una serie, consideró la posibilidad de que Carrie traspasara sus poderes a la propia Sue. Incluso pensó en crear una nueva Carrie, ideas que se desecharon, y menos mal.

Fuller destacó que le pareció siempre tremendamente cruel e injusto cómo acaba Carrie White en la obra del Rey. Nunca la vio como una asesina. De ahí la interpretación que le da Angela Bettis (*Mentes criminales*, *Skins*), mucho más nerviosa que la de Spacek, pero también con más fuerza, aunque físicamente se parecen mucho, distanciándose también en este aspecto del personaje original de Steven. Que la elegida para tan importante papel fuera Bettis, por entonces casi una desconocida, no es un misterio. Un año antes estrenó *May, ¿quieres ser mi amigo?* (*May*, Lucky McKee, 2001), una historia que parece una modernización de *Frankenstein*, interpretando a una joven con muchísimas características de la Carrie que conocemos.

LOS CHICOS DEL MAÍZ
(*Stephen King´s Children of the Corn*, 2009)

No estás leyendo mal, lector. Tampoco te has equivocado de apartado. Sigo hablándote de las películas para televisión basadas en obras de Stephen King. No has retrocedido y tampoco has avanzado demasiado sin darte cuenta. Y no estoy haciendo trampas, te lo aseguro. Detente un momento. Echa un buen vistazo al título original del telefilme del que te voy a hablar. ¿Has descubierto algo distinto? Sí, no se trata de *Children of the Corn*, sino de *Stephen King's Children of the Corn*. Ese es su título completo. Y no, no estamos ante una de las innumerables y casi infinitas secuelas de *Los chicos del maíz*, las cuales trataré más adelante, aunque sea la octava entrega de la saga, en realidad, un parón en la misma. Y es que tienes ante ti una nueva adaptación del relato del Rey, una que pretende ser más fiel que la cinta de 1984. ¿Lo consigue? Sí. ¿La convierte eso en una buena obra? No.

Vayamos al año 2009 de una década convulsa para los proyectos audiovisuales relacionados con el universo de nuestro querido Steve. Como comentaba anteriormente, estamos en la época más oscura al respecto, con productores, directores y guionistas sin saber muy bien por dónde tirar a la hora de adaptar los trabajos del autor. La pantalla grande parecía darles la espalda casi por completo y las miniseries, antaño grandes éxitos, ya no interesaban tanto. Quedaban las películas hechas para televisión, pero resultaba complicado hacerle justicia al de Maine con presupuestos tan ajustados y recortes continuos en guiones que intentaban trasladar páginas y páginas de extensos libros. Los relatos y novelas cortas aparecían como una solución más o menos factible. Y llevábamos ocho años sin una nueva entrega de *Los chicos del maíz*. ¿Podríamos haber sobrevivido o no? Nunca lo sabremos, porque Donald P. Borchers (*La presencia*), curiosamente uno de los productores del filme original, decidió que los niños asesinos del maizal ya habían descansado lo suficiente.

El realizador siempre pensó que la primera adaptación no había manejado del todo bien el cuento de nuestro querido Steve. Su principal queja era que fue una película demasiado hollywoodiense, final feliz incluido (¿quién podría no estar de acuerdo con él?). En vez de seguir avanzando para llevar a los acólitos de El que camina detrás de la fila al siguiente nivel, decidió regresar a sus orígenes, a Gatlin, al relato original y a esos maizales que todavía guardaban más de un secreto. De este modo, consigue que el telefilme sea tremendamente fiel a la obra del escritor, sumando a la insoportable pareja protagonista y el terrorífico final, tanto para ellos como para los propios niños (o adolescentes de cierta edad; no digo más). Por supuesto, existen ciertos añadidos, como toda la subtrama militar de Burt y algunos enfrentamientos extra entre este y los críos, pero más allá de eso es, en definitiva, la creación de King; de ahí el título original de *Stephen King's Children of the Corn*. Y siempre es un buen marketing tener por ahí el nombre del autor.

Como curiosidad, Borchers intentó que el novelista se involucrase en la producción (alabemos su valor, por lo harto que estaba ya Steven a esas alturas del extraño partido que le estaban sacando al relato de *El umbral de la noche*). Para ello le envió nada más y nada menos que una copia del guion, recibiendo respuesta de su abogado, quien le indicó que su cliente no estaba interesado (otras versiones de la anécdota señalan que fue el propio Rey quien contestócon un escueto «déjeme en paz, por favor»). Sin embargo, el director no se rindió, mandándole más tarde una copia del DVD de la producción, logrando esta vez una respuesta afirmativa. De ahí que el nombre de Stephen King se encuentre incluido en los créditos del guion. ¡Reto conseguido!

He decidido incluir este telefilme en el libro más como anécdota que por alguna virtud en particular. La cinta solo ayudó a relanzar la franquicia con nuevas secuelas numeradas que seguían las anteriores; nada más. Los proyectos audiovisuales sobre el trabajo del creador de Pennywise continuaron en baja forma, y ni siquiera la propia película es de las más conocidas de la saga, sino todo lo contrario, pasando bastante desapercibida y confirmando que, a veces, no vale con adaptar al dedillo la obra original. Hay que atrapar su esencia. También ayuda tener talento para llevarlo a cabo. Si te atreves, lector, puedes celebrar un minimaratón con la de 1984, viendo ambas en una sola sesión. Ya me contarás qué tal la experiencia.

BIG DRIVER
(*Big Driver*, 2014)

Qué curioso es el caso de este telefilme. Se estrenó a finales de octubre de 2014, un año después de la tercera versión cinematográfica de *Carrie*, que obtuvo un moderado éxito, pero fue todo lo que se necesitó para que el trabajo del Rey interesara de nuevo a todos los que eran capaces de llevarlo a la pantalla grande. Con las miniseries más que superadas en la anterior década, fue una oleada de alivio, sobre todo para los lectores constantes, reavivar los deseos de que las butacas de los cines volvieran a llenarse de fans ávidos por recuperar el universo de King de la forma más ambiciosa posible. La buena aceptación de las series continuaba, sin destacar demasiado, aunque sin decaer. ¿Y las películas directas a televisión? Aún quedaba alguna que otra por aparecer, y la adaptación de la novela corta *Camionero Grande*, era una de ellas.

No sería descabellado señalar esta producción televisiva como una auténtica rareza, en especial por la fecha en la que apareció, pocas semanas después de que se estrenase el telefilme basado en *Un buen matrimonio*, otra novela corta de Steven que se puede encontrar en la magnífica antología *Todo oscuro, sin estrellas*. Ambas historias tienen no pocos puntos en común, como sus protagonistas femeninas, mujeres capaces que deben enfrentarse a espeluznantes asesinos en serie, cada uno con sus propios métodos de actuación. También coinciden en que más adscribirse al género fantástico lo hacen al thriller, siendo más bien cintas de suspense con alguna que otra gota de terror, y ni siquiera sobrenatural. Por si fuera poco, las dos adaptaciones se lanzaron meses después de la publicación de *Mr. Mercedes*, el bombazo del autor que se sumergía por completo en el policíaco, aprovechando así su cercanía en tono, concepto e ideas para arrastrar al mayor número de público posible. Nunca se ha confirmado, pero no me parece una mala hipótesis.

Dirigida por Mikael Salomon (*Salem's Lot*, *Pesadillas y alucinaciones*), sorprende el flojo resultado final si tenemos en cuenta anteriores trabajos audiovisuales con obras del de Maine, mucho más sólidos que este. Como adaptación se porta bastante bien, pues nos narra exactamente lo mismo, sin muchas variaciones. Tenemos a Tess, una popular escritora de misterio, que acude a una charla tras la cual coge un atajo para regresar a casa. Por el camino tiene un «accidente» que la lleva a manos de un gigantesco camionero que la viola y la asesina... o eso cree él. En realidad, Tess sobrevive sin que lo sepa, tratando de continuar con su vida para evitar un escándalo en el que podría ser acosada por la prensa e incluso señalada como la que provocó al culpable. Sin embargo, le es imposible seguir adelante, tramando una venganza para la que usará los conocimientos adquiridos tras años documentándose para sus libros de suspense.

De este modo, la película, al igual que el manuscrito original, forma parte del subgénero *rape and revenge*, lo que traducido vendría a ser violación y venganza, subgénero habitualmente asociado a producciones de serie B y Z, donde la protagonista, que suele ser una mujer, es atacada, violada y asesinada (en ocasiones sobrevive; a veces se juega con la idea de un regreso sobrenatural de la tumba) por uno o varios hombres de los que más tarde se venga de una manera brutal, obteniendo así ella su merecida justicia/venganza y los espectadores la catarsis que necesitan tras presenciar los horrores sufridos por la heroína (antiheroína). Existen innumerables títulos, tanto cinematográficos como literarios, que son un buen ejemplo de este duro e impactante tipo de obras, pero los tres más conocidos se encuentran en el séptimo arte: *El manantial de la doncella* (*Jungfrukällan*, Ingmar Bergman, 1966), *La última casa a la izquierda* (*The Last House on the Left*, Wes Craven, 1972) y *La violencia del sexo* (*I Spit on your Grave*, Meir Zarchi, 1978).

Esa es otra de las razones por las que he añadido este telefilme al presente volumen. Estás, lector, ante la adaptación de la única obra puramente rape and revenge escrita por Stephen King. Es cierto que la cinta, como también pasa en muchas basadas en sus trabajos, suaviza demasiado ciertos aspectos truculentos de la historia original (en este caso se considera hasta lógico si se recuerda que es una película para la televisión; toda la pesadilla que vive la protagonista, incluyendo cada detalle escabroso del texto, sería imposible de mostrarse en la pequeña pantalla, al menos, según el canal). Además, resulta difícil ignorar la dejadez en la dirección, la falta de presupuesto y la simpleza de ciertos tramos, poniendo énfasis en la venganza de Tess, a pesar del buen trabajo que hace Maria Bello. Hoy no sería raro ver esta producción en una plataforma de streaming, quizás una que invirtiera en ella lo que merece. Y puede que haciendo doblete con *Un buen matrimonio*.

EL TELÉFONO DEL SEÑOR HARRIGAN
(*Mr. Harrigan´s Phone*, 2022)

En otoño de 2022 se estrenó en Netflix la cuarta adaptación de una obra del de Maine llevada a cabo por el gigante del streaming. Lo hizo como las tres anteriores, sin muchos aspavientos, aunque tampoco con la invisibilización que a veces da a otros proyectos igual de interesantes. En realidad, fue una de sus apuestas fuertes para el período de Halloween, lo cual no es de extrañar si se tienen en cuenta los buenos resultados que dieron las películas *El juego de Gerald, 1922* y *En la hierba alta*. Los datos finales de *El teléfono del señor Harrigan* no fueron muy diferentes, quizá porque es un filme que va muy en la línea de los anteriores si lo analizamos desde la perspectiva de una película King; no destaca por encima de la media, pero mantiene un nivel notable, descansando cómodamente en esa «lista» de títulos basados en obras del autor con una calidad interesante y que se pueden disfrutar sin olvidarlos de inmediato.

La producción adapta la novela corta aparecida en la antología *La sangre manda*, contándonos, básicamente, la misma historia. Se nos presenta al joven y responsable Craig, quien acepta el poco habitual trabajo de leer libros al señor Harrigan varias veces por semana. Poco a poco se vuelven íntimos amigos, naciendo una relación de cariño entre ambos que aumenta cuando el chico le regala al millonario un teléfono móvil. No mucho más tarde tiene lugar el inesperado fallecimiento de Harrigan, destrozando aún más a Craig, todavía afectado por la muerte de su madre. A modo de despedida, le mete el teléfono al hombre en el traje antes de ser enterrado. Sin embargo, lo que empieza como un simple gesto se convierte en una auténtica pesadilla cuando recibe mensajes del señor Harrigan desde la tumba.

La dirección de John Lee Hancock (*El fundador*, *Pequeños detalles*), un director bastante solvente, es más que correcta, bien acompañada por un guion (escrito también por él mismo) con pocas diferencias con el material original que se apoya más en el suspense que en el terror y en un notable reparto encabezado por unos Donald Sutherland (*Amenaza en la sombra*, *Virus*) y Jaeden Martell a los que el propio Steven dio una entusiasta aprobación, al igual que avaló que produciendo se encontrara de nuevo Blumhouse Productions (aquí con mejores resultados que los de *Ojos de fuego*) y, como novedad, Ryan Murphy, uno de los creadores de la serie de televisión *American Horror Story* (*American Horror Story*, Ryan Murphy-Brad Falchuk, 2011).

El filme funciona muy bien para esos espectadores interesados en las adaptaciones de trabajos del Rey no enmarcadas en el terror, pues la cinta más bien juega con el thriller sobrenatural, quedando lejos del horror mostrado en producciones basadas en libros como *El resplandor*, *El misterio de Salem's Lot* y *Christine*. Al estrenarse pocos meses después de *Black Phone* (*Black Phone*, Scott Derrickson, 2022), que llevó al cine a su vez el relato *El teléfono negro*, incluido en la antología *Fantasmas* de Joe Hill, no fueron pocos quienes compararon ambos proyectos. Sin embargo, a pesar de que la dependencia de la tecnología y los móviles del texto original se mantiene en la película, habría que centrarse más en otra historia a la hora de sacar similitudes: *Cementerio de animales*. Todo el trasfondo de la pérdida, la superación del fallecimiento de un ser querido y los «deseos» que acaban mal están ahí. Hay diálogos de la obra cinematográfica que podrían añadirse a cualquiera de las páginas de la mencionada joya literaria del novelista.

Un último apunte, lector. ¿Quieres saber el significado de los mensajes de texto del señor Harrigan? El propio Stephen King desveló el secreto de todos ellos en sus redes sociales. No voy a descubrírtelo aquí, por supuesto. Será cosa tuya que nuestro querido Steve te ayude o seas tú mismo quien lo averigüe.

CEMENTERIO VIVIENTE: LOS ORÍGENES
(*Pet Sematary: Bloodlines*, 2023)

Durante la promoción y el estreno de la segunda adaptación cinematográfica de *Cementerio de animales* en 2019, varias fueron las personalidades que se pronunciaron sobre expandir el universo creado por Stephen King en torno al lugar de reposo donde todo lo enterrado acaba resucitando. El productor Lorenzo di Bonaventura afirmó que de tener éxito la nueva película se propondría la idea de una precuela; los directores Dennis Widmyer y Kevin Kolsch comentaron la posibilidad de una secuela, pero sugiriendo al mismo tiempo que, probablemente, no estarían en ella; y el guionista Jeff Buhler pasó de hablar de una continuación directa a referirse a los orígenes de la maldición del pueblo de Ludlow, incluyendo al Wendigo, la juventud de Jud Crandall, los rituales de los niños que vimos en el filme y la mitología micmac.

No resulta extraño que al final ganase la idea de una precuela. Ya habíamos tenido una secuela en los 90, no oficial, claro, y eso ayudó a que el proyecto caminara por otros senderos, aunque también lo hizo el corto que el propio Buhler escribió para la edición doméstica de su *Cementerio de animales*. En *El cuento de Timmy Baterman*, el Jud Crandall de John Lithgow nos narra el inquietante relato de una persona que fue enterrada en el cementerio micmac, una fábula que en la novela original le traslada a Louis Creed para advertirle acerca del peligro que entraña jugar con el lugar más allá de los enterramientos de animales. Dado que Buhler ya había jugueteado con un material que se halla en la obra del de Maine, no tenía sentido inventarse nada. Ninguno de los proyectos audiovisuales relacionados con el libro ahondaba en los orígenes de la maldición del Wendigo, por lo que era el momento oportuno para ponerse a ello. En este caso, además, se cerraría un curioso círculo, pues se eligió a una mujer, Lindsey Beer (*Sierra Burgess es una perdedora*), para dirigirla, al igual que la primera adaptación corrió a cargo de Mary Lambert.

A pesar de que el título pedía a gritos un estreno en la pantalla grande, la necesidad de dar buen material al canal de streaming Paramount+ lo llevó a su catálogo, lo cual no hace menor la calidad del resultado final. *Cementerio viviente: Los orígenes* (se recupera el título de *Cementerio viviente*, que podría considerarse casi un spoiler, frente al más acertado y cercano a la novela de *Cementerio de animales*) se presenta como una precuela de la cinta de 2019, a pesar de que hay detalles de *El cuento de Timmy Baterman* que no casan del todo bien con lo que nos detalla. Si obviamos esos ¿fallos? de continuidad, referidos a un extra cuya existencia pocos recuerdan, la película acierta especialmente al mostrarnos una localidad maldita desde su nacimiento debido a la tierra corrompida, mostrando sus mejores cartas al viajar al pasado para enseñarnos el encuentro de los colonos con la tribu Micmac. También ayuda mucho un reparto muy bien nutrido de nombres reconocibles como los de Henry Thomas (*E. T. el extraterrestre*, *El juego de Gerald*), Pam Grier (*Jackie Brown*, *Smallville*), Samantha Mathis (*The Strain*, *Bull*), David Duchovny (*Expediente X*, *Evolution*), Natalie Alyn Lind (*Gotham*, *The Gifted*) y Jackson White (*El espacio entre nosotros*, *Tell Me Lies*). Hay poco Wendigo (de nuevo, algo para lamentar) y ciertos cambios con respecto a lo que el Rey nos cuenta (los fundadores de Ludlow y sus herederos son una especie de guardianes del mal que anida en sus tierras), pero entre sus defectos y virtudes acaba siendo una excelente manera de mantener vivo el particular cementerio de animales de Steven.

EL MISTERIO DE SALEM´S LOT
(*SALEM´S LOT*, 2024)

Habiéndose recuperado cinematográfica y televisivamente para las nuevas generaciones algunas de las mejores obras del de Maine como *Carrie*, *It (Eso)*, *Cementerio de animales* y *Apocalipsis*, ¿cómo dejar de lado *El misterio de Salem´s Lot*, la cual siempre es fácil de encontrar en las listas de los libros más populares, queridos y sobrados de calidad del autor? No podía faltar una nueva adaptación que se uniera a las dos ya realizadas, sin olvidar la desastrosa secuela alejada de cualquier material llevado a cabo por el maestro del terror. Parecía lógico que al ser un proyecto tan ambicioso los problemas se dieran desde el primer minuto, con las alarmas saltando cuando se confirmó que sería una película con una duración entre las dos y las tres horas, a pesar de que por contenido, trasfondo y número de personajes el formato de miniserie o serie resultaba más apropiado. Los largometrajes de *It (Eso)*, dirigidos por Andy Muschietti, habían funcionado bastante bien, incluso con hordas de lectores constantes pidiendo una producción para la pequeña pantalla. ¿Por qué no intentarlo? Además, un filme de *El misterio de Salem´s Lot* para el cine era algo nuevo. Un negocio seguro. ¿Verdad?

Los rumores de que James Wan, una de las figuras más importantes del género de terror de los últimos años, podría colocarse tras la cámara, llamaron mucho la atención. Esas mismas fuentes solían señalar que Jake Gyllenhaal (*Donnie Darko, Prisioneros*) y Christoph Waltz (*Malditos bastardos, Django desencadenado*) estarían en la cinta, interpretando a Ben Mears y a Richard Straker, respectivamente. Pronto, las confirmaciones comenzaron, desaparecieron del papel los dos actores, pasando Wan a labores de producción gracias a Atomic Monster, su productora, que colaboraría con New Line Cinema. El nuevo director sería Gary Dauberman, protegido y estrecho colaborador de James, quien también se encargaría del guion como había hecho con las dos nuevas entregas de *It*. No le faltaba experiencia con el trabajo de King. Las aguas volvían a calmarse. La calma antes de la tormenta.

El rodaje se produjo durante el año 2021, con un estreno previsto para septiembre de 2022. Conforme los meses fueron pasando, la fecha cambió, pasando a finales de 2022, aunque sin asegurar el día, mucho menos el mes. Principios de 2023 fue la nueva fecha. De repente, las reestructuraciones internas en Warner Bros., que llevaron incluso a la cancelación de películas ya acabadas, hicieron temer lo peor. La fecha de estreno de *El misterio de Salem's Lot* la ocupó otra producción, y se dejó en el aire su lanzamiento, afirmándose que no pasaría de ese año. Poco a poco, se descubrió la mentira, pues el proyecto se cayó del calendario, a pesar del buen sabor de boca dejado por un primer tráiler en algunos exclusivos pases de prensa cerrados al público. Por medio hubo una huelga de guionistas. Esta fue esencial para explicar la larga serie de retrasos.

A finales de 2023, surgió el rumor de que *El misterio de Salem's Lot* no pasaría por las salas de cine, sino que llegaría directa al servicio *streaming* HBO Max durante el 2024, para cubrir uno de los huecos surgidos por la cancelación y paralización de varios proyectos a causa de la mencionada huelga. A principios del año señalado se confirmó de forma oficial, con el Rey confesando que él ya la había disfrutado, declarando que se trata de una buena muestra de cine de terror a la antigua, con una historia que se macera con lentitud, otorgando al final una buena recompensa. Después de una larga e incierta espera, *El misterio de Salem's Lot* se estrenó a principios de octubre, ayudando así a abrir la *spooky season* (como se conoce al período que comprende desde el primer día de octubre hasta Halloween). En su reparto destacan nombres como los de Lewis Pullman (*Los extraños: Cacería nocturna, Top Gun: Maverick*), Pilou Asbæk (*Juego de tronos, Overlord*), William Sadler (*Cadena perpetua, Caballero del diablo*), Alfre Woodard

(*Luke Cage*, *El rey león*) y Spencer Treat Clark (*Gladiator*, *El protegido*). Nuevos rostros para la nueva visión de una novela clásica del género de terror.

LA ZONA MUERTA
(THE DEAD ZONE, 2002)

En ocasiones, una misma historia tiene el poder de plantear al lector (si hablamos de un libro, claro) diferentes caminos. El autor habrá elegido previamente uno de ellos, pero quizá quienes se sumerjan en ella prefieran el otro que dejó de lado para centrarse en el que finalmente fue. Páginas atrás, cuando hablé de *La zona muerta*, ya señalé que la novela bien podría haberse centrado en otros temas distintos al «enfrentamiento» entre Johnny Smith y Greg Stillson. En realidad, no di ningún rodeo al admitir que prefería toda la trama del protagonista ayudando a atrapar a Frank Dodd antes que los tejemanejes políticos de Stillson y el apocalipsis que se avecinaba si llegaba a presidente de los Estados Unidos. En pocas palabras, siempre me ha gustado más *La zona muerta* como thriller fantástico que como thriller fantástico y político. Y parece que no he sido el único en pensar así.

A principios del presente siglo, no se sabía exactamente qué hacer con las películas King, mientras las miniseries empezaban a languidecer. Pero ¿y las series de larga duración? Porque hubiera sido una estupidez, después de los grandes resultados que le había dado la pequeña pantalla al de Maine, tirarlas a la basura como si fueran inservibles. ¿Por qué no se intentaba darotro buen empujón a la televisión tras haber funcionado tan bien? La perspectiva sería distinta, por supuesto. No me parece casualidad que el mismo año en que se estrenó la segunda adaptación de *Carrie* tuviéramos también la nueva de *La zona muerta*, con un enfoque bastante similar a la producción televisiva que tendría que haber visto la luz tras la llegada de la reinterpretación de Carrie White. Sin embargo, es obligatorio recordar que esta llegó más tarde. ¿Hubo un intercambio de ideas o ambas obras del autor contienen material para exprimir de formas parecidas?

Y es que esta *La zona muerta* no deja de ser un procedimental al uso, con los casos semanales, el elenco básico de secundarios alrededor del protagonista y una trama principal que se va haciendo cada vez más importante. Esta tiene que ver con Greg Stillson y el apocalipsis, solo que aquí se complica un poco más, incluyendo a poderes por encima de él que lo están usando, adquiriendo así el personaje un carácter más simpático que el del material original. Lo importante en la serie es ver a Johnny Smith resolviendo crímenes, investigaciones abiertas, misterios y toda clase de problemas gracias a unas habilidades psíquicas que van en aumento y que llegan incluso más lejos que las ideadas por nuestro querido Steve. No son los únicos cambios que vive la serie, porque aquí es el sheriff Bannerman quien está con Sarah, aunque, en realidad, es una mezcla del Bannerman original y de Walt, el marido de la antigua novia de Johnny. Hay un niño, sí, pero es Smith, aunque el sheriff no lo sabe.

La mayor transformación que vive la serie con respecto al libro y a la película es el tono. Suavizado en exceso, *La zona muerta* es una producción que puede ver toda la familia sin ningún problema, lo cual es un gran chasco para quienes esperábamos a Johnny Smith atrapando a asesinos en serie cada vez peores en ambientes sórdidos, lúgubres y terroríficos; sin ir más lejos, Frank Dodd apenas aparece. Para que te hagas una idea, lector, si es que desconoces cualquier detalle de esta obra, se puede situar más próxima a otras como *Entre fantasmas* (*Ghost Whisperer*, John Gray, 2005) y *El mentalista* (*The Mentalist*, Bruno Heller, 2008). Fíjate en las fechas de estreno de ambas, porque son muy curiosas.

Lo cierto es que *La zona muerta* se deja ver. No engaña a nadie. Es uno de esos casos en los que más que adaptar está «basada en», tomando la base del magnífico libro del Rey para dirigirse a su propio destino, lo cual la convierte en una gran curiosidad, sobre todo porque en España pasó muy desapercibida en su momento, a pesar del éxito que cosechó en Estados Unidos en sus primeras temporadas. Al llegar a la sexta, las audiencias se desplomaron, hallando un final con muchos cabos atados... y muchos más sueltos, sufriendo una de esas injustas cancelaciones con argumentos que siguen abiertos, incluso con alguna que otra promesa de por medio de que habría una séptima temporada de la que hace tiempo que no se sabe absolutamente nada. Entre sus grandes aciertos está el reparto, repleto de caras conocidas (Tom Skerritt aparece interpretando a cierto familiar de Johnny, como guiño a su papel en la versión cinematográfica) y encabezado por un más que eficiente Anthony Michael Hall (*Dieciséis velas*, *Halloween Kills*), quien supo aprovechar la notoriedad de la producción para recuperar cierta popularidad, y cuya interpretación de Smith es tan agradable, simpática e inofensiva como la propia serie.

PESADILLAS Y ALUCINACIONES
(*NIGHTMARES & DREAMSCAPES: FROM THE STORIES OF STEPHEN KING*, 2006)

¿Cuál es el formato audiovisual que mejor casa con las obras de Stephen King? ¿Las películas para la pantalla grande? ¿Las miniseries para televisión? ¿Los telefilmes? ¿Las series? Lo cierto es que multitud de expertos, lectores constantes y especialistas en el trabajo del novelista nunca han podido ponerse de acuerdo desde que la primera versión de *Carrie* aterrizó en los cines. Da igual todas las adaptaciones que hayamos tenido de libros del autor, porque cada uno tiene su opinión, lo cual está bien, que no se me entienda lo contrario. Sin embargo, creo que generalizar es el verdadero problema, cuando hay que prestar atención a cada historia, necesitando cada una un medio distinto. Incluso podemos encontrar alguna que sea imposible de trasladar. Y no es ninguna locura, no.

Durante la primera década del presente siglo, mientras nadie sabía exactamente qué hacer con los largometrajes basados en los escritos de Steven, las miniseries iban dejando paso a las series de largo recorrido, las cuales, para sorpresa de propios y extraños, funcionaban bastante bien. Una de las que más éxito tuvo fue *Pesadillas y alucinaciones*, sobre todo porque logró que todas las críticas coincidieran en que resultaba bastante posible que el mejor camino para adaptar al King cuentista fuera el de las series, en especial si eran antológicas. Hay que reconocer que la idea del canal TNT fue mejor que buena, entre otras razones por lo lógica que es. ¿Para qué alargar un relato innecesariamente hasta convertirlo en una película si puedes dejarlo como un episodio de no más de una hora de duración?

Ocho son los capítulos que componen *Pesadillas y alucinaciones*, que debe su nombre a la antología homónima, a pesar de que tres de los cuentos que adapta pertenecen a las recopilaciones *El umbral de la noche* (uno) y *Todo es eventual* (dos). Sin ir más lejos, la producción arranca con *Campo de batalla*, que nos presenta el surrealista enfrentamiento entre un asesino a sueldo y unos soldados de juguete; le sigue *Crouch End*, en la que una pareja debe sobrevivir a un barrio londinense repleto de horrores lovecraftianos; luego viene *El último caso de Umney*, donde la realidad y la imaginación, creación y creador, se mezclan con el género negro de detectives privados; después toca *El final del desastre*, con un curioso apocalipsis que puede hacer que más de uno se replantee lo inteligente que es; a continuación es el turno de *El virus de la carretera viaja hacia el norte*, que nos cuenta cómo un escritor, al más puro estilo de nuestro querido Steve, tiene que sobrevivir a la presunta maldición de un cuadro;

en *El quinto fragmento* es el suspense el protagonista en una trama llena de traiciones y engaños; *Sala de autopsias número 4* demuestra el amor del de Maine por las clásicas publicaciones de EC Comics; y, para terminar, *¿Sabes? Tienen un grupo de la leche* hace lo mismo, pero con la música rock, ofreciéndonos una historia divertida, macabra y que, al menos a mí, me suele recordar a una de las pesadillas de R. L. Stine (*La casa de la muerte, La noche del muñeco viviente*).

A pesar de que *Pesadillas y alucinaciones* se encuadró como miniserie, el tiempo la ha colocado como la serie que es. Después de todo, sus ocho episodios no siguen una trama en común, más allá de la autoría de los manuscritos originales, siendo una producción más cercana a la célebre *Historias de la cripta* (*Tales from the Crypt*, Steven Dodd, 1989). Su éxito sirvió para confirmar que el sendero de la televisión era el correcto para continuar adaptando las obras de King, aunque también para ganar nuevos adeptos a su mitología, pues el hecho de estar compuesta por capítulos que narran relatos sin continuidad ayuda a que se acerquen aquellos lectores no tan constantes. Tampoco hay que olvidar que en ella se tocan muchos de los diversos géneros que maneja el novelista; desde el terror hasta el suspense, pasando por el thriller fantástico e incluso algo de ciencia ficción. La interesante lista de intérpretes es otra de las grandes virtudes del título, con rostros como los de Samantha Mathis, Tom Berenger (*El sustituto, Origen*), William H. Macy (*Fargo, Shameless*), Claire Forlani (*Mallrats, Mi otro yo*), Henry Thomas, Steven Weber (*Masters of Horror, Desesperación*) y William Hurt (*Fuego en el cuerpo, Una historia de violencia*), entre otros. Imposible no señalar como curiosidad la presencia de Jim Henson's Creature Shop encargándose de los efectos especiales, nada más y nada menos que la compañía del famoso Jim Henson, creador entre otros personajes, marionetas y criaturas de los Muppets (Teleñecos en España).

King en 2011. Wikimedia commons

HAVEN
(*HAVEN*, 2010)

Hay adaptaciones de obras de Stephen King que siempre me llevan a preguntarme si son conocidas incluso por aquellos lectores constantes más apasionados. Por una u otra razón, las hay tan escondidas y olvidadas, incluso a pesar de su éxito, que sorprende que existan, y esta serie basada en la novela corta *Colorado Kid* es una de ellas, de ahí que haya decidido incluirla en este volumen. Por mis palabras quizá pienses, lector, que te voy a presentar un título menor que ni siquiera se merece que gastes tu tiempo en uno solo de sus capítulos. Sin embargo, te animo a que te mentalices de lo contrario, porque las cinco temporadas de esta producción televisiva indican que nadie debe dejarse llevar por ningún tipo de prejuicio. Por si fuera poco, la evolución del universo del Rey en la pequeña pantalla no podría entenderse sin esta... rareza. Pon atención.

Estrenada tres años después del final de la serie basada en *La zona muerta*, comparte con ella mucho más que el usar solamente de base el material original del escritor para, desde ahí, expandir su propio universo, algo que tampoco ha sido nunca exclusivo ni original de ambas producciones. *Haven*, como la segunda oportunidad audiovisual de Johnny Smith, toma el punto de partida de la historia construida por el novelista, en este caso con esa pequeña comunidad de Maine que aquí da título a la producción, en la que tiene lugar un misterio relacionado con un cadáver imposible de identificar. A partir de ahí entramos en terreno desconocido, con los protagonistas metidos en una larga lista de casos sobrenaturales y fantásticos a los que llaman Problemas, pero que van mucho más allá. Por supuesto, comienza siendo un procedimental (como la segunda adaptación de *La zona muerta*), transformándose en otra cosa conforme las tramas secundarias se convierten en las principales, creando una narrativa mucho más centrada en sus últimos capítulos que en los primeros.

Los puntos de conexión no terminan ahí. Syfy se encargó de la serie, siendo el mismo canal que se rumoreó para recuperar la serie de *La zona muerta* con una séptima temporada que, al final, nunca se produjo. Además, volvemos a estar ante un producto que confirma que, en aquella época, no resultaba extraño que se adaptara hasta la lista de la compra de Steven (broma bastante recurrente y exagerada durante toda su carrera, pero con cierto trasfondo de realidad), aunque hubiéramos dejado los 80 hacía ya tiempo. No es para menos si se tiene en cuenta que *Colorado Kid* es un libro que no llega a las doscientas páginas.

¿Cómo sacas de ahí una serie de nada más y nada menos que cinco temporadas entre los años 2010 y 2015? Basándola muy libremente en lo escrito por el autor, claro (quizás al principio no tanto, pues en los compases iniciales no iba a poseer ningún elemento sobrenatural, algo que se cambió a sugerencia del propio King). A pesar de ello, sus realizadores usaron estas deficiencias como adaptación para conducir la historia por caminos muy entretenidos que gozaron de bastante popularidad en Estados Unidos, aunque no fuera de sus fronteras. Incluso así, la respuesta más positiva que consiguió *Haven* llegó por la infinidad de guiños y referencias que contiene al llamado Kingverso; desde menciones a Derry hasta niños con impermeables amarillos que persiguen barquitos de papel, pasando por secretos alrededor de *Misery* y la prisión de Shawshank que solo el más atento lector constante puede captar. Todo lo que plantó esta producción sirvió años después para otra, mucho más ambiciosa, donde el universo del de Maine sería el epicentro sin ninguna obra concreta de por medio. Tranquilo, porque no falta mucho para llegar a ella.

LA CÚPULA
(*UNDER THE DOME*, 2013)

La adaptación televisiva de una de las obras más ambiciosas y extensas de Steven supuso un antes y un después en el camino a seguir a la hora de llevar a la pequeña pantalla muchos de sus libros. La serie basada en *La zona muerta* y la antología *Pesadillas y alucinaciones* configuraron un escenario perfecto para la producción dedicada a *Colorado Kid*, y esta, a su vez, logró dar el empujón que necesitaba la siguiente, la que nos ocupa ahora, lector. El tremendo éxito del que disfrutó el presente título fue esencial para que muchos proyectos que aguardaban confirmación, salieran a toda prisa de la casilla de salida, recibiendo luz verde como si no hubiera un mañana. De ellos te hablaré en las siguientes páginas, pero ahora toca detenerse unas líneas en Chester's Mill.

Hay que reconocer que el reconocimiento del que gozó la serie basada en *La cúpula*, en especial en su primera temporada, no fue pura y simple suerte, sin más. En el momento de su estreno se consideró uno de los proyectos audiovisuales más ambiciosos relacionados con el de Maine, y no es para: un enfoque cinematográfico, un inicio impactante, el escritor de cómics Brian K. Vaughan (*Ex Machina, Runaways*) como creador y guionista de la primera temporada y un Stephen King como productor ejecutivo y redactor del primer episodio de la segunda temporada. Se apostó fuerte y se ganó, al menos durante un tiempo, porque las audiencias fueron abandonando el barco hasta llegar a la tercera y última tanda de capítulos, los cuales nos dan un final bastante cerrado, aunque con una puerta abierta que permite su continuación, puerta que nadie ha cruzado desde entonces, por cierto. Ni siquiera hay intenciones de ello.

En 2013, durante sus primeros compases, se transmitió la idea de que duraría cinco temporadas. Sin embargo, poco a poco, los guiones, de forma natural, se hilaron de tal manera que no hizo falta que la producción languideciera hasta que no la viesen ni siquiera sus realizadores. El gran éxito que obtuvo no se quedó en Estados Unidos, sino que traspasó fronteras, convirtiéndose en uno de los booms de la época, llegando a considerarse por no pocos expertos y profesionales como uno de esos títulos que ayudaban a que las series de televisión adquirieran cada vez más la importancia de las películas para la pantalla grande. No resulta extraño que algunos críticos la situasen, en cuanto se estrenó, como una de las sucesoras de la ya mítica *Perdidos*, dado que bebe mucho de ella, y no solo por su reparto coral, sino porque los misterios dentro de la comunidad cubierta por la cúpula están a la orden del día, así como los continuos giros de guion.

Personalmente no soy muy fan de esta versión televisiva de la magnífica novela del autor. La primera temporada sigue más que correctamente la historia original, pero a partir de la segunda se convierte en un sinsentido argumental que va por su cuenta y que la hace irreconocible del material del que procede. Personajes que se fusionan, otros que se cambian, muchos añadidos, otros que desaparecen, relaciones que no deberían ser así... Sin ir más lejos, Big Jim, interpretado por el siempre bien recibido Dean Norris

(*El cortador de césped*, *Breaking Bad*), pasa de ser un antagonista absoluto, sin capacidad de redención, en el libro, a un antagonista muy ligero en los primeros episodios para convertirse en un antihéroe y acabar como todo un héroe más, uno de los elegidos. Lo de Junior ni siquiera se acerca a una modificación natural; parece otro personaje, así de sencillo. Esta suavización tocó a los personajes, al tono de la obra y a ciertos pasajes, quedando así un título que puede ver sin ningún problema toda la familia. O casi.

Al final, esta adaptación funciona mejor para quienes no se han leído previamente la novela que para quienes sí lo hemos hecho. La base de *La cúpula* está ahí, pero poco más. El mismo King afirmó que estaba agradecido de que los guionistas aportasen sus propias ideas, pues le encantaba comprobar los nuevos senderos por los que transcurría la trama. Sea como sea, hay que reconocera la serie que abriera el camino a otras que expandieron el universo del creador de *Cujo* en la televisión, dejándonos títulos que fueron más allá y que, en muchos casos, se aproximan bastante más a sus fuentes originales.

MR. MERCEDES
(*Mr. Mercedes*, 2017)

La trilogía de Bill Hodges bien podría haberse convertido en tres películas lanzadas en la pantalla grande; sus personajes, el tono de la narración y el desarrollo de la historia original dan para ello. Tampoco se tendría que haber cambiado de actores protagonistas, porque Brendan Gleeson (*El bosque*, *El irlandés*) y Harry Treadaway (*El llanero solitario*, *Penny Dreadful*) están impresionantes, además de no ser ajenos a trabajar fuera de la televisión, todo lo contrario. Sin embargo, la idea principal siempre pasó por que fuera una producción serializada de tres temporadas, una por libro, de diez capítulos cada tanda, con la intención de poder ahondar, como el de Maine hace en las novelas, tanto en esa partida de ajedrez entre el bien y el mal, representados por un jubilado agente de la ley y un sádico asesino en serie, como en la psique de ambos. Y vaya si lo hace. Además, si una serie no funciona, siempre se puede finalizar en una temporada concreta, adelantando tramas, o ir a por los siguientes episodios sin demasiados riesgos económicos. Con tres filmes pensados para el cine, las cuentas deben estar más medidas.

En 2015 se anunciaron los planes para la adaptación, así como los deseos de que no empezara y terminase solo con *Mr. Mercedes*, el primer volumen, sino que continuara con *Quien pierde paga* para acabar después con *Fin de guardia*. Los rumores de ciertos cambios no tardaron en aparecer, así como la confirmación de los intérpretes principales, en ese momento el ya mencionado Gleeson y Anton Yelchin (*Star Trek*, *Noche de miedo*), quien tristemente falleció en 2016 en lo que se consideró un accidente doméstico, siendo sustituido por Treadaway más tarde. A pesar de la gran actuación que nos regala este, siempre quedará la duda de cómo habría encarado el joven Yelchin el inquietante papel de Brady Hartsfield. Personalmente me lo pregunto mucho, pues era (y soy) muy seguidor de su trabajo.

A pesar de que la serie mantiene bastante bien la esencia de las tres obras de Steven, sobre todo en lo referente a la evolución del personaje de Hodges de policía amargado y cansado a un auténtico líder para quienes le rodean, hay ciertos curiosos cambios (el destino de algunos de los protagonistas, la ampliación del legado de Hartsfield) relacionados, en especial, con el más inteligente y correcto de todos: la segunda temporada no adapta *Quien pierde paga*, sino *Fin de guardia*. Y es que los realizadores de la producción tomaron buena nota de las quejas de los lectores que señalaron en el momento de su lanzamiento que parecía más una historia bisagra que una donde se avanzara de verdad. Dicho y hecho, el particular homenaje que el Rey hacía a *Misery* se dejó para el final, funcionando así bastante bien, mostrando un desarrollo más fluido con la trama principal de Hartsfield.

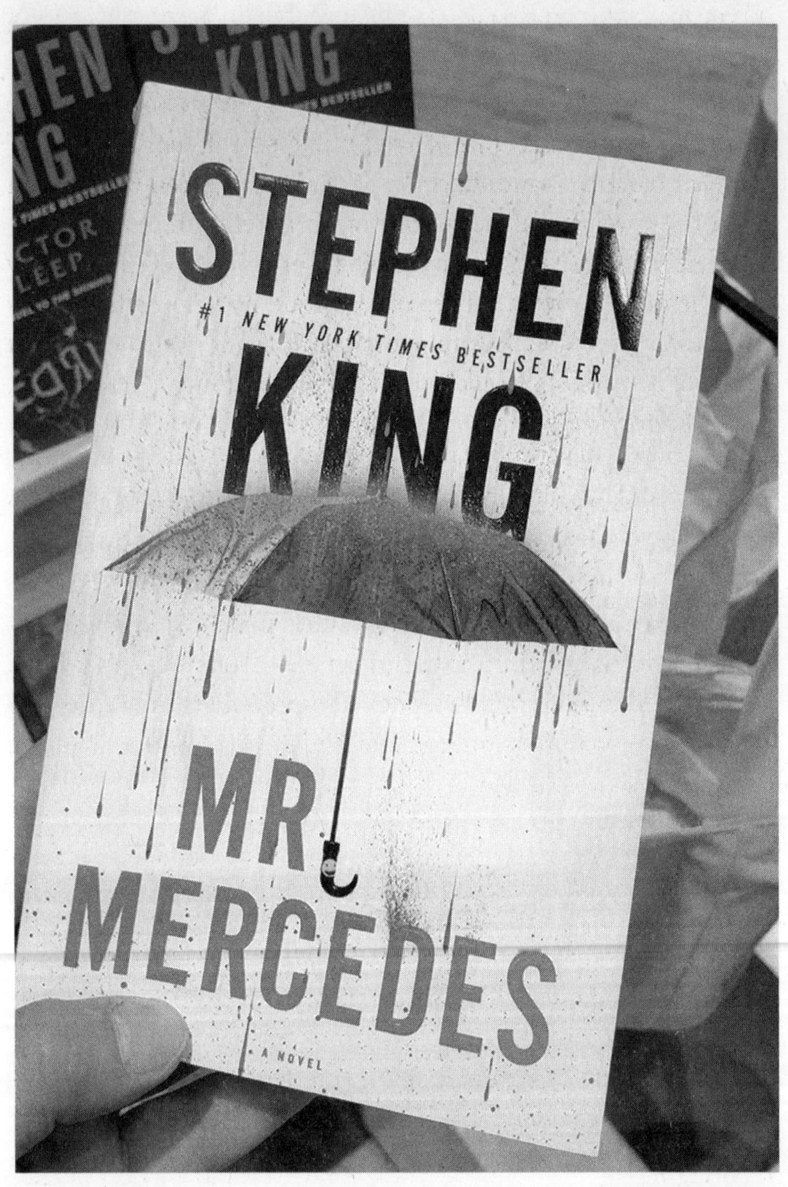

Mr Mercedes de Stephen King, portada del libro en edición inglesa.
Shutterstock

Sin exagerar, *Mr. Mercedes* podría entrar perfectamente en la lista de las mejores adaptaciones audiovisuales de obras del autor, y más si se habla de series King (el atropello con el que comienza todo es igual de aterrador que en el material original, por ejemplo). Es una producción perfecta para quienes no se han leído las novelas, quienes encontrarán en ella un thriller policíaco de primer nivel, con los toques propios del novelista y muy absorbente, sin olvidar el reparto, porque no solo de Gleeson y Treadaway viven las tres temporadas. Holland Taylor (*La joya del Nilo, Baby Bob*), Breeda Wool (*The Walking Dead, Room 104*), Kate Mulgrew (*Tira a mamá del tren, Star Trek: Voyager*), Jharrel Jerome (*Moonlight, Robu*), Mary-Louise Parker (*El cliente, Gorrión rojo*) y Bruce Dern (*Nebraska, Los odiosos ocho*), entre otros, están estupendos. Atento, lector, a Justine Lupe (*Bull, Succession*) como la Holly Gibney favorita de nuestro querido Steve, porque no tiene desperdicio: dulce, perspicaz, fuerte, inteligente, adorable y dura a partes iguales. Tampoco extraña la calidad media de los guiones, pues el responsable de algunos es el reconocido escritor Dennis Lehane (*Mystic River, Shutter Island*), especializado en novela negra y de suspense.

CASTLE ROCK
(*CASTLE ROCK*, 2018)

El mundo audiovisual nunca ha ignorado el Kingverso, más allá de adaptar una novela o un relato concretos. Me refiero al concepto de meter en una batidora un buen montón de ingredientes con el mejor sabor de Maine para construir una historia accesible para los espectadores casuales, pero imprescindible para aquellos lectores constantes más fieles. En realidad, nunca ha habido una verdadera intención en llevar a cabo un proyecto similar, aunque sí algunos roces más o menos cercanos. En la antología cinematográfica *Los ojos del gato*, Cujo y Christine son secundarios de lujo para el minino que nos acompaña por los tres fragmentos que la componen; y la película basada en *La Torre Oscura* posee tantos guiños que no sorprende que la saga literaria sea considerada la columna vertebral del universo creado por el autor. Sin embargo, hay que señalar un título muy concreto como precursor de *Castle Rock*, una producción que juega a lo mismo desde una óptica menos ambiciosa: *Haven*.

Sin la serie de televisión que adapta *Colorado Kid* no existiría esta segunda unión entre J. J. Abrams y Stephen King tras los estupendos resultados obtenidos con la miniserie de *22/11/63*. Mientras que *Haven* usa como base el argumento de la mencionada novela corta, *Castle Rock* va más allá, utilizando las mismas piezas para construir una máquina aún más grande. Aquí no hay una obra del Rey, sino una cantidad ingente de personajes, situaciones, guiños, referencias y acontecimientos que provienen de su bibliografía, coexistiendo en una misma realidad con Castle Rock, el pueblo ficticio más popular de Steven (con permiso de Derry y Salem's Lot), como escenario principal. Las menciones a *Cementerio de animales*, *Cujo*, *It (Eso)*, *La mitad oscura* y *La zona muerta*, entre otros libros, son continuas. Solo hay que pararse en los créditos iniciales para verse sobrepasado por todas las que hay.

Eso no quiere decir que la serie sea únicamente eso. Por fortuna, hay un guion detrás que logra que todas las conexiones familiares funcionen de manera orgánica, fluida, sin ser forzadas. Aunque la primera temporada se centra en viajes en el tiempo, realidades alternativas y paradojas temporales (conceptos más propios de Abrams que del tío Steve), situando en el centro a un joven que podría ser el causante de todos los males de la localidad (¿es el mismísimo Diablo? ¿Una especie de Randall Flagg moderno?), se hallan subtramas relacionadas con *El resplandor* (nada más y nada menos que con la sobrina de Jack Torrance) y con personajes como un envejecido Alan Pangborn. Por si fuera poco, se subieron las apuestas para la segunda temporada, con un tono más próximo al King más estandarizado, dejando a un lado la física cuántica para ahondar de lleno en el terror y lo fantástico gracias a una historia que fusiona *Misery* y *El misterio de Salem's Lot*, con una joven Annie Wilkes enfrentándose a la brujería de la espeluznante casa Marsten, esta vez sin vampiros de por medio. A la fiesta no falta la familia Merrill de la novela corta *El cuerpo*.

No se reparó en gastos a la hora de poner en funcionamiento *Castle Rock*, dando a veces la impresión de ser más una película para la pantalla grande que una serie de televisión. Los deseos de sus realizadores no terminaron con el espectacular diseño de producción y los guiones, sino que también tocaron el reparto, convertido en uno de los más potentes de una serie King gracias a la presencia de Sissy Spacek, Lizzy Caplan (*Monstruoso*, *True Blood*), Melanie Lynskey (*No mires arriba*, *The Last of Us*), Scott Glenn (*El silencio de los corderos*, *Daredevil*), Jane Levy (*Posesión Infernal*, *No respires*), Tim Robbins (*Cadena perpetua*, *Mystic River*), Terry O'Quinn (*El padrastro*, *Perdidos*), André Holland (*Moonlight*, *American Horror Story*) y Bill Skarsgård. A pesar de que fue muy bien recibida, despuntando incluso con su segunda temporada, acabó cancelándose tras esta, dejando con muchas ganas de una tercera (¿qué otras novelas y cuentos habría mezclado?) o un proyecto similar.

EL VISITANTE
(*The Outsider*, 2020)

La pequeña pantalla no tuvo que esperar mucho para volver a disfrutar del King más policíaco. Si la serie de televisión basada en la trilogía de Bill Hodges encontró su final después de tres temporadas en el año 2019, en el 2020 ya teníamos una producción similar basada en *El visitante*, novela en la que el autor mezcla el thriller más puro con la fantasía más terrorífica. En este caso lo llamativo es que, en el terreno literario, la obra supondría la continuación no oficial de los títulos antes mencionados, aunque, en realidad, hablamos de una historia en la que Holly Gibney, gran secundaria de estos, tiene un papel esencial, sin que haya más conexión. Como si los proyectos audiovisuales siguieran cada vez más el camino marcado por los libros, no se quiso tardar demasiado en adaptar uno de los trabajos más inquietantes del Rey.

En una época en la que la fina línea entre serie y película parece cada vez más difusa, los proyectos audiovisuales televisivos sobre el universo de Steven aumentaban en ambición. A pesar de que el material que contiene *El visitante* bien podría haber acabado como una notable cinta de suspense y terror, la decisión de que fuera una producción serializada se tomó enseguida, con el guionista y novelista Richard Price (*The Wire*, *The Night of*) como creador y escritor de varios de los diez capítulos (en alguno repetiría Dennis Lehane después de su estupenda experiencia en *Mr. Mercedes*). Aunque en los primeros anuncios se desveló que sería una miniserie, pronto se apuntó que el material original se expandiría en una segunda temporada para la que incluso se realizó una escena que deja una enorme puerta abierta. Pese a que el propio Stephen King confirmó esa nueva tanda de episodios, poco después se cancelaron. Aun así, las tramas principales, las mismas que las del libro, se cierran favorablemente, quedando solo en el aire las consecuencias del mencionado fragmento.

El visitante funciona perfectamente como adaptación y como título en solitario, colocándose sin ningún problema en las más altas posiciones de las listas de los mejores proyectos audiovisuales basados en los trabajos literarios del de Maine. Estando HBO detrás, tampoco sorprende. La ambientación y el tono, navegando entre el terror y el suspense, entre la desesperanza y la oscuridad más absolutas, son los mismos que se pueden encontrar en la novela. El reparto es impresionante, destacando las actuaciones de Jason Bateman (*Noche de juegos*, *Ozark*), Julianne Nicholson (*Togo*, *Blonde*), Marc Menchaca (*Nadie saldrá vivo de aquí, Jack Ryan*), Mare Winningham (*La cúpula, American Horror Story*), Paddy Considine (*Blitz, La Casa del Dragón*), Ben Mendelsohn (*The King, Invasión Secreta*) y Cynthia Erivo (*Viudas, Pinocho*), a pesar de la polémica en la que se vio envuelta esta última. Y es que el propio Price admitió que ni se leyó ni vio *Mr. Mercedes*, reinterpretando por completo a la Holly Gibney en cuya piel se mete Erivo, haciendo suyo al personaje, despojándolo de toda conexión con la trilogía de Bill Hodges, lo que explica que la Gibney de esta serie se aproxime más al modelo de Sherlock Holmes que al que pertenece en realidad. El guionista contó en todo momento con la bendición del creador de la investigadora privada, salvo cuando quiso otorgarle otro nombre debido a los numerosos cambios. King fue tajante: no. Al menos debía concederle ese «capricho».

THE STAND
(*THE STAND*, 2020)

Carrie, It (Eso), El resplandor, El misterio de Salem's Lot... Algunas de las mejores, más importantes y populares novelas de Stephen King ya contaban con más de una adaptación audiovisual cuando entramos en el siglo XXI, mientras que ya se preparaban otras, como la segunda de *Cementerio de animales*, aunque tardasen en llegar. Entonces, ¿qué pasaba exactamente con *Apocalipsis*? ¿Por qué se resistía a ser convertida en una película, en una serie de televisión o incluso en repetir como una miniserie? Quizás había que dejar pasar un poco más de tiempo desde la exitosa versión de Mick Garris de los 90. Sin embargo, la principal razón por la que directores, guionistas y productores andaban con mucho cuidado a la hora de aproximarse a esa batalla literaria entre el bien y el mal era bastante sencilla: la ambición de la historia del autor.

Como miniserie para la pequeña pantalla, *Apocalipsis* funcionó bastante bien, a pesar de ciertos cambios, del ajustado presupuesto y de que tampoco se podía adaptar al dedillo todo el material original. El horizonte lanzaba tentaciones cinematográficas, con la vista puesta en la gran pantalla, pero ninguna de las ideas terminaba de convencer. Fue en el año 2011 cuando comenzó a cristalizarse el proyecto, con Warner Bros. pensando en una película de entre tres y cuatro horas. En ese momento, el realizador elegido para dirigirla era David Yates (*Harry Potter y la Orden del Fénix*, *Animales fantásticos y dónde encontrarlos*), quien se distanció del mismo por diferencias creativas cuando empezó a pensar que lo mejor sería llevar a cabo una nueva miniserie o serie de varios capítulos. Warner quería un blockbuster, y nadie iba a pararla.

La siguiente apuesta para la silla de director fue bastante grande: Ben Affleck (*Argo*, *Vivir de noche*). También iba a ser el guionista hasta que en el año 2013 tuvieron lugar diversos cambios alrededor del posible filme que lo pusieron en el camino de Josh Boone (*Bajo la misma estrella*, *Los Nuevos Mutantes*), gran fan de nuestro querido Steve y el primero en la lista para encargarse a su vez de la adaptación de *La historia de Lisey*. El realizador aceptó, porque, además, reescribiría el guion, dejando claras sus preferencias hacia la elaboración de cuatro películas que abarcaran al cien por cien todo lo escrito por el de Maine. Por si fuera poco, también confirmó sus deseos de contar con los actores Christian Bale (*American Psycho*, *El Caballero Oscuro*) y Matthew McConaughey en los papeles de Randall Flagg y Stu Redman, respectivamente; al menos uno de los dos logró un personaje bastante cercano a los propuestos.

Finalmente, Warner Bros. pareció ceder al abrirse a la idea de que la nueva *Apocalipsis* fuera directa a la televisión, aunque antes de rendirse del todo pensaron en una posible miniserie de ocho episodios cuyo clímax se diera en la pantalla grande, en una producción por todo lo alto. Tan extraño intento se quedó en eso, centrándose los responsables en esos ocho capítulos, ampliados al final a nueve, con un nuevo «final» escrito por el mismísimo Steven, muy involucrado en la producción, al igual que su hijo Owen King (*Double Feature, Bellas durmientes*). En realidad, es más bien una extensión del final de la versión de los 90 del libro, es decir, de la versión sin recortar, de ahí que veamos tantos cambios con respecto a la miniserie de Mick Garris, siendo la de Josh Boone más completa en ciertos tramos con respecto a la obra original (sus últimos minutos son oro para los lectores constantes). Aun así, ambos títulos audiovisuales se complementan sorprendentemente bien, como si lo que tiene el uno no lo tuviera el otro, y viceversa. Por ejemplo, en el de Boone sí que aparece el personaje de Rita, interpretado por Heather Graham (*Desde el infierno, Cuernos*), fundamental para comprender la evolución de Larry Underwood.

Y es que al ser *Apocalipsis* una novela sustentada sobre todo en sus personajes, el reparto debía estar a la altura y, como ocurrió en los 90 con la *Apocalipsis* de Mick Garris, el casting fue minucioso en extremo, seleccionando una serie de nombres para quitarse el sombrero como los de James Marsden (*X-Men, Perros de paja*), Owen Teague (*It, Black Mirror*), Jovan Adepo (*Watchmen, Babylon*), Odessa Young (*Nación salvaje, Shirley*), Amber Heard (*Furia ciega, Aquaman*), Fiona Dourif (*Deadwood, Chucky*), Nat Wolff (*Ciudades de papel, Death Note*), Ezra Miller (*Las ventajas de ser un marginado, Flash*), Brad William Henke (*The Office, Múltiple*) y Greg Kinnear (*Mejor... imposible, La última canción*), entre muchos otros. Sin embargo, son Whoopi Goldberg (*Ghost, Ninja Turtles*) y Alexander Skarsgård (*True Blood, Godzilla vs. Kong*) quienes acaparan todas las miradas, y con razón, gracias a la gran representación que hacen tanto de Madre Abigail como de Randall Flagg (que no pase desapercibido que el Pennywise de las entregas de *It* de 2017 y 2019 es otro de los hermanos Skarsgård, una relación que no puede casar más si se atiende al Kingverso literario).

Por supuesto, como ocurre en la miniserie de los 90, aquí tampoco faltan los cameos de rostros conocidos, como el de J.

K. Simmons (*Spider-Man*, *Whiplash*), en papeles muy secundarios. También hay muchos guiños a la producción de Garris en la banda sonora, más en concreto en la estupenda selección musical, que adquiere gran protagonismo en los créditos finales de cada capítulo, al igual que existen los cambios con respecto a la obra del Rey. Por ejemplo, aquí no se presenta al Hombre Rata, sino a la Mujer Rata; la historia de Trashcan está muy recortada; Flagg es menos monstruoso y Nick parece perder protagonismo. Curiosamente, no se aprovecha para trasladar toda la parte del manuscrito original en la que el Muchacho (The Kid) y el Hombre Basura se encuentran; una oportunidad de nuevo perdida y, en este caso, por poco, pues en uno de los primeros guiones sí aparecía, con la intención de que fuera interpretado por el cantante Marilyn Manson (*The Dope Show, Personal Jesus*), aunque se eliminó de las versiones finales.

Como uno de los aspectos en los que *The Stand* sale ganando hay que destacar los altos valores de producción de los que dispone, equivalentes a los de una película estrenada en cines; parece que, de algún modo, Warner Bros. acabó saliéndose con la suya. Pero, sin duda, una de las decisiones más criticadas fue la de ir de delante a atrás en los acontecimientos durante los primeros episodios, provocando una profunda confusión en quien se acerca sin haberse leído el libro. Un importante defecto que, por fortuna, se va arreglando conforme se avanza en la trama. Al fin y al cabo, una adaptación debe ser accesible para todos los públicos, además de reconocible para los seguidores del material del que parte.

Aunque en los primeros compases del proyecto, e incluso en su lanzamiento, se consideró como una nueva miniserie (hay sectores en los que se la sigue llamando así), en realidad, pronto se descubrió que se trata de una serie, tanto por su duración como por el desarrollo de los capítulos. De igual forma hubo algunas plataformas a las que llegó con el título en español de *Apocalipsis (The Stand)*, cuando el oficial es simplemente *The Stand*, como en el original, diferenciándose así no solo de la versión de Garris, sino también de los que llevó la novela de King tanto en los 70 como en los 90. A pesar de lo bien que queda *The Stand*, ¿no habría sido una divertida broma «privada» que se hubiera titulado *La danza de la muerte*?

CHAPELWAITE
(*CHAPELWAITE*, 2021)

Por sorpresa, sin grandes anuncios y sin que la esperara nadie, la serie de televisión *Chapelwaite* se estrenó en el año 2021, consiguiendo un tremendo éxito gracias al boca a boca, después de su llegada a la televisión de pago Epix y su lanzamiento en HBO Max, donde pudo alcanzar a un mayor número de espectadores en todo el mundo, quienes no dudaron en señalarla como una de las mejores adaptaciones de una obra de Stephen King de los últimos años, sobre todo en la pequeña pantalla. Nadie esperaba algo así de un título tapado por el bombo y platillo que se le dio a la producción televisiva basada en *La historia de Lisey*, que también recibió muy buenas críticas, pero sin el extra del asombro congregado alrededor de la precuela de *El misterio de Salem's Lot*.

Así es. *Chapelwaite* adapta *Los misterios del gusano*, el primer relato de la antología *El umbral de la noche*, en diez soberbios capítulos, donde se mantiene bastante fiel al material original, aunque, por supuesto, ampliándolo, en especial añadiendo más personajes, desarrollándolos más y ampliando toda la mitología vampírica que recorre las entrañas del pueblo de Jerusalem's Lot, para ahondar en lo que luego conocemos en una de las mejores novelas del autor. A ratos, ni siquiera parece una serie King, lo cual es normal si se tiene en cuenta que el cuento no lo es, resultando más cercano a la literatura de Bram Stoker y H. P. Lovecraft, con ese estilo epistolar, ese viaje a finales del siglo XIX y ese tono tan alejado del terror costumbrista con el que los lectores constantes estamos tan familiarizados.

La historia nos sigue presentando al capitán Charles Boone, quien regresa a su hogar para hacerse cargo, junto a su familia, de la mansión familiar, Chapelwaite, sobre la que pesa una terrible maldición, según los lugareños. Poco a poco, los Boone van formando cada vez más parte de la comunidad, descubriendo que el funesto destino fusionado a su apellido es más real de lo que parecía. Rodada en las tierras canadienses de Nueva Escocia, sorprende que esta magnífica serie de época y terror (prueba a verla en versión original, lector, porque los acentos no tienen desperdicio) no lleve el título original del relato del de Maine, es decir, *Jerusalem's Lot*, aunque es probable que sea para nadie no se forme una idea preconcebida al respecto. Atento al protagonismo de Adrien Brody (*El pianista*, *Predators*), el cual firma aquí, y sin miedo a exagerar, uno de los mejores papeles de su notable carrera.

PHANTASMA II
(*SALEM´S LOT*, 1979)

Aún hoy es curioso que la segunda adaptación que se llevó a cabo de una obra de Stephen King fuera una producción televisiva, sobre todo después del gran éxito de público y crítica que resultó ser *Carrie*, la versión de Brian De Palma. Claro está, hay que tener en cuenta que esta miniserie se empezó a preparar cuando el autor solo había publicado *El resplandor* y *La danza de la muerte*, la edición recortada de *Apocalipsis*, como nuevos libros, y del primero ya estaba en marcha la película que haría Stanley Kubrick (no cuento las obras de Richard Bachman, por entonces el secreto mejor guardado del Rey). Es decir, tampoco había mucho donde elegir, y el enfrentamiento entre Randall Flagg y Madre Abigail no llamaba demasiado la atención a quienes ponían el dinero, al menos, no antes que la historia de vampiros, con sabor a clásico, de *El misterio de Salem's Lot*. Sin ir más lejos, la primera intención sí consistía en que fuera un largometraje, aunque existía un gran problema: el guion.

Warner Bros. tenía claro que quería un filme para la gran pantalla al comprar los derechos de *El misterio de Salem's Lot*. Sin embargo, se encontraron con que se trataba de una novela bastante más extensa que *Carrie*, y condensarla toda en una sola cinta, al mismo tiempo que se respetaba lo que quería contar el escritor, iba a ser muy complicado. Los guiones fueron pasando, incluso con nombres como el del director y guionista de cine fantástico de serie B Larry Cohen (*Sigue vivo*, *La serpiente voladora*), pero no se daba con lo que se estaba buscando. Como el propio Steven nos confesaría pasados los años, todos los libretos eran un desastre, a pesar de que muchísimos realizadores expertos en terror esperaban, pacientes, la oportunidad de viajar al pueblo de Jerusalem's Lot. Warner Bros. dio con la solución, pues si el principal problema residía en comprimir el manuscrito para ofrecerlo en una película, la solución estaría en que se pudiera dar rienda suelta a todo el texto. La división televisiva de la empresa tomó el relevo. Habría una miniserie, un formato cercano al largometraje, aunque con todas las virtudes de los seriales televisivos.

Paul Monash (*Carrie*, *V*) fue el encargado del guion definitivo. De entre todos los interesados en dirigir la adaptación, Tobe Hooper (*La matanza de Texas*, *Poltergeist*) ganó la carrera por el proyecto. Para los papeles de Richard Straker y el vampiro Barlow, los antagonistas de la función, siempre se tuvo claro que James Mason (*Matar*, *Grandes esperanzas*) y Reggie Nalder (*El hombre que sabía demasiado*, *El día y la hora*) serían los indicados; al primero le encantó su papel, aunque al segundo no tanto, quien no lo pasó demasiado bien debido a las sesiones de maquillaje, pero sí con el dinero que recibió. David Soul (*Harry el fuerte*, *Casablanca*) fue el elegido para ser Ben Mears, gracias, en gran parte, al tremendo éxito de la serie *Starsky y Hutch* (*Starsky & Hutch*, William Blinn, 1975), la cual coprotagonizaba. Incluso con el espacio suficiente como para que el material original del de Maine fuese adaptado palabra por palabra, se sucedieron no pocos cambios, como la fusión de algunos personajes, la desaparición de otros, la alteración de varias escenas y lo que más llamó la atención: la transformación de Barlow. De vampiro con aspecto humano a criatura de aspecto monstruoso y carente del don de la palabra (o eso parece), muy próxima al conde Orlok de *Nosferatu* (*Nosferatu*, F. W. Murnau, 1922).

El rodaje de la miniserie se llevó a cabo como si fuera una producción para la pantalla grande. Cuando se empezó a editar, se pensó en crear un montaje especial para proyectar en cines de Europa, de tal modo que existen varias versiones, algunas íntegras y otras con recortes. De ahí que, por ejemplo, en España siempre hayamos conocido esta miniserie más como una película, al contrario que en Estados Unidos, donde siempre se ha visto como originalmente se concibió. A pesar de que algunas de sus escenas traumatizaron a toda una generación (cierto vampiro infantil llamando a la ventana), con el tiempo ha dividido al público, estando quienes la consideran una verdadera obra de terror clásico y quienes creen que no ha envejecido bien, quedando desfasada, en especial por sus inexplicables cambios con respecto la novela. Dejando debates a un lado, resulta indudable la huella marcada en el género, como así cuentan los creadores de títulos como *Noche de Miedo* (*Fright Night*, Tom Holland, 1985), *Jóvenes ocultos* (*The Lost Boys*, Joel Schumacher, 1987), *Buffy, cazavampiros* (*Buffy the Vampire Slayer*, Joss Whedon, 1997) e incluso *Hannibal* (*Hannibal*, Bryan Fuller, 2013).

Llegados a este punto debería finalizar estas líneas, lector, aunque quizá te estés preguntando la razón de que la miniserie sobre *El misterio de Salem's Lot* se titule *Phantasma II*. ¿Un enorme fallo? ¿Una gran equivocación por mi parte? ¿Una surrealista errata? En absoluto. La verdad es más extraña todavía y difícil de comprender. Como apuntaba antes, a España nos llegó esta miniserie como un filme, al que la distribuidora colocó el título de *Phantasma II*, como si fuera la secuela de esa delirante pesadilla cinematográfica que es *Phantasma* (*Phantasm*, Don Coscarelli, 1979), para así aprovechar el éxito de esta. Eso provocó que cuando se estrenó la verdadera continuación no pudiera hacerlo solo como *Phantasma II*, así que se le añadió un subtítulo, quedando como *Phantasma II: El regreso* (*Phantasm II*, Don Coscarelli, 1988). Al emitirse por televisión, la miniserie terminó recuperando el título original de *El misterio de Salem's Lot*, sin los cortes que sufría la anterior versión. Sin embargo, también existe en España una edición completa, en formato doméstico, conocida como *Phantasma II*, aunque en los créditos sea *El misterio de Salem's Lot*. Ni el mismísimo King hubiera ideado una trama tan enrevesada.

IT (ESO)
(*IT*, 1990)

Si echamos la mirada atrás, con la cómoda perspectiva que nos otorga el paso de los años, resulta extraño que se tardase tanto en repetir la fórmula de la miniserie con el trabajo del maestro del terror. *Phantasma II* se estrenó en 1979. *It (Eso)* lo hizo en 1990 (aunque con muchos ecos de los 90). Once años y muchas películas King después. Daba la sensación de que directores, guionistas y productores se atrevían a trasladar al mundo del largometraje cualquier manuscrito del autor. Pero *It (Eso)* no parecía que fuera a permitir tal osadía. Quizás *El resplandor*, *Cujo* y *Christine* sí se dejaran, pero la lucha entre Pennywise y el Club de los Perdedores, con la comunidad de Derry de fondo, no lo iba a poner tan fácil. El texto original es tan extenso y profundo que la cadena ABC tuvo claro desde el principio que quería una serie de televisión de entre ocho y diez horas. En una época en la que los seriales de terror para la pequeña pantalla no eran demasiado populares, se trataba de todo un riesgo. El recuerdo de lo ocurrido con *El misterio de Salem's Lot* se presentó con total lógica: *It (Eso)* sería una miniserie.

Se incorporó al equipo al guionista Lawrence D. Cohen (*Carrie*, *Historia macabra*), quien consiguió comprimir lo suficiente la obra del Rey para que tuviera lugar en una miniserie de unas tres horas, dividida en dos partes de hora y media cada una, aproximadamente. Fue un gran trabajo, de eso no cabe ninguna duda incluso hoy, pero conllevó muchos recortes y una gran simplificación del material de partida, sin olvidar la pérdida de multitud de subtramas (en realidad, la miniserie se centra en el enfrentamiento entre los Perdedores y Eso, y poco más). Aun así, se mantuvieron muchas de las escenas que se consideran necesarias para entender el libro, como el asesinato de Georgie (se acabó convirtiendo en una de las más reconocibles dentro del terror cinematográfico, gracias, en gran parte, al ya famosísimo «todos flotan»), la cena de reencuentro de los protagonistas como adultos y el té compartido con la siniestra señora Kersh. Por supuesto, también está la araña, aunque su diseño y aparición fueron criticados sin piedad tanto por el reparto como por el propio Stephen. Se esperaba más de la última forma física de Eso, y decepcionó a propios y extraños.

Sin embargo, Cohen no escribió el guion de ambas partes, solo de la primera, al menos por completo. De la segunda, por cuestiones de agenda (Cohen no podía acudir a las reescrituras), se ocupó Tommy Lee Wallace (*Halloween III: El día de la bruja*, *Vampiros: Los muertos*), el director, gran aprendiz y amigo de John Carpenter, cuya filmografía tuvo bien presente durante el rodaje de la miniserie, como bien indican escenas como en la que vemos una persecución desde el punto de vista de Eso. Pero este realizador, experto en cine fantástico, no fue el primer elegido. Se contrató antes a George A. Romero, cuando el proyecto iba a ser una serie de varios capítulos, yéndose por problemas de agenda (de nuevo), justo cuando se transformó en una miniserie de cuatro horas. Con Wallace pasó a la duración que conocemos. Y una vez se resolvieron los problemas de dirección y escritura, llegó el casting, con muchas facilidades para con los intérpretes de los Perdedores, como niños y como adultos, y algún que otro dolor de cabeza a la hora de decidir quién iba a meterse en la piel de la estrella de la función: Pennywise.

Al escribir el guion, Cohen no pensó en ningún actor en concreto para que mutase en el terrorífico payaso del de Maine. Roddy McDowall (*El planeta de los simios*, *La leyenda de la casa del infierno*) y Malcolm McDowell (*La naranja mecánica*, *Halloween: El origen*) eran los favoritos, pero a pesar de que el primero ya había trabajado con él en la secuela de *Noche de Miedo*, prefería a Tim Curry. Varias horas en la silla de maquillaje para convertirse en Pennywise y volver a ser Curry después del rodaje merecieron la pena, no solo por su inolvidable interpretación, motivo de pesadillas para toda una generación, sino también porque conseguía inquietar a buena parte de los implicados en la realización de la miniserie. Especialmente juguetón se mostraba con sus compañeros más jóvenes, a quienes asustaba con sus afilados dientes, intimidándolos si se acercaban demasiado a él entre toma y toma. Aun así, solo recibió halagos por su amabilidad, paciencia y profesionalidad. Supongo que cuando no estaba metido en el papel.

La buena sintonía de los intérpretes resultaba evidente en el set, logrando un ambiente agradable, sobre todo alrededor de los Perdedores en sus versiones menos maduras. El deseo de respetar al máximo el texto de Steven empujó a los responsables a un casting cuidado al extremo, en el que los seis niños y la niña que forman el Club de los Perdedores fueron seleccionados sabiendo que si ellos no funcionaban nada lo haría. Jonathan Brandis (*Atracción fatal*, *Todo por mi chica*) fue elegido para ser Bill Denbrough, Emily Perkins (*Ginger Snaps*, *Sobrenatural*) para ser Beverly Marsh, Seth Green (*Padre de familia*, *Robot Chicken*) para ser Richie Tozier, Brandon Crane para ser Ben Hanscom, Adam Faraizl (*Veredicto final*, *Atrapada en el pasado*) para ser Eddie Kaspbrak, Marlon Taylor (*Doctor Doctor*, *Cosas de hermanas*) para ser Mike Hanlon y Ben Heller (*Georgie*) para ser Stanley Uris. Y en el mismo orden en cuanto a personajes tenemos al reparto adulto compuesto por Richard Thomas (*No Other Love*, *Camina hacia la luz*), Annette O'Toole (*El beso de la pantera*, *Smallville*), Harry

Anderson (*Juzgado de guardia, El mundo de Dave*), John Ritter (*Apartamento para tres, La novia de Chucky*), Dennis Christopher (*Esqueletos, Django desencadenado*), Tim Reid (*Cosas de hermanas, Stream*) y Richard Masur (*La cosa, El hombre sin rostro*).

A pesar de las limitaciones técnicas de la época y el ajustado presupuesto (nunca hay que olvidar que se trata de una producción televisiva), que presagiaban que no harían justicia a la enorme y ambiciosa imaginación que el novelista vuelca en la obra, la miniserie salió airosa pese a sus evidentes defectos en ciertas partes. El guion es capaz incluso de partir el libro en dos (la primera parte para los niños y la segunda para los adultos) sin prescindir de los flashbacks de este; en realidad, son los Perdedores maduros quienes recuerdan, individualmente y desde un primer momento, lo sucedido en Derry conforme Mike va llamándolos. La banda sonora de Richard Bellis (*Perdidas, El espíritu*) recibió multitud de elogios, menciones y algún que otro premio, ayudando a que *It (Eso)* fuera uno de los mayores éxitos de la televisión de 1990, alcanzando los casi 30 millones de espectadores en las dos noches consecutivas de su emisión. Si quieres tener un buen complemento que ver después, lector, te recomiendo *Pennywise: The Story of It* (*Pennywise: The Story of It*, Chris Griffiths-John Campopiano, 2021), un excelente documental que repasa de forma minuciosa todo el proceso de rodaje. Eso sí, aléjate todo lo que puedas de *Woh* (*Woh (It)*, Glen Barreto-Ankush Mohla, 1997), la adaptación televisiva india no oficial. A no ser que seas todo un valiente.

LANGOLIERS
(*THE LANGOLIERS*, 1995)

Si la miniserie de *It (Eso)* colocó en el punto de mira de la televisión el trabajo de nuestro querido Steve, la adaptación de *Apocalipsis*, realizada por Mick Garris, fue la que terminó por apretar el gatillo. Mientras la gran pantalla continuaba obstinada en sus deseos por acaparar al Rey, la pequeña protestaba, indicándole, gracias en especial al buen hacer de profesionales como Garris, que esa insistencia acabaría por dejarle en medio de la nada. Daba la sensación de que el formato serial casaba mejor con cualquiera de las historias del autor. ¿Con cualquiera? ¿Todo lo escrito por King se puede trasladar al universo audiovisual? *Langoliers* demostró que no, al menos, desde una perspectiva bastante curiosa. Y es que darle casi el mismo tiempo de metraje a una producción sobre *Los Lagolieros*, una de las novelas cortas de *Las cuatro después de medianoche* (o *Las dos después de medianoche* o *Después de medianoche*, según la edición en España), que a la de *It (Eso)*, se antoja algo bastante extraño.

Cuando comenzó el rodaje de *Langoliers*, a Steven le encantaron especialmente dos detalles: su director y el escenario donde se filmaría. Como realizador fue elegido Tom Holland (*Noche de Miedo, Muñeco diabólico*), otro maestro del terror, cinematográfico en este caso, cuya popularidad ochentera y su gusto por el horror cotidiano, hacían que fuera muy predecible que, tarde o temprano, se encargase de alguna de las adaptaciones de las obras de Stephen. Con respecto al set de rodaje, se usó el aeropuerto de Bangor, en Maine. ¿Cómo no iba a estar contento? En el reparto encontramos a Dean Stockwell (*Están dentro, El mensajero del miedo*), Frankie Faison (*El silencio de los corderos, Luke Cage*), David Moroe (*Cuernos, True Detective*), Patricia Wettig (*Alias, Prison Break*) y un histérico Bronson Pinchot (*Superdetective en Hollywood, Primos lejanos*) alejado por completo de los papeles cómicos por los que era más conocido. No exagero si señalo que es una de las razones por la que muchos recuerdan hoy la miniserie. Otra sería la presencia (testimonial, al principio; menos sutil, después) de los propios Langoliers/Lagolieros, recreados mediante unos efectos especiales por ordenador que ya eran risibles por entonces, pero que guardaban y guardan no pocas toneladas de encanto.

En realidad, esa es la palabra perfecta para definir esta producción: encanto. ¿Quizá también nostalgia? Era una época en la que muchísimas personas descubrieron al tío Steve gracias a la televisión, creciendo con títulos así. En este caso, no le viene nada bien adaptar el material original al dedillo, incluyendo hasta el último detalle (las tres horas que dura dan para ello y más), resintiéndose el ritmo en más de una ocasión. El texto del escritor es muy literario, pausado durante páginas y páginas en las que se va desgranando la misteriosa situación en la que se hallan los protagonistas, con mucha ciencia ficción de fondo y poco terror. No hay mucha acción en esta pesadilla en la que los pasajeros de un avión se topan con que, al despertar de una cabezada, el resto de la tripulación ha desaparecido. De fondo oyen algo, algo antiguo que parece estar devorando la realidad. Imposible no acordarse con cariño de esos Langoliers/Lagolieros similares a enormes albóndigas voladoras con colmillos. Imprescindible que estén aquí para comprender la evolución del Kingverso en el apartado audiovisual.

22.11.63

(11.22.63, 2016)

Cuando se estrenó la miniserie sobre una de las novelas más ambiciosas de Stephen King, el cine volvía a llamar a su puerta. Las miniseries parecían muy lejanas, reinas de los 90 y vasallas de los nuevos tiempos. Las series resistían, acercándose cada vez más al cine, sobre todo en la manera de enfocarlas y producirlas, así como también en sus presupuestos; algunas incluso parecían filmes fragmentados en varios capítulos. Algo así sucedió con *22.11.63*, con unos ocho episodios que bien podrían ser los actos de una película larga, bastante larga, en realidad, o los de una serie de varias temporadas. Lo necesario para trasladar lo más fielmente posible al formato audiovisual una de las obras más extensas, profundas y documentadas del autor. Se acabaron las miniseries de dos o tres partes de hora y media. *22.11.63* iba a cambiarlo todo, como otras adaptaciones lo habían hecho antes, avisando a los lectores constantes de que estas estaban en continuo proceso de evolución según el marco temporal en el que se movieran.

La intención inicial era hacer de *22/11/63* un largometraje escrito, producido y dirigido por Jonathan Demme (*El silencio de los corderos*, *El mensajero del miedo*), pero este se retiró debido a discrepancias con el mismísimo Steven debido a qué incluir y qué no en el guion. No mucho después, la división televisiva de Warner Bros. y J. J. Abrams adquirieron los derechos del libro para llevar a cabo una serie que terminó convirtiéndose en miniserie, pues no pensaban continuar la historia original más allá de los episodios ideados, a pesar de que el maestro del terror había dejado caer que tenía ideas para contar más sobre la vida de los protagonistas. Lo curioso fue que el actor James Franco (*Spider-Man 3*, *127 horas*) habló con el de Maine después de leer *22/11/63* para hacerse con los derechos, descubriendo que ya estaban ocupados. Después de mostrar su tristeza en redes sociales por no haberlos conseguido, e incluso escribir un artículo al respecto, llamó la atención de Abrams y compañía, quienes le invitaron a protagonizar la adaptación, producirla y dirigir uno de sus capítulos. Después de todo, las cosas no le fueron nada mal al intérprete.

La estructura principal es básicamente la misma que la del texto del Rey, con el profesor Jake Epping viajando en el tiempo para salvarla vida a John F. Kennedy, presidente de los Estados Unidos. Sin embargo, muchas de las tramas secundarias no están presentes, sirviendo de poco al final el disponer de ocho episodios para contarlas, y no de corta duración, además. Hay otras que se simplificaron, existen fechas cambiadas y personajes añadidos. Los críticos alabaron el romance entre Jake y Sadie, en especial, por la adorable y dulce interpretación que de esta hace Sarah Gadon (*Un método peligroso*, *Enemy*). A la cita tampoco faltan

Chris Cooper (*The Company Men, Mujercitas*), Daniel Webber (*The Punisher, The Dirt*), Josh Duhamel (*Las Vegas, Turistas*) y George MacKay (*El secreto de Marrowbone, 1917*).

329

Portada del libro *The Institute* en su versión en inglés. Shutterstock

EXTRAS

DOLLAR BABIES

¿Qué pensarías, lector, si te dijese que podrías dirigir la adaptación audiovisual de una de las fascinantes obras de Stephen King? Seguro que creerías que no estoy bien de la cabeza, como mínimo. Imagina que pudieras entrar en ese selecto club de realizadores en el que se encuentran profesionales como Stanley Kubrick, John Carpenter, Brian De Palma, David Cronenberg (*La mosca*, *Crash*), George A. Romero, Rob Reiner (*Algunos hombres buenos*, *Historia de lo nuestro*) Tobe Hooper, Mick Garris, Tom Holland, Bryan Singer (*Sospechosos habituales*, *X-Men*), Frank Darabont... ¿Y si además añadiera que conseguirlo solo te costaría un dólar? Y respaldado al cien por cien, y de forma oficial, por nuestro querido Steve. ¿Sigues teniendo la misma opinión? Eso significa que no conoces el programa Dollar Baby o Dollar Deal.

En 1977, el de Maine ya había dejado claro que su éxito no era flor de un día. Lo demostraron *Carrie*, *El misterio de Salem's Lot* y *El resplandor*, tres títulos que impactaron con fuerza en el ecosistema de la literatura de género. Por si fuera poco, la popularidad del autor se vio catapultada todavía más gracias a la adaptación cinematográfica de su primer libro publicado, un filme que rompió la taquilla de la época y contentó a críticos incluso duros con el manuscrito original. El mundo parecía inclinarse ante el escritor. Es entonces cuando numerosos cineastas novatos, sobre todo estudiantes, empiezan a contactar con él para adaptar sus cuentos publicados en las llamadas «revistas para hombres», breves textos que terminarían formando parte, al menos muchos de ellos, de la antología *El umbral de la noche*. A Stephen, de naturaleza altruista, se le iluminó una gran bombilla. Pensó que era su oportunidad de devolver un poco de esa alegría que le había procurado el séptimo arte. Nació entonces la idea de los Dollar Babies, a pesar de las objeciones de su contable, que preveía innumerables problemas jurídicos a la larga.

En *Corazones en la Atlántida* (1999), King analiza la oposición pacífica de algunos estudiantes de la Universidad de Maine a la guerra de Vietnam. Wikimedia commons

El acuerdo, en principio, era sencillo. El Rey concedía a estudiantes de cine el derecho de adaptar cualquier relato (las novelas se quedaban fuera, lógicamente, por temas de extensión) por el pago de un solo dólar. Por supuesto, existían una serie de consideraciones con respecto al contrato: la última palabra sobre los derechos de la película la tenía el propio King; se firmaría una autorización para indicar que el filme no sería comercializado sin su consentimiento; no se podía adaptar una historia que ya hubiera sido explotada en los círculos comerciales; y se le enviaría una copia. Con el tiempo se añadieron algunas cláusulas más, como, por ejemplo, que solo podían mostrarse en festivales de cine y similares, salvo excepciones. Esto sucedió bastante pronto, entrando en juego el tema de los derechos que tanto temía el contable del novelista.

Viéndolo con perspectiva, no sorprende que el ahora reconocido director Frank Darabont fuera el primer Dollar Baby (no solo reciben ese nombre los cortos, sino que también pueden recibirlo los mismos realizadores). Sin embargo, hay algo de trampa en este dato, porque es cierto que un Darabont de veinte años contactó con Steven en el año 1980 para adaptar el cuento *La mujer de la habitación*, pero no pudo completarla hasta 1983, y mientras lo hacía se le adelantó Jeffrey C. Shiro, en 1982, con *El Coco*, siendo este oficialmente el primer Dollar Baby. No mucho después, ambos cortometrajes aterrizaron juntos en las secciones de vídeo VHS en un recopilatorio titulado *Stephen King's Nightshift Collection*, aunque, con el tiempo, tuvo que ser retirado del mercado por los aspectos jurídicos comentados con anterioridad y que tuvo bien presentes el ya mencionado contable. En la actualidad, con el alcance y las facilidades de Internet, es sencillo encontrar cualquiera de los Dollar Babies lanzados desde entonces, incluyendo, por supuesto, esta extraña unión de dos historias tan diferentes.

A pesar de que el programa Dollar Baby comenzó con timidez, conforme se fue haciendo más conocido y los avances tecnológicos permitieron que ser cineasta fuera un sueño más fácilmente alcanzable, ganó en reconocimiento. Pronto, el número de Dollar Babies aumentó, también la variedad de relatos que adaptar al crecer la cantidad de narraciones breves y antologías del maestro del terror. Aun así, los inexpertos directores han seguido volviendo a una de sus fuentes favoritas: *El umbral de la noche*. Puede que visitaran de vez en cuando *Skeleton Crew* y *Pesadillas y alucinaciones*, sin embargo, *Marejada nocturna*, *El Coco*, *El hombre de la cortadora de césped* y *Un trago de despedida* son algunos de los textos que más Dollar Babies han creado. Es obligatorio apuntar que también la animación ha tenido su dosis de protagonismo en el programa, como bien indica, por ejemplo, el corto basado en *Parto en casa*, llevado a cabo por el guionista, director y escritor español Elio Quiroga (*Fotos*, *La hora fría*). Pero dicen que nada dura para siempre, y con la iniciativa Dollar Baby así sucedió, pues finalizó el 31 de diciembre del año 2023. Una verdadera lástima, aunque hay que valorar la inventiva y la imaginación puestas en cada uno de los breves trabajos, así como también la oportunidad que dio Stephen King a cientos de realizadores novatos para que la industria reparase en ellos de la manera más rápida posible gracias a su marca.

ROB REINER

Puede que el nombre de este director sea uno de los últimos que cualquiera esperaría ver en las páginas de un libro sobre el autor de *It (Eso)*, *La mitad oscura* y *Un saco de huesos*. Solo hay que observar con atención su filmografía, compuesta por títulos como *La princesa prometida* (*The Princess Bride*, Rob Reiner, 1987) y *Cuando Harry encontró a Sally* (*When Harry met Sally*, Rob Reiner, 1989), para corroborar que mezclar el terror con Rob Reiner no suele ser lo habitual. Pero ahí lo tenemos, con dos adaptaciones cinematográficas de obras del de Maine, dos de las más importantes, además. Ni siquiera es el realizador que más veces ha visitado la bibliografía del autor. Sin embargo, sí es uno de los que mejor han entendido que Stephen puede acelerarnos el corazón para después llenarlo de amor. O al revés. Rob Reiner comprende que King es un rey escribiendo terror y un rey escribiendo, a secas.

Guionista, productor, actor, director, activista... ¿Qué no ha hecho Rob Reiner? Cuando se le ofreció la oportunidad de dirigir *Cuenta conmigo*, era más conocido por haber sido uno de los protagonistas de la popular serie de televisión *Todo en familia* (*All in the family*, Norman Lear, 1971). Siendo más preciso, tendría que señalar que, por entonces, Reiner acababa de comenzar su carrera como cineasta con títulos tan interesantes como el falso documental *This is Spinal Tap* (*This is Spinal Tap*, Rob Reiner, 1984) y la comedia romántica *Juegos de amor en la universidad* (*The Sure Thing*, Rob Reiner, 1985). Hilando aún más fino, habría que recordar que ni siquiera fue el primer realizador elegido para la película, honor que recayó en Adrian Lyne (*Flashdance, La escalera de Jacob*), quien se retiró del proyecto (¿o lo retiraron?) por necesitar unas vacaciones tras el rodaje de *9 semanas y media* (*9½ Weeks*, Adrian Lyne, 1986). Y aunque Reiner estaba interesado, no se encontraba del todo convencido. Opinaba que el guion necesitaba un foco. Cuando situó al personaje de Gordie como protagonista (que no absoluto protagonista), todo cobró sentido y el proyecto salió adelante.

La historia traslada casi párrafo a párrafo *El cuerpo* (la búsqueda de un cadáver por cuatro jóvenes amigos del pueblo de Castle Rock durante los años 60), la novela corta del Rey incluida en *Las cuatro estaciones*. Por supuesto, contiene algunos cambios, a mejor, como ese entrañable y emotivo final, añadidos y recortes que han llevado a que sea más reconocida la cinta que el texto original. El cambio de título se debió a que los responsables creían que los espectadores pensarían que *El cuerpo* sería un filme erótico, sobre culturismo o la nueva pesadilla audiovisual basada en la imaginación de nuestro querido Steve. A Reiner se le ocurrió hacer referencia a *Stand by Me*, la famosa canción de Ben E. King; la opción fue la menos impopular y, además, se usó la obra del músico en la banda sonora. Más complicado fue elegir al reparto perfecto, pues se descartaron nombres como los de Ethan Hawke (*Training Day, Caballero Luna*) y Stephen Dorff (*La puerta, Blade*). Otros intercambiaron papeles, formándose un elenco principal con Will Wheaton (*Granja maldita, Star Trek: La nueva generación*), River Phoenix (*Exploradores, La costa de los mosquitos*), Corey Feldman (*Los Goonies, Jóvenes ocultos*) y Jerry O'Connell (*Scream 2, Carter*), sin olvidar la breve aparición de John Cusack y el rol secundario de Kiefer Sutherland (*24, Última llamada*).

La película fue un tremendo éxito de público y crítica. El guion fue nominado a los Premios Óscar en la categoría de mejor guion adaptado, tuvo dos nominaciones a los Globos de Oro, fue un taquillazo y está considerado como uno de los filmes más influyentes e importantes de la década de los 80. Al estrenarse en una época donde Steven estaba encasillado en el fantástico, tanto en el cine como en la literatura, nadie esperaba una historia así, surgiendo anécdotas como las de personas que no daban crédito e ignoraban que *Cuenta conmigo* hubiera salido de la misma mente que creó a Carrie White y al hotel Overlook. Nunca sobra recordar que a King le encantó la adaptación desde el primer momento; al finalizar una proyección preparada por Reiner, el novelista tuvo que recomponerse antes de abrazarle y afirmar que había capturado por completo la esencia del manuscrito, añadiendo que era una cinta muy autobiográfica (*El cuerpo* ya lo es, sin ninguna duda). Siempre ha admitido que *Cuenta conmigo* es una de las adaptaciones favoritas de su obra. Reiner no se ha quedado atrás al respecto, pues la considera su mejor trabajo, una fusión perfecta de nostalgia, las dificultades de crecer y la voz del tío Steve.

Rob Reiner ayudó a fundar en 1987 la productora Castle Rock Entertainment, nombrándola así en honor al más popular pueblo ficticio del escritor. Al ser un sello de Warner Bros. no solo ha producido películas, sino también series y, por supuesto, más de una adaptación audiovisual de la bibliografía de Stephen, como por ejemplo *Cadena perpetua*, *Eclipse total* (*Dolores Claiborne*, Taylor Hackford, 1995), *La milla verde* y *El cazador de sueños*. La producción de *Misery* no iba a ser diferente, aunque al maestro del terror le costó dejar volar el libro por los cielos del séptimo arte. Cuando se enteró que su querido Reiner estaba interesado en el proyecto, no pudo negárselo. Aún menos con William Goldman encargándose de un guion en el que aplicaría pocos cambios al material original. El más notorio de ellos, pero que en absoluto lo daña (fue más idea del director que de Goldman), se centra en uno de los momentos más dolorosos y recordados del filme. Interviene un martillo. En la novela es un hacha. Usa tu imaginación, lector.

A pesar de todas las virtudes que envolvían a *Misery*, no hubo largas colas para interpretar a Paul Sheldon y a Annie Wilkes, sus protagonistas. Según comentaban actores y actrices, la violencia de la trama los echaba atrás. William Hurt, Al Pacino (*El padrino*, *El precio del poder*), Gene Hackman (*Superman*, *Sin perdón*) y Richard Dreyfuss (*Tiburón*, *Cuenta conmigo*) fueron algunos de los profesionales a los que se les ofreció el papel del escritor secuestrado. Warren Beatty (*Los vividores*, *El cielo puede esperar*) se interesó, pero su trabajo en *Dick Tracy* (*Dick Tracy*, Warren Beatty, 1990) le impidió ir más allá. Al final, James Caan (*Rollerball*, *Un chico llamado Odio*) se lo quedó, sintiéndose atraído por un personaje diferente a los que había tenido hasta el momento. A Anjelica Huston (*La maldición de las brujas*, *La familia Addams*) y a Bette Midler (*Stella*, *El retorno de las brujas*) se les ofreció meterse en la piel de la fan número uno de Sheldon, rechazándolo ambas. Goldman sugirió a una por entonces desconocida Kathy Bates (*Tomates verdes fritos*, *The Office*) que se llevó un Premio Óscar en la categoría de mejor actriz gracias a una actuación tan contenida y conmovedora en algunos momentos como hilarante y psicótica en otros; todo un vaivén de emociones, justo lo que es la Annie Wilkes creada por su padre literario. Con *Misery*, Reiner repitió el triple éxito que tuvo con *Cuenta conmigo*; de taquilla, a la hora de forjar otra de las obras cinematográficas más importantes de una época y, en lo personal, con el propio King. La incluyó entre las adaptaciones preferidas de su currículum. No es para menos.

MICK GARRIS

Este director vendría a ser la otra cara de la moneda de Rob Reiner. Cuando empezó a trabajar con material del de Maine, ya llevaba rodadas unas cuantas películas y había intervenido en un par de series, todas relacionadas con el género fantástico, más concretamente con el terror. Y aunque continuó en el cine, prefirió quedarse en la televisión a la hora de adaptar la bibliografía del escritor, creyendo con firmeza en que era el medio en el que mejor se podían trabajar sus novelas y relatos. Hasta siete veces ha llegado a tocar Mick Garris la imaginación del autor, con el que la sintonía fue total desde el primer momento, creándose una fuerte y bonita amistad que no se ha debilitado con el tiempo, sino todo lo contrario. A pesar de que otros cineastas no han estado de acuerdo con él a la hora de mezclar a Stephen y la pequeña pantalla de manera tan obsesiva, el propio maestro del terror ha alabado sus decisiones incontables veces, asegurando que es uno de los realizadores que mejor han comprendido e interpretado su universo. Sin ir más lejos, es imposible asimilar el auge de las miniseries King durante los 90 sin la figura de Mick Garris, e iría más lejos; resulta difícil entender la evolución del audiovisual y el Rey sin el simpático y agradable Mick Garris.

A pesar de que recomiendo leer cualquier entrevista de este director en la que hable acerca de sus gustos y la conexión con nuestro querido Steve, solo con echar un vistazo a su filmografía hace que sea sencillo deducir que los gustos de ambos siempre han coincidido, una gran manera de iniciar una buena camaradería. Tras participar en series como *Cuentos asombrosos* (*Amazing Stories*, Steven Spielberg, 1985) y *Las pesadillas de Freddy* (*Freddy's Nightmares*, Wes Craven, 1988), Garris se atrevió a continuar la saga de los alienígenas más hambrientos del universo con *Critters 2* (*Critters 2*, Mick Garris, 1988) y a hacer lo mismo con el trastornado Norman Bates en *Psicosis IV: El comienzo* (*Psycho IV: The Beginning*, Mick Garris, 1990), filmes hoy muy queridos y considerados de culto. Precisamente, fue esta última la que le abrió las puertas para colaborar con Steven, pues le había gustado tanto que insistió en que fuera él quien se hiciera cargo de un proyecto muy especial: *Sonámbulos*. ¿El título no se parece al de ninguna de las obras del novelista? ¿Estás pensando eso, lector? ¿Quizá porque fue cambiado o traducido de forma distinta? En absoluto. Te hablo de una cinta, guionizada por el propio tío Steve, que no está basada en ningún texto publicado hasta el momento, como si fuera una novela inédita. La producción, con tintes ochenteros aunque se estrenase en los 90, se centra en una raza de monstruosas personas gato que vagan de pueblo en pueblo, alimentándose de la energía vital de jóvenes vírgenes. La producción sirvió para que ambos artistas del horror se conocieran. Imposible dejar pasar la presencia de Ron Perlman (*La ciudad de los niños perdidos, Hellboy*), Alice Krige (*Rey David, Silent Hill*) y Mark Hamill (*Flash, El pueblo de los malditos*), pero todavía mucho menos los cameos de otros artesanos de pesadillas como Tobe Hooper, Clive Barker (*Cabal, Demonio de libro*), John Landis (*Un hombre lobo americano en Londres, Thriller*), Joe Dante (*Aullidos, Gremlins*) e incluso el propio padre literario de Cujo y Pennywise.

Superada la prueba de fuego, Garris quiso dar un gran salto y abalanzarse sobre el pez más grande: *Apocalipsis*. Sin embargo, aunque el de Maine mantuvo charlas con él durante el rodaje de *Sonámbulos*, anteriormente el proyecto estuvo relacionado con otros nombres, en especial con uno que se quedó cerca, muy cerca, de dirigirlo. Hablo de George A. Romero, interesado en adaptar uno de los trabajos más ambiciosos y extensos del escritor, interés que se fue transformando en pura obsesión entre finales de los 70 y buena parte de los 80, hasta que se distanció debido a las idas y venidas de las productoras, los problemas de presupuesto y los borradores que no terminaban de encajar el metraje correcto. Que si ahora una película, que si ahora dos... El propio King, encargado de las distintas versiones del libreto, admitió que era demasiada historia para un filme, y no le convencía eso de dividirlo en dos partes... e incluso tres. Al final, la idea de una miniserie fue la mejor; supo montar el guion y entró Mick Garris en juego, al que el propio autor pidió de nuevo, quedando por encima de la sugerencia de los productores de que se llamase a Brian De Palma. El realizador se dispuso entonces a afrontar el mayor reto de su carrera que dio lugar a su mejor obra hasta la fecha, algo en lo que coinciden crítica y público. No fue difícil elegir al reparto, a excepción de quien hiciera de Randall Flagg, para cuya representación se llegó a tener en mente a Christopher Walken (*El cazador, La zona muerta*), Willem Dafoe (*La sombra del vampiro, Spider-Man*), James Woods (*Videodrome, Vampiros*) e incluso David Bowie (*Dentro del laberinto, El truco final*). A pesar de que el mismo Rey había apuntado indirectamente a Robert Duvall (*Valor de ley, Un día de furia*), la labor de Jamey Sheridan (*Una extraña entre nosotros, Arrow*) en *Susurros en la oscuridad* (*Whispers in the Dark*, Christopher Crowe, 1992) lo empujó a elegirle como el Hombre Oscuro.

Garris puso toda la carne en el asador durante un rodaje que parecía a veces una carrera contrarreloj, sobre todo a la hora de cumplir los plazos y de utilizar el presupuesto de maneras ajustadísimas. Por supuesto, hubo cambios con respecto al material original, en especial porque, salvo contados detalles, se estaba adaptando más *La danza de la muerte*, la versión recortada de la novela, que *Apocalipsis*, la edición completa publicada en los

90. El director sabía que gran parte de la excelencia del libro de su amigo se debía al desarrollo y tratamiento de los personajes. Los intérpretes que les dieran vida estaban obligados a respetar la esencia de los mismos; si funcionaban, gran parte del trabajo duro estaría resuelto. Gary Sinise (*Ojos de serpiente*, *La milla verde*), Molly Ringwald (*Dieciséis velas*, *El club de los cinco*), Laura San Giacomo (*Pretty Woman*, *Por su propio bien*), Ruby Dee (*The Sheriff*, *Black Girl*), Miguel Ferrer (*Robocop*, *El aviador nocturno*), Matt Frewer (*Amanecer de los muertos*, *Desesperación*) y Rob Lowe (*Salem's Lot*, *El último escalón 2*), entre otros, comprendieron a la perfección lo que pretenden Mick y Stephen. Gracias a ellos incluso se le puede perdonar a la miniserie el bajón en los efectos especiales del acto final, flojos ya para la época. El éxito de *Apocalipsis* logró el empujón definitivo de popularidad que necesitaban las adaptaciones televisivas de los textos del maestro del terror. Además, demostró que el de Mick Garris era un nombre a tener en cuenta. Como si quisiera asegurarse esa concepción que se empezó a tener de él, se atrevió con una misión aún más imposible que la de adaptar *Apocalipsis*. Fue a por *El resplandor*.

Medio en broma y medio en serio, tiempo antes de que Garris se pusiera manos a la obra con la segunda adaptación audiovisual de una de las más queridas historias del gran Steven, este ya había comentado que, de alinearse los planetas correctos, bien podría animarse a dirigir y guionizar una nueva versión de *El resplandor*, pues, como sabemos, no quedó muy contento con lo que hizo Stanley Kubrick. Dicho y hecho... a medias. Y es que la experiencia con *La rebelión de las máquinas* lo dejó sin ganas de bromear mucho acerca de ponerse tras la cámara, pero teniendo en cuenta la magnífica racha que llevaba su amigo Garris, parecía el momento idóneo para regresar al Overlook, esta vez, sí, con su guion, uno para una miniserie de tres capítulos que es, plano a plano, escena a escena, el libro, sin apenas cambios más allá de un añadido en el final que permitía entrever una secuela más directa que *Doctor Sueño*. Rebecca De Mornay (*Llamaradas*, *La mano que mece la cuna*) es de las primeras en unirse al reparto para interpretar a una Wendy Torrance con una energía tan potente como la del manuscrito original, y es ella la que recomienda a Steven Weber (*Mom*, *La perfección*) para meterse en la piel de Jack Torrance, un papel que rechazaron varios actores por miedo a las comparaciones que se darían (y se dieron) con la actuación de Jack Nicholson; aun así, Weber salva bien los muebles, pues su Jack casa a la perfección con la calidez de esta nueva *El resplandor*, con menos fuerza como filme de terror, aunque bastante más respetuosa como adaptación. Incluso se dieron el gusto de rodarla en el Stanley, el hotel real en el que King se inspiró. Con esta miniserie se nota que Garris evoluciona con cada nuevo trabajo, y no me refiero solo a su habilidad para dirigir, sino también a cómo va creando una especie de universo propio, repleto de referencias kingnianas, cameos y actores y actrices fetiche.

En 1997, el mismo año del estreno de *El resplandor*, pero poco después, aparece lo que sigue siendo hoy una mezcla entre pequeño capricho y proyecto fallido del realizador. *Quicksilver Highway* (*Quicksilver Highway*, Mick Garris, 1997) comenzó siendo una serie de televisión de terror dirigida por John McTiernan (*Depredador*, *Jungla de cristal*), en la que se narrarían cuentos de fantasmas y leyendas urbanas, pero Garris, al que se contrató para el libreto del episodio piloto, tenía otra idea. La producción seguiría a un personaje misterioso que serviría de cronista de los relatos, que se ubicarían en localizaciones distintas y estarían protagonizados por los mismos intérpretes en papeles diferentes. Escrito el primer capítulo, basado en *La boca saltarina*, el texto breve de su amigo Stephen incluido en la antología *Pesadillas y alucinaciones*, la Fox cambió de idea para pedir una película de dos horas, así que Garris, nada perezoso, se puso a redactar un segundo guion, centrado en *La política del cuerpo*, una de las obras cortas de Clive Barker incluidas en uno de los volúmenes de la célebre *Libros de sangre*. Es entonces cuando salió McTiernan de la ecuación y Mick se queda con el puesto de director del filme directo al formato televisivo. Christopher Lloyd (*Regreso al futuro, Nadie*) llegó casi a la vez para ser Aaron Quicksilver, el particular Guardián de la Cripta del cineasta. El universo de este sigue creciendo en forma de apariciones como la de Matt Frewer. Curiosamente (o no), a Garris se le da mejor trasladar a su amigo de Maine al terreno audiovisual que al escritor británico en una cinta que pasó sin pena ni gloria, quedando más como una curiosidad que como un título a tener en cuenta por encima de otros de su filmografía.

Algo así se podría decir también de *Viaje a las tinieblas* (*Riding the Bullet*, Mick Garris, 2004); curioso título, por cierto, bastante poco sutil, el que recibe la adaptación cinematográfica de *Montado en la bala*, la novela corta del Rey que se publicó originalmente en formato digital, antes de pasar por el papel y terminar en la antología *Todo es eventual: 14 relatos oscuros*. Garris, ocupado con otros menesteres, tardó en regresar al universo de su amigo y escritor favorito. En 2004, algo había cambiado al respecto, como bien demostró el pobre recibimiento que obtuvo este nuevo filme, que tuvo un pase bastante limitado por la gran pantalla. El realizador no se distancia demasiado del material de origen, añadiendo unas gotas más de terror al dramatismo que destila el manuscrito. El equipo formado por Jonathan Jackson (*Insomnio, Envenenados*) y David Arquette (*Scream, Creepshow*) funciona muy bien, pero no estamos ante uno de los trabajos más interesantes del novelista, dándole la espalda incluso el grueso de los lectores constantes. Con *Desesperación* (*Desperation*, Mick Garris, 2006) sucedió lo mismo, aunque aquí duele más recordarlo porque sí que hablamos de uno de los libros de culto del autor, con material suficiente como para haber acabado en cines como una gran superproducción. Sin embargo, como señalaba antes, los tiempos no eran los mismos, y las antaño exitosas miniseries y películas para la pequeña pantalla sufrían el lento abandono de quienes las auparon al Olimpo en otra época. El proyecto sobre *Desesperación* iba a ser una miniserie, pasando luego a transformarse en una película para televisión que llamó la atención de pocos y decepcionó a más. De nada sirvió un gran reparto a lo Garris (Steven Weber, Matt Frewer) encabezado por Ron Perlman y Tom Skerritt (*Alien*, *La zona muerta*).

Mick Garris captó el mensaje. De ahí que tardase cinco años en retornar al Kingverso, cuando sus triunfos daban la impresión de ser dinosaurios de un período ya extinto, con Hollywood buscando la manera (sin demasiado ahínco, eso sí) de volver a sacarpartido a la imaginación del creador de *Christine*, *El ciclo del hombre lobo* y *Maleficio*. El director decide «irse» a lo grande, adaptando *Un saco de huesos*, una novela cien por cien del maestro del terror, y como él mejor sabe: para la pantalla pequeña y en formato miniserie de dos partes (a pesar de que se ha llegado a proyectar en una sola, lo que ha provocado que a veces se confunda con un telefilme). Garris consigue un presupuesto tan exiguo que es un milagro que lograra tan buen resultado con *La maldición de Dark Lake* (*Bag of Bones*, Mick Garris, 2011), aunque dulcifica muchísimo la historia de fantasmas y racismo a la que se tiene que enfrentar el protagonista, un Mike Noonan aquí interpretado por Pierce Brosnan, muchísimo mejor que en *El cortador de césped*. Le acompañan Melissa George (*La morada del miedo*, *Turistas*), Annabeth Gish (*Desesperación*, *La maldición de Hill House*), Matt Frewer (por supuesto) y una Anika Noni Rose (*Ellos*, *Déjame entrar*) para cuyo papel se pensó originalmente en la actriz y cantante Kelly Rowland (*Freddy contra Jason*, *Mea Culpa*). Si algo ha sabido hacer siempre Mick Garris ha sido rodearse de buenos nombres.

FRANK DARABONT

¿Es este director la fusión perfecta entre los dos anteriores que te he presentado, lector? Como Rob Reiner, además de realizador es guionista y productor, aficionado al lado intimista del universo de Stephen King, habitual de Castle Rock Entertainment y dado a recibir nominaciones cada vez que se pasea por la bibliografía del de Maine. Sin embargo, como Mick Garris, también comenzó en el cine fantástico, no le tiene ningún miedo al género, está encantado con las historias más sobrenaturales del maestro del terror, disfruta con sus actores fetiche y se ha ganado ser señalado como el cineasta que mejor le conoce y sabe tratarlo. Además, su número de adaptaciones de obras del novelista navega entre las de Reiner y las de Garris. Serían cuatro, si contamos el Dollar Baby de *La mujer de la habitación*, mencionado con anterioridad. Nada mal.

Tras el cortometraje, Darabont se dedicó más a los guiones que a la dirección, bien arropado por Chuck Russell (*La máscara*, *La bendición*), quien lo reclutó para darun par de toques a los libretos de *Pesadilla en Elm Street 3: Los guerreros del sueño* (*A Nightmare on Elm Street 3: Dream Warriors*, Chuck Russell, 1987) y *El terror no tiene forma* (*The Blob*, Chuck Russell, 1988), sus dos primeros largometrajes. De nuevo como guionista, se metió entre los borradores de *La mosca II* (*The Fly II*, Chris Walas, 1989), secuela del célebre remake de David Cronenberg. Al año siguiente, no guionizó, aunque sí dirigió, *Sepultado vivo* (*Buried Alive*, Frank Darabont, 1990), su primer filme, un correcto relato de suspense que posee la siempre potente presencia de Jennifer Jason Leigh (*Los odiosos ocho*, *La historia de Lisey*). No mucho después, en el año 1994, lanzó la que para muchos críticos especializados y webs profesionales es la mejor película de la historia. Hablo de *Cadena perpetua*, en cuyo manuscrito original, la novela corta *Rita Hayworth y la redención de Shawshank*, puso sus ojos el bueno de Frank en 1987. Con lo que ganó aportando su granito de arena a la tercera entrega de las pesadillas cinematográficas de Freddy Krueger, compró los derechos de la obra incluida en *Las cuatro estaciones*. Por 5.000 dólares. Todo un gran lector constante.

Por supuesto, Darabont se ocupa de un guion que interesó de inmediato a Castle Rock Entertainment. A Rob Reiner le gustó tanto que le ofreció 2,5 millones de dólares para dirigirlo, con Tom Cruise (*Entrevista con el vampiro*, *Top Gun: Maverick*) y Harrison Ford (*En busca del arca perdida*, *Blade Runner*) en mente para los personajes de Andy y Red. La productora incluso se comprometió a financiarle cualquier otro proyecto, aumentando la suculenta oferta que el realizador declinó para poder hacerse cargo de la cinta al completo; el dinero no le satisfacía lo suficiente para perder su sueño. Con un perfeccionismo que rozaba el de Stanley Kubrick, Frank hizo repetir escenas hasta la extenuación, llevó a cabo maratonianas jornadas de rodaje y desarrolló el texto de Steven hasta superarlo con creces. En ningún momento dejó de pensar en el cine de Frank Capra (*La jaula de oro*, *Aquí viene el novio*), en especial en el clásico *¡Qué bello es vivir!* (*It's a Wonderful Life*, Frank Capra, 1946). Poco importó que el personaje de Red sea un irlandés pelirrojo en el manuscrito del Rey, porque Red será Morgan Freeman por y para siempre. Para Andy Dufresne se tuvo en cuenta a Gene Hackman, Nicolas Cage (*Mandy*, *Longlegs*), Tom Hanks (*Big*, *Salvar al soldado Ryan*) y Kevin Costner (*Bailando con lobos*, *Yellowstone*), entre otros, pero Darabont se decidió por Tim Robbins por su actuación en *La escalera de Jacob* (*Jacob's Ladder*, Adrian Lyne, 1990). En el reparto también encontramos a William Sadler, Clancy Brown (*Los inmortales*, *Dexter: New Blood*), Jeffrey DeMunn (*La tormenta del siglo*, *The Walking Dead*), James Whitmore (*The Relic*, *The Majestic*), Bob Gunton (*Silencio desde el mal*, *Daredevil*) y Gil Bellows (*Punto muerto*, *Historias de miedo para contar en la oscuridad*).

A pesar de que el viento soplaba a favor, la taquilla no respondió a *Cadena perpetua...* hasta que empezaron a volar las nominaciones. Los Globos de Oro y los Premios Óscar supusieron un empujón para que no fuera un fracaso, obteniendo unas ganancias bastante suculentas. Como curiosidad, King nunca cobró el cheque de 5.000 dólares de Darabont, haciéndolo enmarcar para enviárselo con una nota: «Por si necesitas un aval. Recuerdos, Stephen». Con tan buenos resultados en todos los ámbitos, ¿cómo no iba a repetir el director con los sueños y pesadillas de nuestro querido Steve? Cinco años después llegó *La milla verde* (*The Green Mile*, Frank Darabont, 1999), que el escritor sitúa entre sus filmes favoritos basados en su trabajo, aunque parece que esto se va repitiendo cada vez que hablamos de Rob Reiner y Frank Darabont. De todos modos, no es para menos, porque *La milla verde* es cine en estado puro, como indicaron los críticos, respaldados por una fenomenal taquilla. El traslado de la novela es tremendamente fiel, esta vez, sí, con unos nada pequeños toques de género fantástico. El miedo del cineasta a repetir con una historia carcelaria se disipó pronto, sobre todo al conseguir como protagonista, al fin, a Tom Hanks, a quien el autor siempre vio como el Paul Edgecomb (sigo sin entender por qué al apellido aquí le falta la última «e») perfecto. Fue nada más y nada menos que el mismísimo Bruce Willis (*Pulp Fiction*, *El protegido*) quien recomendó al gran (en muchos sentidos) Michael Clarke Duncan (*El planeta de los simios*, *Daredevil*), tras trabajar con él en *Armageddon* (*Armageddon*, Michael Bay, 1998), obteniendo gracias a su emotiva interpretación una nominación al Óscar en la categoría de mejor actor de reparto. El resto del elenco no baja el nivel, formado por nombres como los de David Morse, Doug Hutchison (*Expediente X*, *Perdidos*), Sam Rockwell (*Tres anuncios en las afueras*, *El vicio del poder*), Barry Pepper (*Salvar al soldado Ryan*, *Infierno bajo el agua*), Bonnie Hunt (*Rain Man*, *Jumanji*), James Cromwell (*La hija del general*, *Salem's Lot*) y Patricia Clarkson (*Carrie*, *Shutter Island*), además de algunos de los ya habituales amigos de Darabont como Jeffrey DeMunn y William Sadler.

La milla verde no solo obtuvo un gran éxito entre la crítica, con nominaciones a los Óscar y a los Globos de Oro, sino que también se convirtió en una de las películas King más taquilleras de la historia. A pesar de ello, Darabont tardó en regresar a su universo, ocurriendo tan feliz acontecimiento en el año 2007, con una adaptación que sorprendió a propios y extraños, pues parecía haber pasado del drama y el drama fantástico al terror más puro del narrador. Fue entonces cuando el realizador nos presentó *La niebla*, basada en la novela corta homónima. ¿Por qué eligió una obra tan alejada de las anteriores que había tocado? Precisamente por eso, por ser diferente y muy directa. Salvo por algunos cambios en ciertos detalles, nunca quiso alejarse del material original que enfrenta a los horrores sobrenaturales del exterior del supermercado con los horrores humanos del interior. Pero sí que quiso dejar su marca, y bien grande, en el final, cambiándolo. ¡Y menuda forma de hacerlo! Tan aplaudido como impactante y aterrador, ayuda a que sea su trabajo más cercano al Stephen King más conocido y popular. Frank no escatima en dosis de serie B, y menos en la versión en blanco y negro que acabó apareciendo con el tiempo. Además de contar con muchos de sus intérpretes regulares, tenemos a profesionales como Marcia Gay Harden (*Muerte entre las flores*, *Mystic River*), André Braugher (*Las dos caras de la verdad*, *Salem's Lot*), Toby Jones (*Luces rojas*, *Sherlock*), Alexa Davalos (*Resistencia*, *The Punisher*), Sam Witwer (*Dexter*, *Casi humanos*) y Thomas Jane; una pena que este último no se uniera como Rick Grimes a algunos de sus compañeros para matar zombis televisivos con el director en *The Walking Dead* (*The Walking Dead*, Frank Darabont, 2010), pues prefirió protagonizar la serie *Superdotado* (*Hung*, Colette Burson-Dmitry Lipkin, 2009). A *La niebla* le fue bastante bien en taquilla, aunque se le escaparon todos los reconocimientos que recibieron *Cadena perpetua* y *La milla verde*. Terror y monstruos; mala combinación para ganarse el beneplácito de los académicos, incluso estando detrás Frank Darabont.

SECUELAS

Hollywood no solo ha explotado a Stephen King. Lo ha sobreexplotado. Y, si se es justo, él se ha dejado sobreexplotar... en parte. Los proyectos audiovisuales alrededor de su bibliografía se han dado durante décadas, en mayor o menor medida, pero sin detenerse realmente, hasta el punto de que surgió la broma de que se podría haber adaptado su lista de la compra y hubiera sido un éxito; poco ha faltado, por cierto. Se han realizado películas para el cine y la televisión, series y miniseries incluso de relatos que ocupan unas breves páginas, como si todo lo que crease fuera idóneo para reconstruirse con los medios cinematográficos y televisivos. Se ha hecho con tanta asiduidad y tal velocidad que pronto los ejecutivos y las productoras comenzaron a pensar que estaban matando a la gallina de los huevos de oro, una gallina que no ponía continuaciones de sus grandes éxitos. ¿La solución? Fabricarlas ellos mismos.

Siendo la industria audiovisual una muy dedicada a las secuelas cuando ciertos títulos funcionan (como cualquierotra, al fin y al cabo; los beneficios también cuentan), pronto se comenzó a pensar en cómo sacarles más partido a los libros del escritor, uno no demasiado aficionado a proseguir sus historias una vez llegan al final. La respuesta llegó a la hora de firmar por los derechos de explotación de sus obras, añadiendo cláusulas que permitían realizar nuevas entregas en caso de que los implicados estuvieran interesados en ellas. Nuevo en tales contiendas, el novelista se dejó guiar o, más bien, dejó hacer hasta que comprobó que se iba pervirtiendo su trabajo de forma descarada, con el único afán de lograr dinero rápido con su nombre, apostando por productos de una calidad tan desigual que muchos incluso le pasaron inadvertidos. Y ahí radica, además, lo curioso del asunto, porque esta serie de derivados, que lograron su mayor apogeo durante la década de los 90, ha girado más alrededor de adaptaciones menores que de otras más grandes, ambiciosas y populares, como si la serie B las acogiera mejor. Lo cual es cierto, si se observan los resultados finales.

Es *Regreso a Salem's Lot* (*A Return to Salem's Lot*, Larry Cohen, 1987) la primera secuela no oficial de Stephen King que vio la luz. Estreno limitado en cines para un filme que proponía un retorno algo extraño al pueblo de Ben Mears y Barlow, con toques antropológicos, un discurso sobre el racismo, casi ninguna referencia al material original y el estreno en pantalla de una jovencísima Tara Reid (*American Pie, Alone in the Dark*). No sería hasta cinco años después que veríamos otro derivado, esta vez con la vuelta a cierto cementerio indio gracias a *Cementerio viviente 2* (*Pet Sematary Two*, Mary Lambert, 1992), empujada por el gran éxito de su anterior entrega. Que sea la mejor secuela no oficial de una obra del de Maine no es decir mucho, y menos cuando a partir de esta el autor aprendió la lección y empezó a excluir en la venta de sus historias los derechos a una continuación; lo hizo tarde, pues ya había vendidos no pocos de ellos. Incluso en unas declaraciones de la época a la revista de género fantástico *Fangoria*, admitió que *Cementerio viviente 2* no contó con su aprobación para estrenarse, que tiró el guion por la ventana tras leer unas pocas páginas y solicitó que todas aquellas personas que le leían y respetaban lo que hacía se mantuvieran alejadas lo máximo posible de la película. Mary Lambert, quien repitió en la dirección tras los fantásticos resultados de la adaptación original, llegó a disculparse por esta segunda entrega. Una lástima que no saliera adelante la idea original de que Ellie Creed regresara a Ludlow; el estudio nunca creyó que fuera a tener un buen recibimiento al estar protagonizada por una adolescente. Por otro lado, los Ramones vuelven a estar presentes en ella gracias al tema *Poison Heart*.

Algo similar sucedió con *El cortador de césped 2* (*Lawnmower*

Man 2: Beyond Cyberspace, Farhad Mann, 1996), pero a diferencia de la primera *Cementerio viviente*, su entrega anterior no tuvo tan buenos resultados entre la crítica, y mucho menos después de toda la polémica relacionada con alejarse tantísimo del relato original del Rey. Bastante curiosos son los casos de *La resurrección del mal* (*Sometines they come back... again*, Adam Grossman, 1996) e *Infierno blanco* (*Sometimes they come back... for more*, Daniel Zelik Berk, 1998), secuelas procedentes ambas de *Asesinos del más allá* (*Sometimes they come back*, Tom McLoughlin, 1991), renombrada más tarde como *Algunas veces ellos vuelven*, título más cercano al *A veces vuelven* del cuento incluido en *El umbral de la noche*; no te engañes, lector, porque lo único que tienen en común las dos entregas posteriores con la principal es la presencia de ritos satánicos y personas que vuelven del más allá vinculadas con demonios. En ese sentido también se aproximan a *Virus del Mangler (Alianza macabra 2)* (*The Mangler 2*, Michael Hamilton-Wright, 2002) y *The Mangler Reborn* (*The Mangler Reborn*, Matt Cunningham-Erik Gardner, 2005), surgidas de *Alianza macabra* (*The Mangler*, Tobe Hooper, 1995), que adapta *La trituradora*. Filme de culto gracias a su director y a la siempre potente presencia de Robert Englund (*Pesadilla en Elm Street, Stranger Things*).

Más proyección tuvo *La ira (The Rage: Carrie 2)* (*The Rage: Carrie 2*, Katt Shea, 1999). A pesar de no funcionar en taquilla es un experimento interesante originado a partir de un libreto sin relación alguna con *Carrie*. La guinda está tanto en el descubrimiento de una hermana de Carrie White como en la presencia de la Sue Snell original de la adaptación de Brian De Palma, sin olvidar ciertos detalles que luego aparecerían en la novela *Doctor Sueño*, aunque es bastante poco probable que nuestro querido Steve los cogiera prestados de la producción. Por el mismo sendero transita *Ojos de fuego 2* (*Firestarter 2: Rekindled*, Robert Iscove, 2002), con una Charlie McGee ya crecida y con problemas para controlar sus habilidades piroquinéticas, adelantándose a la historia que se contaría mucho después con un Dan Torrance con unos cuantos años más encima. Poco importa la presencia de instituciones cinematográficas como Dennis Hooper (*Terciopelo azul, Amor a quemarropa*) y Malcolm McDowell cuando la cinta posee un ritmo irregular y pesado, sostenido por un guion vago y que lleva a cabo escenas extrañas como algunas que no encajan con la entrega original, como si esta secuela quisiera ir por su propia cuenta.

Paso de puntillas por esa rareza que es *Creepshow III* (*Creepshow 3*, James Glenn Dudelson-Ana Clavell, 2006), pues podría tener cualquier otro nombre y no se diferenciaría de cualquier otra película antológica de terror, para centrarme en el extraño caso de *Los niños del maíz* o *Los chicos del maíz*, según la edición que se tenga de *El umbral de la noche*, un relato que camina entre lo simplemente correcto y lo bueno, pero que ha dado lugar a una de las más extensas sagas del cine de terror de todos los tiempos. Apunta, lector, porque no tiene desperdicio el número de títulos que guarda: *Los chicos del maíz II: El sacrificio final* (*Children of the Corn II: The final sacrifice*, David Price, 1992), *Los chicos del maíz III: La cosecha urbana* (*Children of the Corn III: Urban Harvest*, James D. R. Hickox, 1995), *Los chicos del maíz IV: La reunión* (*Children of the Corn IV: The Gathering*, Greg Spence, 1996), *Los chicos del maíz V: Campos de terror* (*Children of the Corn V: Fields of terror*, Ethan Wiley, 1998), *Los chicos del maíz 666: El regreso de Isaac* (*Children of the Corn 666: Isaac's return*, Kari Skogland, 1999), *Los chicos del maíz VII: Revelación* (*Children of the Corn: Revelation*, Guy Magar, 2001), *Los chicos del maíz: Génesis* (*Children of the Corn: Genesis*, Joel Soisson, 2011), *Los chicos del maíz: La huida* (*Children of the Corn: Runaway*, John Gulager, 2018) y *Children of the Corn* (*Children of the Corn*, Kurt Wimmer, 2020), aunque esta última está considerada en realidad como una nueva adaptación directa del cuento de King. Resulta fácil imaginarle no prestando demasiada atención a estas alturas a estas interminables entregas provocadas, con seguridad, por unos productores tan aprovechados como inteligentes a la hora de retener unos derechos de autor que deberían devolver de una vez por todas.

<h2 style="text-align:center">CAMEOS</h2>

Que a estas alturas del presente ensayo afirme que a Stephen King le encanta tanto el cine como la televisión sería como insultar tu memoria, lector. Para qué sirve redundar por redundar, ¿no es cierto? Sin embargo, creo que, en este caso, es necesario recordarlo para exponer el contexto de las siguientes líneas. A nuestro querido Steve le apasionan tanto el séptimo arte y las series que no ha podido resistir la llamada de ambos para ponerse delante de la cámara. No me refiero a detrás, como hizo con *La rebelión de las máquinas*. Tampoco a firmar guiones o a participar en la producción de algunas de las adaptaciones audiovisuales de sus trabajos literarios. Estoy hablando de actuar, de convertirse, más o menos, en intérprete, en ocasiones improvisado, para meterse en el papel de un personaje como otro cualquiera. Señalo un hecho inevitable para alguien que se fue transformando, paulatinamente, en una personalidad esencial para entender gran parte de la cultura popular de finales del siglo XX y buena parte del XXI. ¿Cómo no iba a hacer sus pinitos como actor? Aunque él mismo se define como uno bastante horrible.

Las apariciones cinematográficas y televisivas del de Maine se podrían dividir en dos grupos. En el primero estarían aquellas no relacionadas con sus obras, entrando películas y series en las que realiza alguna especie de breve cameo o un papel de mayor relevancia, en ocasiones incluso interpretándose a sí mismo. Estoy pensando, por ejemplo, en comerciales como el que llevó a cabo para promocionar en los 80 una de las tarjetas de American Express o aquel en el que ayudaba a fomentar la lectura y la visita a las librerías. Más allá de esos pocos segundos en pantalla, su

Miseria de Stephen King, portada del libro en edición inglesa.
Shutterstock

portentosa carrera como actor (así la llamaría él mismo) comenzó realmente con *Los caballeros de la moto* (*Knightriders*, George A. Romero, 1981), aunque es más largo y recordado su papel como Bachman (¿te suena?) en uno de los episodios de la serie *Hijos de la Anarquía* (*Sons of Anarchy*, Kurt Sutter, 2008). Hablando de la pequeña pantalla, el novelista atesora algunas escenas en las que solo usa su voz, como la que hace en *Frasier* (*Frasier*, David Angell-Peter Casey-David Lee, 1993) y en las series de animación *Duncanville* (*Duncanville*, Amy Poehler-Mike Scully-Julie Scully) y, por supuesto, *Los Simpson*, estas dos últimas las únicas producciones de este tipo en las que ha participado de forma oficial. Sin embargo, hay una aparición a la que guarda gran cariño, y es la que efectúa en *Amor en juego* (*Fever Pitch*, Peter Farrelly-Bobby Farrelly, 2005), que gira alrededor de un fanático de los Red Sox, el equipo de béisbol favorito del escritor, por el que siente una tremenda pasión. En el filme, Stephen ejecuta el primer lanzamiento del partido.

En el segundo grupo de cameos se hallan los de las adaptaciones audiovisuales de sus libros, a las que es bastante aficionado, al igual que lo fueron Alfred Hitchcock y Stan Lee (*Los Cuatro Fantásticos, Los Vengadores*). Es fácil encontrar al Rey oficiando un funeral en *Cementerio viviente*, como un tipo nada amable enfrentado a un cajero en *La rebelión de las máquinas*, como uno de los pocos supervivientes en *Apocalipsis* (no te pierdas la aparición sorpresa que también hace en el cómic basado en la novela, en el cual su personaje se hace llamar Richard «Rich» Bachman), como un farmacéutico en *Maleficio*, repartiendo una pizza en *Rose Red*, como el director de la banda de música del Overlook en la miniserie de *El resplandor* (de nombre Gage Creed; igual te dice algo, lector), en una fotografía en *The Stand*, como una de las víctimas de la perturbada mente de Brady Hartsfield en *Mr. Mercedes* y con su particular grupo de amigos dedicados al terror en *Sonámbulos*, entre otras diversas colaboraciones. No cabe ninguna duda de que las dos más queridas y populares son las que realiza en *Creepshow* y en *It: Capítulo 2*, papeles con más tiempo en pantalla que simples intervenciones breves. En la cinta de Romero, Steven es el protagonista absoluto de uno de los espeluznantes fragmentos que la componen, más concretamente, el titulado *La solitaria muerte de Jordy Verrill*, en el que se mete en la piel del cliché con patas de un paleto estadounidense que sufre una historia que bien podría haber ideado Lovecraft; por otro lado, en la secuela de Muschietti, es el encargado de una tienda de antigüedades que ayuda a Bill Denbrough a recuperar Silver, su vieja bicicleta. Ambas actuaciones son muy divertidas, incluyendo la segunda varios guiños al Kingverso e incluso alguna que otra broma sobre los finales de sus manuscritos. Hay que reconocer que siempre se ha atrevido a todo, también a reírse de sí mismo.

OTROS MEDIOS

No solo de literatura, cine y televisión vive Stephen King. O, mejor dicho, no solo se mueve en dichos medios, aunque sean los principales, en especial el primero, claro. Como te he señalado en no pocas ocasiones, lector, el alcance de su marca ha sido, es y será siempre tal que la cultura popular se ha nutrido de él tanto como él lo hace de ella, en una simbiosis perfecta. El Rey parece tocarlo todo, a pesar de que tenerlo de por medio no suponga un éxito seguro (ninguno factor lo es); desde cómics hasta videojuegos, pasando por terrenos musicales, obras de teatro, audiolibros con conocidas voces relatando sus novelas y relatos, cientos de referencias en producciones de todo tipo e incluso una cantidad ilimitada de *merchandising* (camisetas, carteles, alfombras, cuadros, llaveros, libretas, fundas para móviles, disfraces, figuras tanto de sus personajes como de él mismo...). No se habla de la marca King a la ligera. Su persona hace ya mucho tiempo que traspasó las páginas de los libros, transformándose en un sello a explotar, o sobreexplotar, de mil y una formas, con mayor o peor acierto, como creo que ha quedado en evidencia en las páginas precedentes.

Yendo a por el mundo de las viñetas, casi extraña que el de Maine no se haya prodigado en él de manera más directa. Casi. Más allá de ciertas colaboraciones puntuales como la de *Heroes for hope: Starring the X-Men* publicado en 1985, un número especial cuyas ganancias fueron directas para la lucha contra el hambre en África, y la del número 400 de *Batman*, apenas pueden recogerse más ejemplos, aunque los más importantes son la colección *American Vampire*, que ayudó a crear, y la adaptación de Creepshow. Y aquí está la clave, porque ampliando el rango de acción, sí que es fácil hallar una buena cantidad de cómics basados en sus obras, como las magníficas series limitadas de *Apocalipsis*, el curioso especial centrado en *El hombre de la cortadora de césped*, el estupendo tomo de *N* (el cuento aparecido en la antología *Después del anochecer*; puro Lovecraft), las rarezas de *Popsy* y los dos volúmenes de *The Secretary of Dreams*, el breve cómic que traslada algunos de los capítulos de *Mientras escribo*, la adaptación *El Talismán: El camino de las tribulaciones* y la secuela que nunca ocurrió *The Talisman: A collision of worlds*, el web-cómic editado directamente en la página oficial del autor *The Little Green God of Agony*, el entretenido *Road Rage* surgido a partir de la novela corta *Throttle*, escrita junto a Joe Hill... Pero, sin ninguna duda, la joya de la corona es la saga comiquera de *La Torre Oscura*, que va más allá de adaptar los tomos literarios para meterse de lleno en la expansión de todo el universo de Roland Deschain y compañía. Por otro lado, las influencias en guionistas y dibujantes de cómics, sobre todo si trabajan con el terror, es infinita. Sin embargo, apunta esta obra, lector, porque podría pasar sin ningún problema por un manuscrito de Steven: *30 días de noche*. La historia de Barrow, un pueblecito en Alaska, que una vez al año se sume en la más profunda oscuridad durante treinta días, un período que aprovecha una banda de vampiros para alimentarse sin la intromisión del sol. Si Barrow se hubiera situado en Maine, a nadie le habría sorprendido.

A diferencia de otros compañeros de letras, al Rey poco le ha interesado participar activamente en videojuegos, y eso que ha confesado que alguna vez se pone con alguno en casa. Aquí sí que habría que hablar más de influencias que del novelista interesado por ellos, incluso de forma tangencial, porque se han aprovechado bastante poco los derechos a conseguir. Existen adaptaciones de *La mitad oscura* (quizás el mejor videojuego que adapta uno de los trabajos del escritor, en este caso, como una simpática aventura gráfica con un apartado técnico muy cercano a joyas del medio como *The Secret of Monkey Island*), *El fugitivo*, *El hombre de la cortadora de césped*, *It (Eso)* y *La niebla*, pero salvo este último son productos centrados en las películas, y en algún caso más moderno sencillos minijuegos para teléfonos móviles. Entre lo chocante y el homenaje se sitúa *F13*, una especie de recopilatorio de minijuegos, fondos de pantalla y «aterradores» efectos sonoros que no llegó a ninguna parte a pesar de contener una copia digital de *Todo es eventual*. Accediendo a terrenos donde se puede hablar más de guiños, homenajes y claras referencias, hay que reconocer que el mundo del terror gamer se ha nutrido bastante de la inventiva de nuestro querido Steve. La lista de títulos sería tan extensa que nos regalaría un ensayo solo para ella, pero existen dos franquicias que se quedan con todo el protagonismo al respecto: *Resident Evil* y *Silent Hill*. En especial, esta última, donde el tono de sus historias, personajes y ambientaciones se mezcla a la perfección con bastantes libros del narrador; la propia comunidad de Silent Hill parece a ratos una especie de Castle Rock para fans de los mandos, el teclado y el ratón. Aun así, existe una saga que todavía se aproxima más a la literatura de King, tanto que da la impresión de adaptar una novela escrita por él, una novela que existe y no existe al mismo tiempo. Hablo ahora de *Alan Wake*, su secuela y los distintos productos derivados. En este videojuego se maneja al personaje que le da nombre, Alan Wake, un escritor de obras de misterio y terror (¿te suena?), que sufre un terrible bloqueo creativo del que pretende salir gracias a unas vacaciones organizadas por su mujer en el pueblo de Bright Falls, donde ella desaparece de manera misteriosa por culpa de una presencia oscura. Misterios, horror, criaturas de las sombras, bosques siniestros, inquietantes cabañas... Como jugar dentro de la mente del tío Steve.

En el terreno de la música, no son pocos los artistas y grupos que se han basado en la bibliografía de Stephen para sus letras y canciones. Blind Guardian, Children of Bodom, Anthrax, Acid Death, Demons & Wizards, Black Sabbath, Beholder, 30 Seconds to Mars, Vamps, Trick or Treat, The Beast, Shadow Circus, Rage, Pennywise (este nombre te sonará de algo, lector), Nostradameus, Alice Cooper, Ghost, Nightwish, Malice, Mortician, Salem Hill, Azeroth, Alter Bridge, Explenden, Randall Flagg, Nirvana, Slipknot y los míticos AC/DC son algunos ejemplos. Como se puede comprobar, el punk, el rock y el metal son los principales géneros y estilos que casan a las mil maravillas con los mundos del creador de *Ojos de fuego* y *Mr. Mercedes*. Incluso hay grupos como Ice Nine Kills que aprovechan sus letras y vídeos dedicados por completo al terror cinematográfico y literario para que el de Maine ocupe en su discografía el lugar que se merece, tal y como indican canciones como *Funeral Derangements*, una especie de adaptación musical de *Cementerio de animales*. Curioso lo de esta novela y, más concretamente, lo de los Ramones y *Pet Sematary*, pues se ha ido convirtiendo en uno de los temas más versionados de todos los tiempos; desde Unto Others hasta Xeros, pasando por Energy, Backyard Babies, Hawthorne Heights, Kaleido, 5th Avenue, Toxic Zombie, Starcrawler y Plain White T's. Especial mención merecen estos dos últimos casos, porque la versión de *Pet Sematary* del primero se halla en la adaptación cinematográfica de 2019 de *Cementerio de animales* y la del segundo en *Frankenweenie* (*Frankenweenie*, Tim Burton, 2012), no solo una carta de amor a los monstruos clásicos y su cine en blanco y negro, sino también a la cruel historia de la familia Creed y el cementerio de mascotas; el vídeo musical que acompaña a la canción lo dice todo. Por supuesto, se hace imposible no mencionar al artista español Lex Lüger y su disco *Rey del terror*, dedicado por completo al de Maine. Los últimos acordes de estas líneas se los dedico a los Rock Bottom Remainders, una banda de rock and roll nacida en los 90 y formada por escritores que a su vez eran músicos aficionados, como el propio King, Dave Barry o Matt Groening, el creador de *Los Simpson*. Cuando a Steven no lo inspiraba la música, él la inspiraba a ella, y entre medias también ha tenido tiempo de concebirla a su particular manera.

Aunque te parezca un chiste, ahora te llevo de regreso al séptimo arte, porque no solo de novelas y relatos del maestro del terror se ha nutrido a la hora de aprovechar su imaginación. Cientos y cientos de cineastas han ido colocando guiños y homenajes en sus trabajos durante décadas, décadas que han visto a su vez cómo cientos y cientos de producciones han mencionado de forma más o menos directa al autor. No es lo mismo hablar de las divertidas alusiones que se hacen en *Pesadillas* (*Goosebumps*, Rob Letterman, 2015) que sacar títulos como *House, una casa alucinante* (*House*, Steve Miner, 1985), *Sinister* (*Sinister*, Scott Derrickson, 2012) y *En la boca del miedo* (*In the Mouth of Madness*, John Carpenter, 1994), los cuales podrían pasar perfectamente por obras del universo del Rey. También existen productos más directos y desvergonzados como *You can't kill Stephen King* (*You can't kill Stephen King*, Ronnie Khalil-Monroe Mann-Jorge Valdés-Iga, 2012), pero es de nuevo *Cementerio de animales* el manuscrito que abre la caja de las curiosidades con filmes como *Pet Graveyard* (*Pet Graveyard*, Rebecca Matthews, 2019), *El efecto Lázaro* (*The Lazarus Effect*, David Gelb, 2015), *El otro lado de la puerta* (*The other side of the door*, Johannes Roberts, 2016) y *The Monkey's Paw* (*The Monkey's Paw*, Brett Simmons, 2013). Todos ellos parecen versiones no oficiales del libro, incluso el último, donde el relato original de *La pata de mono* se fusiona con este, dando lugar a un extraño bucle de referencias.

Algo similar sucede con la pequeña pantalla. Numerosas series de televisión de género beben del lago King o le hacen incontables homenajes. *Misterio para tres* (*Friday the 13th*, Larry B. Williams, 1987), *Channel Zero* (*Channel Zero*, Nick Antosca, 2016), *Sobrenatural* (*Supernatural*, Eric Kripke, 2005), *Masters of Horror* (*Masters of Horror*, Mick Garris, 2005), *Expediente X*, *American Horror Story* y *Buffy, cazavampiros* son solo algunos ejemplos, aunque quizás el mejor de ellos sea *From* (*From*, John Griffin, 2022), una bien cocinada mezcla entre *Perdidos* y la literatura de nuestro querido Steve, incluyendo el concepto de pueblo pequeño, infierno grande. Y a pesar de que te sorprenda, las series de animación para adultos sienten gran pasión por el narrador, sobre todo *South Park* (*South Park*, Trey Parker-Matt Stone, 1997), *Padre de Familia* (*Family Guy*, Seth MacFarlane, 1999) y *Los Simpson*. La primera es muy dada a utilizar *Cementerio de animales*, encontrando entre sus habituales y estrambóticos personajes secundarios a una copia de Jud Crandall; por su parte, las otras dos son aún más ambiciosas, ofreciendo especiales dedicados por completo a las adaptaciones cinematográficas y al novelista, apareciendo incluso él mismo en ocasiones. Tremendamente populares son los capítulos de Halloween centrados en *El resplandor* y *La zona muerta*, alcanzando tal fama estos episodios que *It* logró tener el suyo propio en exclusividad, conocido como *No es Eso*, sin que mediaran los de la Noche de Brujas. Una nueva muestra de que el Kingverso hace ya mucho que conquistó la cultura popular más allá de la letra impresa.

OTROS AUTORES

R. L. STINE

Este libro carecería de una pieza fundamental si al señalar a autores que beben de Stephen King faltase el que bien podría considerarse como su más directo sucesor literario, aunque con ciertos matices. Te hablo, lector, de un escritor que ha confesado, en no pocas ocasiones, tener libros que cogen un poco de aquí y un poco de allá tanto de obras del de Maine como de narradoras como Agatha Christie, eso sí, sin entrar nunca en el pedregoso terreno del plagio. Homenajes, referencias, guiños..., pero con un público mucho más joven que el de los nombres citados. A pesar de que a este novelista no le faltan trabajos dirigidos a adultos, si rehiciera *Carrie*, *Christine* o *La mitad oscura* (y, curiosamente, bastante se ha acercado con algunos de sus manuscritos), pondría de protagonistas a personajes de entre diez y catorce años, como mucho. No cabe ninguna duda de que R. L. Stine es el Stephen King de la literatura infantil y juvenil.

Robert Lawrence Stine nació en Columbus, la capital y ciudad más grande de Ohio, Estados Unidos. Comenzó su carrera como escritor con libros de humor para niños y adolescentes, a los que se dedicó durante buena parte de los 70 y principios de los 80. Fue en la segunda mitad de esta década cuando el terror lo llamó, construyendo thrillers próximos a un público más adulto antes de centrarse en los volúmenes de la colección *La calle del terror* (*Fear Street*), en la que el suspense y lo sobrenatural se mezclan para desdicha de sus jóvenes protagonistas. Sin embargo, el éxito mundial le llegó a principios de los 90 con la serie *Pesadillas*, donde los personajes, aquí niños y preadolescentes, se enfrentan a todo tipo de problemas fantásticos, monstruos, fantasmas, científicos locos, mutantes, vampiros, hombres lobo, duendes y misterios paranormales, entre multitud de otras amenazas. Los títulos de *Pesadillas* se acercan más a los trabajos del Rey que los anteriores, añadiendo, además, infinidad de referencias a las publicaciones de EC Comics, en especial a *Historias de la cripta*. Un detalle que ayudó a su popularidad se encuentra en el llamado giro final que poseen muchas de sus historias, una sorpresa en la trama principal que cambia por completo lo que el lector cree saber.

La «pesadillamanía» ocupó buena parte de la década de los 90, convirtiendo a Stine en una celebridad incluso fuera de Estados Unidos. La serie de televisión de *Pesadillas* contribuyó a ello tras la aparición de las novelas, y el *merchandising* no tardó en aparecer; desde camisetas hasta figuras, pasando por juegos de mesa, peluches, videojuegos, música, cómics... Tampoco se hicieron esperar las colecciones relacionadas con la principal, como *Pesadillas 2000*, las cuales se publicaban sin demora, como cualquier texto que llevara el nombre del de Ohio en portada. Como si fuera una moda pasajera, la fama del autor se diluyó, aunque no en casa, sino fuera, al avanzar el presente siglo. En Estados Unidos continuó siendo una celebridad, publicando sin parar obras que empezaron a llegar con cuentagotas a países que antes se mataban por ellas. Sin embargo, da la sensación de que algo ha cambiado durante los últimos años. La aparición de dos películas de gran éxito de *Pesadillas* y la impactante trilogía slasher para adultos de *La calle del terror* (*Fear Street*, Leigh Janiak, 2021), emitida por Netflix, han propiciado la creación de una nueva serie de televisión basada en *Pesadillas*, la cual ha recibido magníficas críticas. Resulta imposible mantener en un segundo plano a un escritor que ha vendido más de cuatrocientos millones de ejemplares de sus libros.

JOE HILL

A estas alturas del presente ensayo he nombrado tantas veces al segundo hijo del tío Steve, que seguro que lo conoces de sobra, lector. Aun así, aquí lo tienes, pues en él se halla el que es su sucesor natural, hasta el punto de que si King es el Rey, Hill es el Príncipe, a pesar de que le falten todavía ciertos aspectos que, sinceramente, no parece que esté buscando con desesperación. Al bueno de Joe le falta la prolificidad de su padre, al igual que el impacto que en la cultura popular ha ido logrando a través de los años, y aunque esto último aún está a tiempo de conseguirlo, da la sensación de que se toma su carrera literaria con más tranquilidad que Steven. Y eso que en algunos detalles se parecen mucho, como en el interés del cine y la televisión en sus textos y el gusto de ambos por el género fantástico. Sin embargo, mientras que el mayor de Maine degustaba las mieles del terror, el menor , sin hacerle ascos, prefería las de la fantasía, sobre todo las de la fantasía oscura y urbana.

Joe Hill es en realidad la forma abreviada de Joseph Hillstrom King, nombre recibido en honor al músico y sindicalista estadounidense de origen sueco Joseph Hillström, conocido comúnmente como Joe Hill. Joe King, el mediano de los tres hijos de Stephen y Tabitha, decidió firmar sus trabajos como Joe Hill a partir de 1997, debido al deseo de que se le tratara más como escritor que como el hijo del maestro del terror. También quería huir de favoritismos y labrarse una carrera literaria por sí solo, evitando así que los lectores, críticos y editoriales se acercaran a él por ser quien era. Tras varios años de exitosas publicaciones, hizo pública su identidad en 2007, empujado, en parte, por un artículo de la revista

Variety, aparecido el año anterior. Una historia curiosa que casa a la perfección con los ideales y la educación de la familia King, asemejándose bastante a todo lo que le ocurrió al creador de *El resplandor* y *La tienda* con su otro yo: Richard Bachman.

Si se echa un buen vistazo a la bibliografía del Príncipe, es fácil descubrir su pasión por la narrativa breve y las antologías de relatos. Sin ir más lejos, *Fantasmas* fue su primera publicación en solitario, una recopilación de cuentos lanzada cuando aún nadie sabía quién era realmente, que ganó el Bram Stoker, entre otros muchos premios. *Tiempo extraño*, compuesta por cuatro novelas cortas, y *A tumba abierta* son dos de sus obras que comparten el mismo formato. En todas ellas, el autor exhibe sin ningún pudor su gusto por conceptos e ideas que también sobrevuelan el universo de nuestro querido Steve, como los mecanismos que mueven Estados Unidos y la cultura popular, y a pesar de que el terror sea gran protagonista, la fantasía es capaz, en más de un momento, de arrebatarle todos los primeros planos. Una buena manera por parte de Joseph de mostrar al lector que come en la misma mesa que su padre, pero platos distintos, aunque con ingredientes similares.

Las novelas de Hill son otro buen ejemplo de ello. La terrorífica *El traje del muerto*, con odas al rock y a los fantasmas, se acerca mucho a los terrenos comunes de King, quedándose a una distancia lo suficientemente prudencial como para recordarnos esos pasajes fantásticos de *Fantasmas*. *Cuernos* es cien por cien Hillstrom, con cero terror y un protagonista que aparece con unos demoníacos cuernos tras una noche de borrachera y otros excesos, unas protuberancias que lo transforman en un auténtico diablo con habilidades que usa para cazar al asesino de su exnovia. Sin embargo, con *NOS4A2* y *Fuego*, el novelista se acerca más a su progenitor; mientras la primera bien podría ser su propia versión de *It (Eso)*, incluyendo a una protagonista moviéndose en dos líneas temporales para enfrentarse a una «criatura» que se alimenta de niños, la segunda da la sensación de cruzar senderos próximos a *Apocalipsis*, aunque sin la carga bíblica y las referencias a *El Señor de los Anillos*. En este caso, resulta imposible dejar atrás *En la hierba alta*, novela corta escrita entre padre e hijo, a cuatro manos, publicada originalmente en dos partes en la revista *Esquire*, para pasar poco después al formato digital y, más tarde, a formar parte de la mencionada antología *A tumba abierta*. Aun así, existe un terreno en el que, todavía más, Joe demuestra haber logrado alcanzar una marca propia en tiempo récord, una zona no demasiado transitada por el hombre que lo crio: los cómics.

Como si su aparición en *Creepshow* hubiera sido premonitoria, el escritor se lanza al mundo de las viñetas con un ansia desconocida en el Rey. *La capa* (basado en uno de los cuentos de *Fantasmas*), *Huella* y *Wraith: Espectro* (que amplía el universo de *NOS4A2*) son algunos de los títulos que aparecen en un breve período de tiempo, a los que les siguen varios más (entre todos llama especialmente la atención *Un cesto lleno de cabezas*) que forman parte del sello de terror que le preparan en la editorial DC. Pero entre toda su producción destaca la obra maestra *Locke & Key*, la historia de la familia Locke y las llaves mágicas ocultas en la mansión que les sirve de casa, pedazos de metal (o algo parecido) que pueden otorgar poderes y amenazar con destruir el mundo al mismo tiempo. Dividido en varios volúmenes, dependiendo de la edición y sin contar con trabajos relacionados como el magnífico *Locke & Key: The Golden Age*, este cómic subraya la fina línea que para Hill separa la narrativa gráfica y el arte secuencial de la literatura. Si volúmenes como *La capa* y *Wraith: Espectro* nacen de manuscritos del autor, *Locke & Key* bien podría haber sido su libro más ambicioso dado su planteamiento, personajes, desarrollo y trasfondo.

Como no podía ser de otra manera, Joseph ha jugueteado con Hollywood, aunque sería más correcto decir que la televisión y el cine son quienes han llamado a su puerta, con resultados nada decepcionantes. La película de *Cuernos* cuenta con la dirección del experto en terror Alexandre Aja y el protagonismo de Daniel

Radcliffe (*Harry Potter y la piedra filosofal, La mujer de negro*); la serie basada en *Locke & Key* ha sido uno de los grandes éxitos de Netflix; en el mismo formato, la adaptación de *NOS4A2* no tuvo tanta suerte, pero nos dejó dos temporadas realmente interesantes; y *Black Phone* fue todo un éxito de público y crítica, sobre todo por la inquietante interpretación de Ethan Hawke. Llegados a este punto, puede que Stephen King sea insustituible, pero, lector, ¿podrías señalar que Joe Hill no estaría muy bien posicionado para ocupar su puesto en caso de que sí lo fuera? Creo que el Príncipe se merece un gran voto de confianza para ocupar el trono.

OWEN KING

El pequeño de los King, a diferencia de su hermano mayor, no impidió que se le relacionara con el patriarca de la familia. Tampoco es que lo alentase, pero el apellido estuvo ahí desde el principio, reconociendo él mismo en múltiples entrevistas que le aterra que le acusen de beneficiarse de un claro caso de nepotismo. Advierte que igual que ser un King puede conllevar numerosas ventajas también acarrea la evidente desventaja de verse obligado a trabajar más que el resto para que su trabajo convenza más allá del de sus parientes, sobre todo porque no es el más prolífico de los tres, espaciándose bastante sus distintas publicaciones. Sin tener que hilar muy fino, no es descabellado señalar que Owen es prácticamente un desconocido fuera de su país natal, donde, a pesar de no pretenderlo, queda muy por detrás del Rey y el Príncipe. No parece que le preocupe demasiado, pues en calidad no tiene nada que envidiar, ostentando un estilo e intereses literarios que navegan entre los de Steven y los de Joe, formándose en algunos de sus narraciones una curiosa y sugestiva mezcla que recuerda a ambos, pero con una marca personal que aún debe eclosionar del todo.

Todos a una fue el debut del menor de los de Maine, un libro compuesto por una novela corta y varios relatos, publicado en el año 2005. Tardaría un poco más en lanzar su primera novela larga, *Double Feature*, aparecida en 2013, con una sensibilidad similar a su anterior trabajo, sin que el género fantástico mediara demasiado en ambos. A pesar de las buenas críticas que recibieron las dos obras y cómo las señalaba el apellido que retenían, el autor no llamó tanto la atención como su hermano mayor hasta *Bellas durmientes*, manuscrito escrito junto a su padre y en el que se zambullía por completo en una historia cien por cien del Kingverso, tanto para lo bueno como para lo malo. Aunque es complicado dilucidar cuánto de Owen hay en este trabajo, sirvió para que se le empezara a conocer internacionalmente. Por supuesto, en su bibliografía no falta un humilde recopilatorio de varias composiciones breves titulado *A Little Bronze Book of Greebles*, que llegó a los lectores, de forma muy limitada, en el año 2020.

Ha escrito prólogos, artículos, introducciones de antologías y novelas de compañeros de letras e incluso ha hecho sus pinitos en el mundo del cómic con las novelas gráficas *Intro to Alien Invasion* y *Self Help*. Además, también es productor de la serie de televisión *The Stand*, ayudando a nuestro querido Steve en la construcción del nuevo final que dio a esta segunda adaptación de *Apocalipsis*. Aun así, da la sensación de que *El museo*, su novela dickensiana de 2024, supone un antes y un después en su carrera, tanto para remarcar una personalidad literaria propia (si hacemos caso a la sinopsis de *El museo*, sigue abrazando más a Joseph que a Stephen, sin olvidar el valor que este le ha dado siempre a Dickens) como para alcanzar el suficiente valor en bastantes lectores que vean más allá de su nombre. Una oportunidad perfecta para constatar la calidad de un escritor tan cautivador como interesante.

CLIVE BARKER

«He visto el futuro del terror, y su nombre es Clive Barker». Con esta impactante y llamativa afirmación, que cualquier escritor de pesadillas desearía protagonizar, Stephen King llegó a publicitar una de las obras del autor británico Clive Barker, amigo y compañero de letras, ambos de la misma generación (el de Liverpool es algo más joven) y con una carrera tan similar como diferente a partir de ciertas etapas. Siendo más preciso, a pesar de ser coetáneos, se podría decir que Barker creció leyendo al de Maine, notando más la influencia de este en sus trabajos que al contrario. No es de extrañar, pues mientras el tío Steve ya había publicado títulos tan importantes para el género como *Cementerio de animales*, trabajaba en otros en la misma línea de popularidad como *It (Eso)* y saboreaba el reconocimiento de un amplio público atraído a su universo gracias a las varias adaptaciones cinematográficas, Clive se presentaba al mundo por todo lo alto con *Libros de sangre*, una antología de relatos que lo marcaría para siempre, aunque también al resto del planeta, en especial a los fanáticos del terror. Poco después aparecería *El juego de las maldiciones*, su primera novela. Los premios y los aplausos no tardaron en alcanzarle.

Libros de sangre se publicó en 1984. *El juego de las maldiciones* en 1985. Los dos en una década que golpeó con fuerza a la cultura popular, sobre todo a la literatura y al cine, gracias a una oleada de imaginación por parte de innumerables creadores adheridos al género fantástico. Barker ayudó a ello con su aparición, destacando su recopilación de cuentos, considerada hoy día como una de las mejores de la historia de la literatura de terror. Durante una época que parecía diseñada por el mismísimo King en persona, el británico logró destacar, consiguiendo que propios y extraños se fijaran en él. Y aunque su estilo marcado ya resultaba evidente en los títulos mencionados, era inevitable observar esas trazas del Rey que se movían en sus escritos, deslizándose entre las páginas como las abominables criaturas que creaba. Clive sorprendió por su uso de la sexualidad, por las complejas mitologías que construía y por la creencia de mundos ocultos bajo el nuestro, conceptos que apenas roza la bibliografía del autor de *La zona muerta*. Sin embargo, los avispados lectores constantes sí captaron ese terror cotidiano que invadía los trabajos del de Liverpool, el protagonismo del hombre común (estudiantes, artistas, profesores, escritores, fotógrafos) y un gran apego por la cultura popular y la literatura comercial, líneas de interés e ideas alrededor de las cuales orbita buena parte de la obra de nuestro querido Steve. Por ejemplo, Barker parece estar enamorado de las ciudades, de las grandes urbes, pero nunca le ha hecho ascos a las pequeñas, a centrar sus historias en pueblos y comunidades celosas de su privacidad. ¿Te suena de algo, lector?

El corazón condenado, El gran espectáculo secreto, Cabal, Imajica, Abarat, Demonio de libro, Los evangelios escarlata... Clive Barker ha ido afianzando la marca personal de sus narraciones desde entonces, sin abandonar del todo la sombra de un Stephen que nunca se ha cernido sobre él, más bien le ha ido acompañando. Las diferencias y similitudes no acaban ahí, pues mientras que el estadounidense se ha hecho conocido por la amplia extensión de muchas de sus novelas, al británico se le resisten, como si al compararlos (algo que no debería ser necesario) a él se le diera mejor la narración breve. Algo de razón hay, sí. A pesar de la gran calidad que poseen las antologías de Steven, ninguna alcanza la que ostenta *Libros de sangre*, que marcó un antes y un después en la literatura de terror, tal y como hizo King con *Carrie* y los manuscritos que le siguieron. Además, el británico es mucho más polifacético; poeta, artista visual, diseñador de figuras y videojuegos inspirados por su particular universo, dramaturgo, guionista, actor, productor e incluso director de varias adaptaciones de algunas de sus obras.

Hellraiser (*Hellraiser*, Clive Barker, 1987), *Razas de noche* (*Nightbreed*, Clive Barker, 1990) y *El señor de las ilusiones* (*Lord of Illusions*, Clive Barker, 1995) son las cintas dirigidas por el autor y basadas en las novelas *El corazón condenado*, *Cabal* y el relato *La última ilusión*, respectivamente, obteniendo las tres resultados desiguales. Mientras que *El señor de las ilusiones* pasó bastante desapercibida, *Razas de noche* ha adquirido con el tiempo el estatus de película de culto, encontrándose las dos muy lejos del éxito logrado por *Hellraiser*, la cual no solo se convirtió en uno de los filmes de terror de referencia de su década, sino también en una saga capaz de competir en número de entregas con la de *Los chicos del maíz*, y ya es decir. Al mismo tiempo, esto empujó a los cenobitas, los singulares «ángeles» protagonistas de la historia del británico, liderados por Pinhead, a transformarse en iconos del cine de terror. Por supuesto, no son los únicos títulos de su currículum literario que han acabado en la pequeña y gran pantalla; desde *Rawhead Rex* (*Rawhead Rex*, George Pavlou, 1986) hasta antologías que recopilan varios fragmentos audiovisuales de *Libros de sangre*, sin olvidar los que por sí mismos han terminado como largometrajes al estilo de *El vagón de la muerte* (*The Midnight Meat Train*, Ryûhei Kitamura, 2008) y *Candyman* (*Candyman*, Bernard Rose, 1992). Este último, que toma como fuente el cuento *Lo prohibido*, ha contado con tres secuelas, obteniendo una notoriedad comparable con la de *Hellraiser*; si esta fue esencial para el cine de género de los 80, la leyenda urbana del Caramelero interpretado por Tony Todd (*El cuervo*, *Destino final*) lo fue para el de los 90.

Como habrás podido comprobar, lector, dejando de lado las distinciones literarias, al de Maine se le sigue resistiendo el papel de director de sus propias adaptaciones, al contrario que al de Liverpool, bastante popular por los títulos mencionados. *Hellraiser*, *Razas de noche* e incluso *El señor de las ilusiones* están muy por encima de ese entretenimiento gamberro, de rodaje complicado, que es *La rebelión de las máquinas*. Es una lástima que Barker no se haya prodigado más al respecto después de los 90, quizá por cierto hastío con Hollywood, quizá por sus problemas de salud o quizá por centrarse más en su carrera literaria (no tan prolífica como la de Stephen, también conviene señalarlo), pero no cabe duda de que, dentro y fuera de las letras, ha sido indispensable para empujar el terror hacia una nueva era.

RAMSEY CAMPBELL

Aguantamos en tierras británicas, lector, porque el siguiente creador de pesadillas también procede de ellas. En realidad, cualquiera que conozca los escritos de John Ramsey Campbell señalaría mucho antes a H. P. Lovecraft como inspirador y principal referencia de los mismos que al tío Steve. Incluso, sin hilar demasiado fino, podría mencionar a Algernon Blackwood y Arthur Machen, autores a los que ya he señalado anteriormente al hablar de algunas de las obras del Rey. Continuando con las conexiones, Campbell ha redactado prólogos e introducciones para trabajos de compañeros como Clive Barker, con quien también comparte temas de interés y ciertas notas en el estilo. August Derleth, otro de los cercanos al universo lovecraftiano, le editó y orientó en sus primeros manuscritos, los cuales se usaron para compararle con Robert Bloch, otro de los habituales de estas páginas. Campbell fue un narrador tan precoz que lo justo sería afirmar que el de Maine podría beber más de él que al contrario. ¿Entonces? ¿Por qué incluirle aquí? Porque, durante una larga temporada, Ramsey fue conocido como el Stephen King británico. Y eso es difícil de ignorar.

Al igual que su compatriota Barker, el padre de libros como *Turno de noche*, *La historia secreta*, *El segundo nombre*, *Influencia*, *Silencio* y *Los sin nombre* (también titulado *La secta sin nombre*), empezó su carrera con la narrativa breve, las recopilaciones de cuentos y una marca personal muy reconocible a pesar de que bebía de los cantos de Lovecraft y allegados. Conforme deja los 60 y los 70, zambulléndose en la productiva década de los 80, editores, críticos y lectores comienzan a acercar su redacción a la del maestro del terror, destacando su interés por fusionar lo cotidiano y lo sobrenatural, abandonando, aunque solo fuera en algunas novelas, ese horror cósmico más asociado a los escritores citados. No lo hace del todo, que conste, pues continúa obsesionado con el miedo a lo desconocido, ansioso por sugerir más que mostrar, más empeñado en que el monstruo se mantenga entre las sombras, siendo estas las que deben provocar escalofríos en el lector. No pasan desapercibidos el tratamiento psicológico que les da a sus personajes, la vulnerabilidad infantil y la crítica a las grandes corporaciones, conceptos muy ligados a los lugares comunes que visita Stephen.

Las obras de Campbell no se han resistido a ser adaptadas a medios audiovisuales. Sin embargo, no han contado con la popularidad de las de Barker y King, realizándose solo tres y, curiosamente, todas en suelo español. *Los sin nombre* (*Los sin nombre*, Jaume Balagueró, 1999), *El segundo nombre* (*El segundo nombre*, Paco Plaza, 2002) y *La influencia* (*La influencia*, Denis Rovira, 2019) son las películas, siendo también posible seguir su estilo y temas principales en la filmografía de Balagueró, sobre todo cuando se desliza hacia el terror, con filmes como *Darkness* (*Darkness*, Jaume Balagueró, 2002) y *Venus* (*Venus*, Jaume Balagueró, 2022), los cuales contienen numerosos guiños al universo del tristemente fallecido autor (a ratos parecen formar parte de su bibliografía), que siempre fue algo más que un Stephen King de otro país.

PETER STRAUB

Cuando un autor escribe un par de novelas con Stephen King, logrando en el proceso que sea casi imperceptible lo que ha llevado a cabo cada uno (¿esa frase? ¿Esa metáfora? ¿Ese párrafo?), no puede faltar en un ensayo como este. Es el caso de Peter Straub, poco conocido internacionalmente, pero muy valorado en Estados Unidos, como bien indican la crítica, el público y sus propios compañeros de letras. Al homenaje que Neil Gaiman (*Coraline*, *American Gods*) le rindió tras su muerte, asegurando que era uno de los mejores escritores que había leído y alabándolo al mismo tiempo como amigo, habría que sumar las propias y sentidas palabras de nuestro querido Steve, quien señaló su gran sensibilidad poética y admitió que era un artista mejor (y más literario) que él. El obituario del *The New York Times* colocó el punto de mira en la primera apreciación del Rey: «Aportó la sensibilidad de un poeta a las historias sobre fantasmas, demonios y otras cosas que surgen de la oscuridad».

El caso de Peter Francis Straub con respecto a su acercamiento al de Maine es curioso. Hallamos en él otro autor coetáneo, cuya carrera crece a la par que la de Steven (y viceversa), llegando un punto en el que ambos beben del otro, fusionando sus marcas personales en dos libros: *El talismán y Casa Negra*. En dichos volúmenes es tan complicado separar al uno del otro que se hace prácticamente imposible, algo que el dúo de escritores ha señalado en más de una ocasión, orgullosos de ello. Inviable llevar a cabo tal tarea si no están en sintonía, tanto en lo profesional como en lo personal. Sin embargo, no es difícil dar con las diferencias, que no se encuentran en los temas que tratan, sino más bien en la prosa, en el estilo. Como bien advirtió el periódico neoyorquino, la clave está en los acordes poéticos que, de forma sutil, el de Wisconsin utiliza para hablar de espíritus malvados, criaturas que salen a cazar por la noche y monstruos que pueblan antiguos bosques.

En 2001, King colaboró nuevamente con el autor Peter Straub (en la imagen) para publicar la novela *Casa Negra*. Wikimedia commons

La manera en la que Peter Straub y Stephen King se conocieron, convirtiéndose rápidamente en buenos amigos y perfectos socios literarios, bien merece unas líneas. Ocurrió en 1977, en Londres. La familia King viajó a tierras británicas para unas vacaciones (de las pocas veces en las que el maestro del terror ha salido de Estados Unidos) que luego se convirtieron en una posibilidad real de mudanza que acabó pocos meses más tarde, con su regreso al país de las barras y estrellas. Sin embargo, se llevaron un regalo que valía su peso en oro: la amistad de los Straub. Se trataba de un presente que, en parte, ya poseía nuestro querido Steve, pues antes de la aventura londinense (que incluye al autor de *Cell* no pudiendo acudir a la primera cita con el creador de *Si pudieras verme ahora* al no encontrar un taxi que lo llevara al barrio de Crouch End, donde vivía este; y sí, si te suena el nombre es porque el relato de *Pesadillas y alucinaciones* nació de tal episodio) se carteaba con Peter, tras haberse descubierto mutuamente como lectores. Lo que comenzó como el interés profesional entre dos narradores se fue transformando en una profunda amistad que dio a luz a dos novelas: *El talismán* y *Casa Negra*.

La primera nos cuenta la odisea del joven Jack Sawyer por el extraño mundo de los Territorios, donde busca el talismán mágico que puede salvar a su moribunda madre. La segunda, una continuación directa, nos sitúa años después, presentando a un maduro Jack durante la caza de un aterrador y cruel asesino en serie, mezclando así la fantasía y el terror del anterior volumen con el thriller. A pesar de que el plan de King y Straub pasaba por realizar un tercer libro, cuando los problemas de salud de este último empezaron a agravarse, no dudó en deslizar que no podría coescribirlo. Su fallecimiento en 2022 conmocionó al mundo literario, confirmando además sus más terribles sospechas acerca de la construcción de un *El talisman 3*, como a los lectores les gustaba denominar al proyecto. Por supuesto, dejó notas al respecto para que su compañero y amigo lo finalizase en caso de que se viera con las fuerzas suficientes para lograrlo.

Aunque gracias a las colaboraciones con el tío Steve muchos vieron la oportunidad perfecta de acercase a las historias de Straub, por entonces ya reunía un buen conjunto de publicaciones, méritos, premios y menciones. En 1979 lanzó la escalofriante *Fantasmas*, según el propio Rey, una de las obras de terror imprescindibles de los 70, cuyo fantástico recibimiento aumentó la popularidad del de Wisconsin. Dos años después fue adaptada como *Historia macabra* (*Ghost Story*, John Irvin, 1981), incluyendo en su reparto nada más y nada menos que al mito Fred Astaire (*Sombrero de copa*, *Al fin solos*). Es una pena que con la interesante bibliografía que ostenta Peter Straub no se la haya visto mucho más en medios audiovisuales. Aun así, su legado literario resulta tan evidente como enorme. Parte de él está en Maine, dentro de la cabeza de un novelista que también dejó una gigantesca huella en esa misma herencia.

RICHARD CHIZMAR

De entre todos los autores que, de una forma o de otra, beben de Stephen King, Richard Thomas Chizmar es uno de los más actuales y también uno de los más curiosos. Porque, sí, es escritor, pero es muchísimo más conocido, en especial en Estados Unidos, por sus labores como editor tanto de la revista *Cemetery Dance* como de Cemetery Dance Publications. Este trabajo le ha llevado a colaborar con importantes personalidades del género fantástico como Clive Barker, William Peter Blatty (*El exorcista, Legión*), Joe Hill, Richard Laymon (*El espectáculo del vampiro, Apagadas están las luces*), Richard Matheson, Jack Ketchum (*La chica de al lado, Al otro lado del río*), Dean Koontz (*Fantasmas, La red oscura*), Robert R. McCammon (*Muerte al alba, Mary Terror*) y, por supuesto, el propio Steven. Ganador de numerosos premios gracias a sus labores con las dos ramas de Cemetery Dance, marca muy popular gracias sobre todo a las magníficas ediciones limitadas que publica, también puede presumir de ser un reconocido guionista, cofundador junto a su amigo y habitual compañero de libretos el actor Johnathon Schaech (*Una noche para morir, Terror en estado puro*) de la productora Chesapeake Films. Entre algunos de los títulos escritos por ambos se incluyen *Road House 2: La última llamada* (*Road House 2: Last Call*, Scott Ziehl, 2006), un capítulo de *Masters of Horror*, dos de *Terror en estado puro* y las adaptaciones no producidas de *Buick 8: Un coche perverso* y *Casa Negra*.

Internacionalmente, la fama como narrador alcanzó a Chizmar con la confección de la llamada *Trilogía La caja de botones de Gwendy*, también conocida más coloquialmente como la trilogía de Gwendy o la saga/serie de Gwendy. La primera entrega (*La caja de botones de Gwendy*) la escribió junto al de Maine, de la segunda (*La pluma mágica de Gwendy*) se hizo cargó en solitario y volvió a hacer equipo con el tío Steve en la tercera y última entrega (*La última misión de Gwendy*). Mientras que en los volúmenes donde se encuentran ambos autores es complicado diferenciarlos, cuando le toca al editor de Cemetery Dance demostrar de qué es capaz por sí solo, en el segundo, se hace más obvio que las aventuras de Gwendy funcionan mejor con los dos al volante. Aun así, hay que señalar que la crítica y el público ya ven ahí la sombra del Rey, y no solo porque trate una historia que lleve su sello (las referencias a la saga de *La Torre Oscura*), aunque esté ideada tanto por el uno como por el otro, sino también por el estilo, aproximándose al lector como si estuviera relatándole un cuento justo a su lado.

Se podría decir que esta manera de proceder explota del todo con *Chasing the Boogeyman* y *Becoming the Boogeyman*. Ambas obras forman parte de la llamada serie de *The Boogeyman*, donde el terror, el thriller y la novela policíaca se casan en un matrimonio tan perfecto como aterrador, demostrando así que Chizmar tiene mucho que decir más allá del creador de *Cujo*. Muchos críticos indican que si no tuviera tantos frentes abiertos sería más prolífico, pudiendo así exhibir al cien por cien todo su potencial como escritor. Sin embargo, eso acabaría resultando en la pérdida de la principal cabeza pensante del proyecto Cemetery Dance, a estas alturas todo un referente dentro de la literatura de género de Estados Unidos. Mi consejo es cruzar fuertemente los dedos para que el editor y guionista sepa equilibrar todas sus facetas para continuar ofreciéndonos lo mejor de sí mismo, revelándonos así que ha crecido con los mejores, y estos con y gracias a él.

«¿Quieres leer algo bueno? Si te gusta lo que escribo, te gustará *El Hombre de Tiza*». Si Stephen King dice eso de una escritora y su primera novela, es que hay que apuntar a ambas en la lista de imprescindibles. Lectora constante del Rey desde los doce años, como ella misma ha declarado, Caroline Jane Tudor no ha tardado en conseguir el título de «la Stephen King británica». ¿O debería ser Stephen Queen? Discúlpame el juego de palabras, lector, pero creo que viene al caso con la espectacular y veloz carrera que se ha labrado una autora que comenzó con Steven como principal referencia y se ha ido desligando de él, poco a poco, hasta que ya muestra más su propia marca, aunque el marketing, sin equivocarse del todo, la siga señalando como una de sus pupilas. Tampoco es que lo haga el creador de *La tienda*, porque es cierto que, si te gusta lo que él escribe, te gustará lo que escribe C. J. Tudor, en especial, obras como *El Hombre de Tiza*.

Sin embargo, los halagos de la crítica, el público y el propio King no terminan ahí. El tío Steve también ha llegado a declarar que podría ser perfectamente su sucesora definitiva, y esas sí que son palabras bastante importantes. ¿Exageración o realidad? Apuesta por lo segundo, lector, porque incluso en velocidad de escritura y publicación, Jane está a la altura de su maestro. *El Hombre de Tiza*, *La desaparición de Annie Thorne*, *La otra gente*, *Las chicas de Chapel Croft*, la antología *A Silver of Darkness*, *The Drift*, *The Gathering...* A libro por año desde 2018. Premios, reconocimientos, contratos cinematográficos y televisivos para las futuras adaptaciones, elogios por doquier y una capacidad asombrosa de hacer sentir como en casa a los lectores constantes de todo el mundo. Sin ir más lejos, *El Hombre de Tiza* y *La desaparición de Annie Thorne*, sus dos primeros títulos, están espiritualmente ligados a dos de las mejores novelas del de Maine. No diré a cuáles para no estropear ninguna sorpresa.

Aun así, existe un detalle en el que Stephen y Caroline se diferencian desde el primer minuto. Si el primero comenzó a ser conocido gracias al terror, la segunda se inclina más hacia el thriller fantástico y, sí, también de terror, pero con historias que señalan el tono de *El visitante* antes que el de *El resplandor*. Precisamente, son sus dos primeros manuscritos publicados, los que más se aproximan a nuestro querido Steve, los que contienen más carga de terror. Los siguientes, incluso cuando aparecen fantasmas y vampiros, prefieren deslizarse entre la fantasía y el thriller, por supuesto, sin perder de vista a su principal y más importante mentor. No parece que eso vaya a hacerlo nunca esta antigua redactora, presentadora de televisión y paseadora de perros.

MIKE FLANAGAN

Podría continuar llenando este apartado del libro con más y más nombres de autores que han bebido y beben de la literatura del maestro del terror. Algunos más populares, otros más escondidos, pero todos hijos e hijas espirituales del Rey. Sin embargo, hay que parar en algún momento, por eso mi selección se basa en aspectos como el alcance que han logrado quienes he traído, un prestigio y renombre que, poco a poco, podrían rivalizar con los que ostenta el narrador. Para finalizar he elegido a alguien que no es escritor. En realidad, sí que lo es, pues su trabajo como guionista es bien conocido. A lo que me refiero es que su profesión principal no es la de escribir libros. Mike Flanagan es un cineasta todoterreno, tanto a la hora de construir sus propios libretos como de producirlos. Aun así, su nombre se asocia rápidamente con un trabajo muy concreto: director.

Páginas atrás, recordé que el universo del de Maine no solo ha tocado a otros constructores de historias literarias. Cómics, videojuegos, cine, televisión, música, pintura... Cuando se recuerda, una y otra vez, en ocasiones de forma machacona, la suma importancia de nuestro querido Steve para la cultura popular, sobre todo si estamos hablando del género fantástico, no se hace por ensalzar su figura de manera gratuita. Se hace porque es la verdad. No sería exagerado asegurar que la cantidad de mentes creativas que ha tocado Steven podría considerarse prácticamente infinita. Innumerables obras que, de un modo u otro, recuerdan a las nacidas de su fértil imaginación. Entonces, ¿por qué elegir a Mike Flanagan? ¿Qué lo diferencia de otros realizadores que han adaptado los trabajos del novelista? ¿Por qué no están aquí George A. Romero, Rob Reiner, Mick Garris, Frank Darabont y Craig R. Baxley? Por eso, lector. Mientras todos ellos han trabajado desde el «basada en», Mike Flanagan ha ido más allá. Mike Flanagan es el Stephen King audiovisual.

Tanto Garris como Darabont entendieron a la perfección el lenguaje de su amigo; el primero, al trasladarlo a la televisión, y el segundo, al cine. Artistas como el mencionado Reiner, David Cronenberg, John Carpenter y Andy Muschietti, entre otros, pasan al autor por su filtro personal, es decir, dan su particular visión de la novela o relato que adaptan, algo lógico, al fin y al cabo. Podría creerse que Mike Flanagan hace lo mismo, pero, en realidad, su perspectiva es la misma que la del tío Steve: desde la cualidad de poner el punto de mira en el desarrollo de los personajes hasta la capacidad de introducir el terror en el día a día de los mismos, del modo más cotidiano posible, pasando por un horror contando de tú a tú, a la cara, tremendamente cercano y con trazas de drama humano y un trasfondo que analiza algo más que el género en el que nos sumerge. No hablo de poner a King a dirigir una película o una serie de televisión; eso ya pasó con *La rebelión de las máquinas*, y no fue muy bien. Me refiero al supuesto de que hubiera crecido para ser realizador en vez de escritor. Sería Mike Flanagan, sin ninguna duda.

Resultaría tan fácil como correcto señalar *El juego de Gerald*

(*Gerald's Game*, Mike Flanagan, 2017) y *Doctor Sueño* (*Doctor Sleep*, Mike Flanagan, 2019) como los mejores ejemplos de mis aseveraciones. Son los primeros acercamientos directos del cineasta al universo de Stephen, ambos magníficos largometrajes, uno estrenado en Netflix y el otro en cines de todo el planeta, respectivamente. Más que adaptaciones, parecen los manuscritos hechos realidad, con algún que otro cambio, pero nada que no hubiera llevado a cabo el creador del material original por sí mismo. Los dos son títulos que concentran muchas de las características de este, y en ellos no se diluye la huella de Flanagan, porque aparece incrustada a la perfección, como si hubiese nacido para que estuviera ahí. Además, hay que reconocer la dificultad que entrañaba la producción de *Doctor Sueño*, pues debía estar basada en la novela y, al mismo tiempo, funcionar como secuela del filme de Kubrick. El director superó el examen con nota. Y alta. Ni que él fuera el escritor de *El resplandor* y su continuación.

Si nos vamos a las cintas previas de Flanagan (otro dato a tener en cuenta, lector; es muy prolífico), obviando, a pesar de su excelencia, *Ouija: El origen del mal* (*Ouija: Origin of Evil*, Mike Flanagan, 2016), por tratarse de la precuela de la que debía ser una franquicia (basada en el popular juego de mesa de Hasbro), es sencillo descubrir al Stephen que dirige con el rostro de Mike. *Absentia* (*Absentia*, Mike Flanagan, 2011), su primer largometraje, tiene más de la saga *Candyman*, basada en el relato *Lo prohibido* de Clive Barker, que del Rey, pero la relación entre las protagonistas y la trama de las desapariciones, con los túneles urbanos como recordatorios de algunos conceptos guardados en *It* (*Eso*), le pertenecen con claridad; *Oculus: El espejo del mal* (*Oculus*, Mike Flanagan, 2013) contiene mucho de *El resplandor* y *1408* (esto último confirmado por el propio realizador), en especial los flashbacks del pasado de la familia que se ve acosada por un espejo maldito; puede que la mezcla de thriller y slasher de *Hush (Silencio)* (*Hush*, Mike Flanagan, 2016) no sea muy habitual en la bibliografía de Steven, aunque la escritora que la protagoniza bien podría ser la heroína de uno de sus trabajos; y es imposible no pensar en *La historia de Lisey* durante el visionado de *Somnia: Dentro de tus sueños* (*Before I Wake*, Mike Flanagan, 2016).

Incluso cuando el realizador se emplea a fondo con el material de otros narradores, la sombra de King permanece vigilante. *La maldición de Bly Manor* (*The Haunting of Bly Manor*, Mike Flanagan, 2020), *El club de la medianoche* (*The Midnight Club*, Mike Flanagan, 2022) y *La caída de la casa Usher* (*The Fall of the House of Usher*, Mike Flanagan, 2023) son series de televisión que se basan en los trabajos de Henry James, Christopher Pike (*El aullido del fantasma, Los extraterrestres*) y Edgar Allan Poe, respectivamente, todos autores de terror relacionados con el creador de *La mitad oscura*. El cineasta también va dejando caer ciertos detalles que unen algunas de sus obras, como si, poco a poco, fuese armando un universo conectado al más puro estilo Kingverso, y no me refiero solo a que suela invitar a sus películas a intérpretes que ya han trabajado con él, teniendo a sus actrices y actores fetiche. En *Hush (Silencio)*, uno de los libros escritos por la protagonista es *Midnight Mass*, que aparece a su vez en *El juego de Gerald*, dando nombre más tarde a otra de las colaboraciones de Flanagan con Netflix, la miniserie *Misa de medianoche* (*Midnight Mass*, Mike Flanagan, 2021), o lo que es lo mismo, la adaptación no oficial de *El misterio de Salem's Lot*.

Y es que todos los ejemplos anteriores palidecen en comparación a *Misa de medianoche* y *La maldición de Hill House* (*The Haunting of Hill House*, Mike Flanagan, 2018). Surgida de una idea original la primera y basada en la obra de Shirley Jackson la segunda, ambas producciones televisivas se aproximan tanto al imaginario de Stephen que bien podría haber aparecido en los créditos de ambas. Yendo por partes, *Misa de medianoche* narra la historia de una comunidad retirada (¿o pueblecito de Maine?) a la que llega un misterioso sacerdote cargado de milagros con un origen bastante terrorífico. Un reparto coral, debates internos y externos sobre la fe y la muerte, un desarrollo que recuerda al de una novela (no es casualidad esa sensación: el concepto primordial se pensó para un filme y después para un libro antes de convertirse en una miniserie) y mucho de *El misterio de Salem's Lot* más un poco de *Cementerio de animales* cuando se trata de filosofar acerca del fin de la vida y el más allá. Sin ir más lejos, el mismo año del estreno de *Misa de medianoche*, llegó *Chapelwaite*, y la de Flanagan recordó más a *El misterio de Salem's Lot*. Sin embargo, también fue algo injusta la comparación, debido a que la otra está basada en *Los misterios del gusano*, el prólogo o precuela del manuscrito vampírico del Rey, relatado con un estilo epistolar que abraza más a Bram Stoker.

Lo de *La maldición de Hill House* es increíblemente curioso. Sí, es otra adaptación del famoso texto homónimo de Shirley Jackson, adorada por el de Maine, con los pertinentes cambios, por supuesto. Pero ¿por qué parece que Flanagan nos cuela su propia versión de *It (Eso)* en cuanto la analizamos con obsesiva minuciosidad? Más allá del truco de los fantasmas escondidos en cada fotograma y del tono victoriano de muchas de sus imágenes. La unión de los hermanos Crain (a ratos parecen formar su propio Club de los Perdedores), los traumas que cargan durante años y que vemos desarrollarse hasta la edad adulta, el deber enfrentarse a Eso (en este caso, Hill House) para superarlos, una historia contada en dos épocas, algo que se alimenta de sentimientos como el miedo y la angustia (no puedo desvelar más al respecto), episodios espeluznantes protagonizados por cada uno de los niños, el poder que estos ostentan cuando están juntos frente a las debilidades que exhiben al separarse, uno de los jóvenes Crain se convierte en escritor... ¡Qué forma tan magnífica tuvo Stephen King de disimularlo! Disculpa. Mike Flanagan. En qué estaría pensando.

EPÍLOGO

HASTA PRONTO, MAINE

Esto ha llegado a su fin, lector. Todo viaje tiene un final, y espero que hayas disfrutado del primero y que sientas el segundo. Pero tarde o temprano iba a llegar. Toca despedirse. Hemos viajado juntos a Maine, Nueva Inglaterra, para que uno de los escritores más importantes de la historia nos contase sus historias mientras yo he tratado de descubrirte sus secretos, no solo los literarios, claro. Espero haberlo logrado. Cruzo los dedos para haberte convertido en un lector constante, si es que no lo eras ya al empezar la lectura del presente libro. Y si lo eras, mi deseo es haber conseguido afianzar ese amor hacia un autor que es parte esencial de nuestra cultural popular.

Tras unas primeras líneas sobre mi propia admiración hacia el maestro del terror, nos sumergimos juntos en su vida. Una breve presentación, su infancia, su adolescencia, su paso por la universidad, cómo Tabitha y él se enamoraron, sus inicios tratando de sobrevivir antes de que llegara la tímida y vengativa Carrie White, la compañía de Richard Bachman, sus adicciones, la hora de madurar, su consagración como Rey y toneladas de detalles personales llenan esa parte del presente ensayo. Unas páginas esenciales para saber quién es Stephen King.

Luego tocamos su trabajo. Relatos y cuentos. Novelas y antologías. Ensayos, rarezas, obras con seudónimos e incluso guiones. No todo lo que ha escrito es un libro. Investigamos sus textos, haciendo hincapié en la evolución que estos han tenido. ¿Cómo han ido cambiando durante décadas? ¿Cómo se ha desarrollado su bibliografía? Se han mencionado los manuscritos más populares y algunos que no lo son tanto. Aquellos que son de culto y los que son atesorados por unos pocos. Unas páginas imprescindibles para saber qué hace Stephen King.

Y una vez supimos, lector, quién es y qué hace, llegó el turno de ahondar en su estilo, en sus temas recurrentes, en sus lugares comunes, en el hogar al que vuelve, en la marca King, en su especial universo. Los géneros que trata, el cine, la música, la familia, el miedo, el romanticismo, la muerte, el bien y el mal, sus monstruos, los autores a los que hace referencia, el mundo del escritor, los falsos clichés que le persigue, los personajes, Dios, la vejez, las conexiones entre sus historias, el Kingverso... Unas páginas fundamentales para saber cómo hace lo que hace Stephen King.

Y lo que hace ha marcado tanto a varias generaciones y a nuestra cultura que en el siguiente capítulo nos trasladamos a su herencia, echando un vistazo a todos los proyectos audiovisuales formados a su alrededor; desde películas para el cine hasta series para televisión, pasando por el cine para la pequeña pantalla y sus famosas miniseries. Nos detuvimos en el proyecto Dollar Baby, en aquellos cineastas que visitan regularmente su imaginación, en las secuelas no oficiales de sus obras, en sus cameos cinematográficos y televisivos... Fuimos más allá, con los cómics, los videojuegos, la música y las interminables referencias y homenajes que se le hacen en todos los medios conocidos. Y, por supuesto, no faltaron esos escritores tocados, de un modo u otro, por la varita del mago de las pesadillas. Unas páginas necesarias para saber hasta dónde llega lo que hace Stephen King.

Sin embargo, esto ha llegado a su fin, lector. Te invito a que te levantes de esa cómoda silla. Apura el último trago de limonada. Abandona el porche. Puedes hacerlo con melancolía y cierta añoranza, pero no con tristeza. Recorre el camino de tierra hasta la parada del autobús que te devolverá a casa. Vuélvete antes de que te marches de Maine. Allí, sentado en la silla que se balancea, con su gorra de béisbol de los Red Sox, continua el tío Steve. Las gafas le cubren unos ojos que esconden infinitas historias que necesita contar. Muestra una sonrisa amable. Alza una mano para saludarte. Susurra algo que el viento arrastra hasta tus oídos.

«Vuelve pronto».

Lo harás.

AGRADECIMIENTOS

Llegas a una de mis partes favoritas de todo libro que escribo, querido lector. Toca dar las gracias a todas esas personas especiales que han hecho posible que hayas podido leer las páginas precedentes. A no ser que seas de los que empiezan por el final. Si ese es el caso, abandona estas líneas y regresa a ellas cuando termines de pasearte por el universo de Stephen King que se te ha dispuesto. Entonces seguiremos por aquí para señalarte que es de bien nacido ser agradecido, y por ello disfruto tanto con este capítulo del manuscrito. Es el más apropiado para recordar que, aunque parezca lo contrario, los escritores no trabajamos solos. En la publicación de obras como esta hay mucha gente involucrada, dentro y fuera del proceso, directa e indirectamente. El oficio de escribir es solitario... en apariencia. Aquí tienes la prueba fehaciente de ello.

Gracias a Andrea por su resplandor. Sin su inspiración, estabilidad, calma y amor este ensayo jamás hubiera sido una realidad. Ni yo tampoco.

Gracias a Lisey por su ayuda. Ella sabe a qué me refiero, y si no, lo sabrá.

Gracias a Javier, tanto por su amistad como por su paciencia. Sincera la primera e infinita la segunda.

Gracias a Berenice por invitarme a formar parte de su maravillosa familia literaria. Que sea el primer hijo que compartimos, pero no el último.

Gracias a mi padre por las segundas oportunidades. Nunca es tarde para los reencuentros, y agradezco que así haya sido, que así sea.

Gracias a Dani, Adolfo, Alfonso, Alejandro y Pako por darme fuerzas. Ser amigos es fácil en los buenos momentos, y han demostrado serlo en los peores.

Gracias a Felipe y a Max por existir. Un equipo maravilloso que nunca debió separarse.

Gracias a Ig por ser tan buen lector constante. Nuestro querido Steve estaría orgulloso.

Gracias a Lu por descubrirme la fantástica comunidad literaria de Instagram. Y por sus amenazas.

Gracias a mis lectores fieles por acompañarme durante tantas historias. Que sigan ahí, por favor.

Gracias a todos los lectores constantes por compartir la pasión por la inagotable imaginación de un humilde rey de Nueva Inglaterra. Menudo universo amamos, ¿eh?

Gracias a Stephen King por regalarme pesadillas y esculpir mis sueños. El tío que siempre estará ahí para mí, para todos nosotros.

Gracias a ti, lector, por leerme. Recuerda que sin ti los juntaletras no somos nada.

Gracias de todo corazón desde Maine.

Recuerda resplandecer.

Tony Jiménez. Febrero, 2025

BIBLIOGRAFÍA

-*Carrie (Carrie, 1974)*
-*El misterio de Salem's Lot (Salem's Lot, 1975)*
-*El resplandor (The Shining, 1977)*
-*Rabia (Rage, 1977)*
-*El umbral de la noche (Night Shift, 1978)*
-*La danza de la muerte (The Stand, 1978)*
-*La larga marcha (The Long Walk, 1979)*
-*La zona muerta (The Dead Zone, 1979)*
-*Ojos de fuego (Firestarter, 1980)*
-*Carretera maldita (Roadwork, 1981)*
-*Danza macabra (Danse Macabre, 1981)*
-*Cujo (Cujo, 1981)*
-*El fugitivo (The Running Man, 1982)*
-*La Torre Oscura I: La hierba del diablo/ El pistolero (The Dark Tower: The Gunslinger, 1982)*
-*Las cuatro estaciones (Different Seasons, 1982)*
-*Christine (Christine, 1983)*
-*Cementerio de animales (Pet Sematary, 1983)*
-*El ciclo del hombre lobo (Cycle of the werewolf, 1983)*
-*El talismán (con Peter Straub) (The Talisman, 1984)*
-*Maleficio (Thinner, 1984)*

-*Skeleton Crew (Skeleton Crew, 1985)*
-*It (Eso) (It, 1986)*
-*Los ojos del dragón (The eyes of the dragon, 1987)*
-*La Torre Oscura II: La invocación/ La llegada de los tres (The Dark Tower II: The Drawing of the Three, 1987)*
-*Misery (Misery, 1987)*
-*Los Tommyknockers (The Tommyknockers, 1987)*
-*Nightmares in the sky: Gargoyles and Grotesques (Nightmares in the sky: Gargoyles and Grotesques, 1988)*
-*La mitad oscura (The Dark Half, 1989)*
-*Las dos después de medianoche (Four Past Midnight, 1990)*
-*Las cuatro después de medianoche (Four Past Midnight, 1990)*
-*La Torre Oscura III: Las Tierras Baldías (The Dark Tower III: The Waste Lands, 1991)*
-*La tienda (Needful Things, 1991)*
-*El juego de Gerald (Gerald's Game, 1992)*
-*Dolores Claiborne (Dolores Claiborne, 1992)*
-*Pesadillas y Alucinaciones (Nightmares & Dreamscapes, 1993)*
-*Insomnia (Insomnia, 1994)*
-*El retrato de Rose Madder (Rose Madder, 1995)*
-*El pasillo de la muerte (The Green Mile, 1996)*
-*Desesperación (Desperation, 1996)*
-*Posesión (The Regulators, 1996)*
-*La Torre Oscura IV: La bola de cristal (The Dark Tower IV: Wizard and Glass, 1997)*
-*La Torre Oscura IV: Mago y Cristal (The Dark Tower IV: Wizard and Glass, 1997)*
-*Un saco de huesos (Bag of Bones, 1998)*
-*La tormenta del siglo (Storm of the Century, 1999)*
-*La chica que amaba a Tom Gordon (The girl who loved Tom Gordon, 1999)*
-*Corazones en la Atlántida (Hearts in Atlantis, 1999)*
-*The Plant (The Plant, 2000)*

-*Mientras escribo (On writing, 2000)*
-*Secret Windows (Secret Windows: Essays and Fiction on the Craft of Writing, 2000)*
-*El cazador de sueños (Dreamcatcher, 2001)*
-*Casa Negra (Black House, 2001)*
-*Todo es eventual: 14 relatos oscuros (Everything's Eventual, 2002)*
-*Buick 8: Un coche perverso (From a Buick 8, 2002)*
-*La Torre Oscura V: Lobos del Calla (The Dark Tower V: Wolves of the Calla, 2003)*
-*La Torre Oscura VI: Canción de Susannah (The Dark Tower VI: Song of Susannah, 2004)*
-*La Torre Oscura VII: La Torre Oscura (The Dark Tower VII: The Dark Tower, 2004)*
-*¡Campeones mundiales al fin! Cómo los Medias Rojas lograron ganar la serie del 2004 (Faithful, 2004)*
-*Colorado Kid (The Colorado Kid, 2005)*
-*Cell (Cell, 2006)*
-*La historia de Lisey (Lisey's Story, 2006)*
-*Blaze (Blaze, 2007)*
-*Duma Key (Duma Key, 2008)*
-*Después del anochecer (Just after sunset, 2008)*
-*Stephen King goes to the movies (Stephen King goes to the movies, 2009)*
-*La cúpula (Under the Dome, 2009)*
-*Blockade Billy (Blockade Billy, 2010)*
-*Todo oscuro, sin estrellas (Full Dark, No Stars, 2010)*
-*Área 81 (Mile 81, 2011)*
-*22/11/63 (11/22/63, 2011)*
-*La Torre Oscura: El viento por la cerradura (The Dark Tower: The wind through the Keyhole, 2012)*
-*En la hierba alta (In the tall grass, 2012)*
-*Un rostro en la multitud (A face in the crowd, 2012)*
-*Joyland (Joyland, 2013)*

-*Doctor Sueño* (*Doctor Sleep*, 2013)
-*Mr. Mercedes* (*Mr. Mercedes*, 2014)
-*Revival* (*Revival*, 2014)
-*Quien pierde paga* (*Finders Keepers*, 2015)
-*El bazar de los malos sueños* (*The Bazaar of Bad Dreams*, 2015)
-*Fin de guardia* (*End of Watch*, 2016)
-*Hearts in Suspension* (*Hearts in Suspension*, 2016)
-*Charlie the Choo-Choo* (*Charlie the Choo-Choo: From the world of the Dark Tower* (2016)
-*La caja de botones de Gwendy* (*Gwendy's Button Box*, 2017)
-*Bellas durmientes* (*Sleeping Beauties*, 2017)
-*El visitante* (*The Outsider*, 2018)
-*Por los aires* (*Flight or Fright*, 2018)
-*Elevación* (*Elevation*, 2018)
-*El Instituto* (*The Institute*, 2019)
-*La sangre manda* (*If it bleeds*, 2020)
-*Después* (*Later*, 2021)
-*Billy Summers* (2021)
-*La última misión de Gwendy* (*Gwendy's Final Task*, 2022)
-*Cuento de hadas* (*Fairy Tale*, 2022)
-*Holly* (*Holly*, 2023)
-*Si te gusta la oscuridad* (*You like it darker*, 2024)
-*The Complete Stephen King Encyclopedia* (*Contemporary Books*, 1991)
-*Here's Johnny! Las pesadillas de Stephen King Vol. I (1974-1989)* (*Applehead Team Creaciones*, 2016)
-*¡Todos flotan! Las pesadillas de Stephen King Vol. II (1990-2019)* (*Applehead Team Creaciones*, 2019)